edition**böhlissimo**

Klaus Emmerich

„ACH, DIESE DEUTSCHEN“

Eine Nation auf der Suche nach ihrer 4. Identität

böhlau Wien Köln Weimar

Die Deutsche Bibliothek – CIP-Einheitsaufnahme
Ein Titeldatensatz für diese Publikation ist bei
Der Deutschen Bibliothek erhältlich

ISBN 3-205-99243-1

Gedruckt auf umweltfreundlichem, chlor- und säurefreiem Papier.

Druck: Imprint, Ljubljana

Inhalt

Vorwort

„Ach, diese Deutschen“

Deutsch geredet: Erleiden die Deutschen einen Kulturschock? Sind sie überhaupt ein Volk? Suchen sie eine neue oder die alte Identität? Besuch des Jammertals im Zweidrittelkollektiv? Geht alle Staatsgewalt noch vom Volke aus? Entmündigt die politische Kultur durch Parteien, Interessengruppen oder Machteliten den Bürger? Wie steht es um den Common Sense? Ist die Erkenntnisfähigkeit der Bevölkerung unterentwickelt? Stottert der Motor politischer Entscheidungen? Steht „der“ Deutsche globalen Veränderungen und Herausforderungen hilf- und ratlos gegenüber? Lernt Deutschland als größere Macht zu regieren und zu reagieren? Kommen die Deutschen von alten (Vor-)Urteilen des Imperialismus, des Nationalismus oder des Militarismus nicht los? Ist das wieder vereinigte Deutschland zu groß für Europa und zu klein für die Welt?

Was hält die nächste Generation von zeitgeistiger Beliebigkeit? Erleben die Deutschen einen Erbfolgekrieg zwischen den Generationen, den sozialen Schichten, zwischen Ost und West und zwischen europäischen Staaten? Weigert sich eine ganze Nation, Lehren aus der Geschichte zu ziehen? Wird die NS-Vergangenheit zu Lasten der Bürgerlichen, der Konservativen oder der demokratischen Rechten und die DDR Vergangenheit zu Lasten der Linken „bewältigt“?

Ist die gute alte Konsensdemokratie den Zukunftsaufgaben gewachsen? Wo befindet sich das Koordinatenkreuz ideologisch? Droht Deutschland eine Verhaiderung? Ist der deutsche Staatsanteil als sozialer Besitzstand überhöht? Wie steht es um die Glaubwürdigkeit der politischen Parteien? Warum geht die Sprache der Mächtigen und der Medien am Bewusstsein der Bevölkerung vorbei? Werden überfällige Strukturwandlungen verschlafen, vertagt oder zerredet? Tabuisiert eine träge gewordene Gesellschaft Existenzfragen wie Familie, Sozialstaat, Wirtschaftsstandort oder Jobcreation?

Wie steht es in Berlin um die politische Seele des größeren Deutschland? Fürchten Nachbarländer Deutschland? Wie verhält es sich nach der Einheit mit den Selbstheilungskräften in Politik, Wirtschaft und Gesellschaft? Besteht die Mauer weiter in den Köpfen? Was hat es mit inhaltlichen Ideen und ihrer Machbarkeit auf sich? Reichen geistige Prozesse, um politisch zu verändern? Wie steht es um die Denkstrukturen des Bürgers und um jene der politischen Klasse? Was ist das politische, das europäische „Geschäft“ Deutschlands in Einheit? Was für ein Europa wünschen sich „die“ Deutschen – Vereinigte Staaten von Europa oder ein Europa der Vaterländer?

Sind die Deutschen glücklich? Haben sie keine Sorgen ums Geld, um die Gesundheit, um eine harmonische Partnerschaft, um Arbeit, die Spaß macht? Sind die Deutschen weiterhin Weltmeister im Reisen? Fixiert auf ein schönes Heim, auf interessante Hobbys, auf viel Freizeit, auf Auto oder Fußball? Oder treibt sie Furcht und Angst um? Niedergeschlagenheit, Einsamkeit oder Langeweile?

1.

Die Deutschen sind anders

Wie anders die Deutschen (geworden) sind, entzieht sich der traditionellen Betrachtungsweise. Besser? Schlechter? Gefangene des eigenen Wohlstandes und/oder verkrusteter Strukturen? Trittbrettfahrer der Weltpolitik – zuerst im Kalten Krieg und neuerdings in der zwischeneuropäischen Position? Und der Durchschnittsdeutsche – wie sieht sein Fremdbild heute aus? Wie seine Selbstveranlagung?

Fest steht, „den" Deutschen ist es – alles in allem – noch nie so gut gegangen wie heute. Während gesellschaftspolitische Barden der Faulheit und der Langsamkeit huldigen, träumen Möchtegern-In-Leute oder solche, die glauben in Stresszeiten mithalten zu müssen, vom Zweitjob, Zweitverdienst, Zweitauto, von der Zweitwohnung oder auch der Zweitfrau. Es findet vielfach eine Flucht ins Private statt. Eine Identität des neuen Deutschland, die ist kaum gefragt. Ein anderes, ein realistisches Symptom: Wenn zehntausende Firmen (und Vermögen in Milliardenhöhe) zur Vererbung anstehen, handelt es sich um einen großen Transformationsprozess zwischen zweiter und dritter Generation. Patriarchen gehen, die Jungen kommen. In der Wirtschaft wie in der Politik.

Die Tragödie um Helmut Kohl belegt auf mehrfach erschütternde Weise, wie richtig die These ist, dass aus dem unumganglichen Generationenwechsel unversehens ein Generationenkrieg werden kann, menschlich, persönlich, sozial, finanziell und nicht zuletzt politisch. Wie anders Deutschland geworden ist, lässt sich auch am faustischen Schicksal dieses Mannes ablesen, der wie kein Zweiter nach Adenauer die Reputation seiner Heimat erweitert, gefestigt und am Schluss – wie in einem griechischen Drama – sein persönliches Ansehen selbst zerstört hat: Helmut Kohl, der Pfälzer im Aus.

Furor Teutonicus

Sind die Deutschen anders? „Die frühen Wälder haben das Volk zutiefst geprägt, und diese Tatsache ist möglicherweise einer der wichtigsten Schlüssel zu den Geheimnissen des deutschen Wesens und Verhaltens.“ Was William Manchester, ein amerikanischer Literat höherer Charge, Mitte der sechziger Jahre über den „Furor Teutonicus“ glaubte der Neuen Welt kundtun zu müssen, hält sich mancherorts bis heute. Barbaren, Ungehobelte, Unbedarfte oder rechthaberische Provinzler – sonst nichts?

Wir zählen 82 Millionen Deutsche, davon 67 Millionen in Westdeutschland, 15,4 Millionen in Ostdeutschland, 53 % Frauen, 47 % Männer, gut ein Viertel 16–30 Jahre alt, etwas mehr 30–45 Jahre, etwas weniger 45–60 und ein Viertel über 60 Jahre alt. Die Wucht alles Deutschen ist nicht nur für die Phantasie anreisender Literaten offenkundig etwas zu viel. Auch Nachbarn lassen sich, wie sich nachweisen lässt, nicht abhalten, ihre Vorurteile zu pflegen. Die einen fürchten die Überlegenheit und Dominanz der Deutschen auch und nicht zuletzt in gerader Linie (der europäischen Integration) aufsteigend; die anderen reiben sich die Augen, wenn sich die Deutschen selbst als „faule Gesellschaft“ einstufen und jenseits des Wohlstandes mit beständiger Arbeitslosigkeit ebenso wenig fertig werden wie mit der so genannten neuen Armut.

Vergreisen die Deutschen?

Der gesellschaftliche Zustand der Zwischeneuropäer, als die sich die Deutschen einordnen lassen, passt weder zur Fremdkritik noch zum Selbstlob. Wie anders Deutschland dasteht, lässt sich schon mit einem Themenstakkato vermitteln. Die Vergreisung nimmt zu. Die Last auf den Jungen wird drückender. Damit verschiebt sich auch die geistige Leistungsfähigkeit. Originale und Originelles sind selten. Ein Viertel der deutschen Bevölkerung ist derzeit älter als 60 Jahre. Bis zum Jahr 2030 werden es fast 40 % sein. Statistisch stehen dann sechs Jugendlichen zehn Rentner gegenüber, in der Mitte des alten Jahrhunderts war das Verhältnis 25 zu 10. Nicht nur die Buchungen der Reisebüros und das Treiben auf den Flugplätzen belegen jenen Generationenwandel. Gelegentlich sind weniger Geschäftsleute und mehr Rentner unterwegs. Was die einen verdienen, geben die anderen aus. Bisher ging diese Rechnung auf. Wenn nichts geschieht, keine nachhaltige Reform des Sozialstaates erreicht und durchgehalten wird, gerät das Sozialsystem aus den Fugen. Geht es um ein soziales Netz neu und seine Finanzierung, reicht es allemal, Generationen gegeneinander aufzubringen.

Während andere Staaten wie die Niederlande oder Italien das langfristige Dilemma der Kranken- und Altersversorgung kurz entschlossen gründlich entschärft haben, plagt sich die „Berliner Republik“ mit Besitzständen, Zumutbarkeiten im statistischen Bodenturnen. Bei „sozial“ ist – was immer das heißt – auch im deutschen Fall Gefahr im Verzug. Zwei Drittel der Bevölkerung glaubt, dass die Armut in Deutschland zunimmt, und setzt auch deshalb auf soziale Sicherheit und ihre Ausdehnung. Gleichzeitig plädieren viele angesichts leer laufender Staatskassen für mehr Eigenverantwortung, im Westen mehr als im Osten. In der ehemaligen DDR lebt das alte Sicherheitsbedürfnis fort, verbunden mit dem Glauben, der Staat – diese Mehrzweckwaffe – könne sozial gegen die Fährnisse des Lebens wirksam einschreiten, gegen Arbeitslosigkeit wie gegen Krankheit, gegen Armut wie gegen Ungerechtigkeit. 52 Jahre Diktatur – 12 unter dem Nationalsozialismus, 40 unter dem Bolschewismus – rächen sich.

Kundige Thebaner unter den Westdeutschen wissen, dass die Fürsorgepflicht der Allgemeinheit, eine Utopie, ein erstrebenswertes, aber kaum erreichbares Ideal darstellt und – nicht erst seit Ludwig Erhards Zeiten – die Wirtschaft ebenso wenig total beherrschbar ist wie der Sozialstaat. Hier tut sich eine nicht zu unterschätzende Bewusstseinslücke zwischen der Absicherungsmentalität West und Ost auf. Diese ist eine der vielen Erklärungen dafür, dass Demokratie, soziale Marktwirtschaft und Sozialstaat bundesrepublikanischer Machart in den neuen Bundesländern als fremd, wie von einer Kolonialmacht aufoktroyiert und geradezu als unmenschlich empfunden werden. So hat auch der soziale Frieden im wieder vereinigten Deutschland mehrere Blaupausen.

Alte Bundesrepublikaner sehen Reformbedarf, akzeptieren Reformkompetenz, freunden sich mit Sparprogrammen an, die ebenso durchsetzbar wie zumutbar sind. Unter Ostdeutschen hingegen fehlt weithin das Reformverständnis. Allein die Diskussion über Grenzen des Wohlfahrtsstaates löst Unbehagen aus. Hinter die Zumutbarkeit für Rentner, für Arbeitslose, aber auch für Beamte werden große Fragezeichen gesetzt. Den Sozialstaat sehen nur ein Drittel der Westdeutschen in Gefahr, hingegen mehr als die Hälfte der Ostdeutschen. Kein Wunder, dass die Sachzwänge, die mit gekürzten Sozialleistungen einhergehen, jedweder Partei, Politik und Regierung reichlich Sorge bereiten (Steuererhöhung; weniger Vorruhestand; niedrigere Renten; Entkoppelung von Löhnen und Inflationsrate; weniger Staat, mehr Privat bei der Altersversorgung; geringere Lohnersatzleistungen; Besteuerung des Krankengeldes usw.).

Sonntags zum Mittagessen, wochentags zum Frühstück

„Weniger Staat, mehr Privat“ ergibt auch für Deutsche und ihre Gebräuche verlässlichere Anhaltswerte. Von Familientraditionen halten die meisten nichts (mehr). Erinnerungsstücke im Familienbesitz sind selten. Mit den Vorfahren fühlt man sich kaum mehr verbunden. Die Verstädterung zeigt Wirkung. Gefeiert wird zu Silvester gründlich, zu Weihnachten schon etwas weniger, eher schon im Karneval. Fast zwei Drittel der Deutschen essen in der Küche. In der Familie trifft man sich wochentags zum Frühstück, sonntags zum Mittagessen. Den Tag des Herrn, den Sonntag, begehen weniger als die Hälfte, fast doppelt so viele frönen Entspannung und Erholung. Modeinteressen zeigen ein Zehntel – natürlich doppelt so viele Frauen wie Männer. Mini mögen ein Fünftel der 16–30jährigen, Fehlanzeige bei den über 60jährigen. Letztere bevorzugen Wadenlänge, Erstere fast zur Hälfte kniefrei.

Sie lieben Autos und Autofahren

Auf der Suche nach Besonderheiten des Nationalcharakters ist man im deutschen Fall schnell fündig. Fußball, Autos und Essen sind es, die mit großem Abstand das Bewusstsein dieser Nation umtreiben. Fußballtrainer werden im Rang von Bundeskanzlern gehandelt, vor allem wenn sie besonders erfolgreich, etwa bei Weltmeisterschaften, agieren oder mit ihren Schützlingen nicht zurecht kommen, wie bei Regierungs- oder Koalitionskrisen. Fußballklubs operieren wie Großunternehmen, Fußballstadien haben als Prestigebauten längst Opernhäuser, Museen oder andere Sportanlagen überrundet. Fußballmannschaften treten auf wie Filmstars, Fußballsiege zählen fast ebenso viel wie Erfolge beim Wirtschaftswachstum oder beim Export. Fußballniederlagen lassen die Volksseele erschauern wie nach einem verlorenen Feldzug. Fußballübertragungen, seit Jahrzehnten Quotenhits, entscheiden über die Finanzlage ganzer Fernsehketten und Kneipen.

Das Auto ist im deutschen Fall rekordverdächtig. Nicht nur wegen der stolzen Produktionszahlen. Exporterfolg nach Exporterfolg lässt die einschlägige deutsche Industrie 17 % des Weltmarktes (1999) bestreiten. In sechs Jahren vermochte sie ihren PKW-Export um stolze 70 % zu erhöhen, dazu die Elefantenhochzeit zwischen Daimler-Benz und Chrysler. Betrieblichem Erfolg stehen signifikante Reaktionen gegenüber. Amerikanische Anleger, am Grundkapital des Giganten zunächst mit 40 % beteiligt, trauten der Stuttgarter Dominanz wohl nicht ganz über den Weg. Ihr Anteil ging auf 25 % zurück, bevor der Daimler-Benz-Boss Jürgen Schrempp allein nach dem Ruder griff. Bob Eaton zeigte sich der robusten Überlegenheit des deutschen Managements und der schwäbischen Tüchtigkeit nicht gewachsen. Er ging. In der US-Öffentlichkeit hagelte es nur so harte, aber auch nachdenkliche Kommentare über den Verdacht des Mobbings der Deutschen gegen die Amerikaner auf der Führungsebene, über den Machttrieb, jedoch auch über die Effektivität, Konsequenz und Langzeitstrategie der Stuttgarter. Dass auch in dieser Gruppierung Englisch Konzernsprache geworden war, änderte nichts an der deutschen Unternehmensphilosophie.

Bezeichnend für den angewandten Nationalcharakter ist, dass Deutschland als einzige Zivilisationsgesellschaft dieser Größe Geschwindigkeitsbegrenzungen auf Autobahnen für entbehrlich hält: Tempo in Doppelfunktion, als Freiheitsbeweis und als millionenfacher Test auf die Produktqualität. Weit über die Hälfte aller deutschen Haushalte verfügen über einen Personenwagen, bald ein Drittel über zwei Autos. Zwei Drittel aller Erwachsenen besitzen einen Führerschein. Für 60 % ist das Auto ein Gebrauchsgegenstand, mehr als ein Drittel jedoch sehen darin ein Instrument für Freiheit und Spaß. Bald die Hälfte der Deutschen glaubt, dass Frauen ebenso gut Auto fahren wie Männer. Beim Autokauf ist der Benzinverbrauch mehrheitlich bestimmend, zumal fast die Hälfte der Wagen zwischen 15 000 und 20 000 Kilometer im Jahr leisten.

Gruftis sind es, die sich noch daran erinnern können, dass eine einzige amerikanische Zigarette auf dem Schwarzmarkt zwischen zehn und zwanzig Mark gekostet hat und für ein Pfund Butter bis zu tausend Mark zu zahlen waren. Umso Erstaunlicheres ergibt der Wandel der Essensgewohnheiten. Nach dem Krieg aus der Hungerperiode entronnen, war die Rechnung der Not und des Hungers schnell vergessen, ob der Durchschnittsbürger mit tausend oder tausendfünfhundert Kalorien täglich über die Runden kommt. Kalorienbomben waren angesagt mit dicken Suppen, Schlachtplatten, Buttercremetorten. Angeführt von Spaghetti und Pizza war es bald mehr als eine Mode, die südlichen Essgewohnheiten aus den Ferien zu Hause fortzusetzen. Italienische Restaurants machten den Anfang, gefolgt von griechischen, chinesischen, französischen, spanischen und schließlich türkischen, bulgarischen, ungarischen, polnischen und/oder russischen.

Dazwischen die Blitzoffensive von McDonald's, Burger King und Pizza Hut. Für jeden Geschmack etwas, erst recht, als dem Kalorienmangel im kulinarischen Sprung spätestens seit den sechziger Jahren der Kalorienüberfluss folgte (seitdem wiegt der Durchschnittsdeutsche 15 bis 20 % zu viel).

Saumagen als Protokollereignis

Vorbei die Essgewohnheiten, handfest zu frühstücken, zwei Mal – mittags und abends – warm zu konsumieren und dazwischen süßen Schleckereien nicht zu widerstehen. Vorbei die Anfangserfolge von Fleischsalat, Schinkenröllchen oder Käsecreme, überwunden auch die Essmode von Schildkrötensuppe Lady Curzon, Hummercocktail, Chateaubriand mit Sauce Béarnaise. Mit dem dickeren Portemonnaie entwickelten sich die Ansprüche proportional in Richtung vielfältiger Feinschmeckerei dank saisonaler Angebote aus aller Welt. Verachtet wurde, wer etwa nach einem Hawaii-Toast fragte. Wer auf sich hielt, gab sich international, verschmähte Schweinshaxen, Matjeshering sowie andere Hausmannskost, selbst als Langzeitkanzler Kohl den Pfälzischen Saumagen zum protokollarischen Tischgericht für ihm sympathische Staatsgäste avancieren ließ. Kulinarische Vielfalt und Nouvelle Cuisine machten vor deutschen Küchen nicht Halt.

Nach einem Umsatzsprung der Gastronomie drückte sich Feinschmeckerei nicht mehr in Mengen und Fett aus, sondern in leichter Kost: kalorienbewusst, raffiniert, teuer, international und mit immer originelleren Kombinationen auf großen Tellern mit kleinen Portionen, umrankt von malerischem Dekor. Seitdem in den achtziger und neunziger Jahren der Wohlstandsbürger seine Gesundheit durch täglichen Marsch auf die Waage im Fitnesswettbewerb kontrollierte, spaltete sich der Essensmarkt. Handfestes, Deutsches, Bodenständisches und mehr und mehr Biologisches auf der einen Seite und Raffiniertes auf der anderen. Narzissmus hat auch im deutschen Fall eine neue Entwicklungsstufe erreicht.

Verwöhnt zu sein wurde vielen zum Lebenselixier. Triumph der Me-Generation in allen Altersstufen. Auswärts essen, für Ältere etwas Besonderes, wird für Junge selbstverständlich.

Namenswahl als Zustandsspiegel

Über das wahre Seelenleben eines Volkes zeigen Vornamen gelegentlich mehr als komplizierte Untersuchungen über die jeweilige Bewusstseinslage. Vornamen spiegeln den Zustand der Gesellschaft, ihre Gefühlslage, ihre Orientierungswerte, ihre zivilisatorischen Freiräume wie ihre politischen Abhängigkeiten, ihren Opportunismus wie ihr Selbstbewusstsein, ihre Gefügigkeit oder auch ihren Widerstandswillen. Stigmatisierungsprozesse sind dem Normalbürger - zumal in der Glücksphase, eine Familie gegründet und Nachwuchs erhalten zu haben - meist wohl nicht bewusst. Umso mehr sagen Vornamen aus über Identitäten samt Beeinflussungen, Moden und kulturelle Pendelschläge.

Nicht alle Eltern, jedoch viele wollen indessen bei der Wahl eines Vornamens für ihren Nachwuchs bewusst eine Handlung setzen, mit dem Namen ein Zeichen geben für die Familie, die Umwelt und vor allem mit dem Vornamen des Kindes den künftigen Lebensweg markieren. In der Masse freilich lassen sich Deutsche offenkundig von der weit verbreiteten Bewusstseinslage leiten.

Zugehörigkeit und Seelenverwandtschaft anzuzeigen ist bei keinem Vornamen so bezeichnend wie bei Adolf. Sich mit Hitler zu identifizieren versprach in der NS-Zeit ebenso Attraktion, wie es danach Anfeindungen und Unterstellungen auslöste. Nicht wenige wechselten - mit oder ohne Standesbeamte - von „belasteten“ Vornamen germanisch-deutschtümelnder Provenienz zu André oder Gaston, zu Marco oder Enrico, zu Claire, Jeanine oder Rita.

Hänsel und Gretel als Symbole

Die Meinungsforscher von Allensbach haben Erwachsene nach jenen Märchen gefragt, an die sie sich noch erinnern können. Antworten: Schneewittchen und die sieben Zwerge sowie Hänsel und Gretel fast zur Hälfte, Rotkäppchen fast ein Drittel, der Wolf und die sieben Geißlein, Dornröschen und Aschenputtel ein Fünftel. Mit welchen Sprichwörtern sympathisieren die Deutschen? Mit „Reden ist Silber, Schweigen ist Gold", „Wer andern eine Grube gräbt, fällt selbst hinein", „Frisch gewagt ist halb gewonnen" sowie „Undank ist der Welt Lohn" (jeweils bei 50 %), gefolgt von „Sich regen, bringt Segen", „Müßiggang ist aller Laster Anfang" und „Bescheidenheit ist eine Zier, doch weiter kommt man ohne ihr". Verlängertes Biedermeier, Romantik und Selbsterkenntnis als Ergebnis psychologischer Tests. Es mag an der Fragestellung liegen, dass die ewig laufenden Serien des Fernsehens in dessen Eigenschaft als Baby- und Kindersitter nicht aufscheinen. Pokemon, Tiny Toon, Garfield, Superman, Tarzan oder Oliver Twist (im flachen Synchrondeutsch) beeinflussen ganze Nachwuchsjahrgänge nicht nur international, sondern auch in Deutschland.

Backlash für die Germanisierung

Es versteht sich (nicht), wenn Hardliner nicht gerade happy sind, der Me-Generation auf ihrem Wellness-Trip jenen gewissen Kick zu gönnen. Ein Beispiel für Denglisch, wie Sprachpuristen die Durchdringung der eigenen Sprache mit vielerlei Englisch abkanzeln. Was die Mode, die Technik und das Bedürfnis, jeweils in zu sein, nicht geschafft haben, besorgen etliche Dutzend Fachsprachen, amerikanisch dominiert, in der Wissenschaft wie in der industriellen Innovation. In der Sprache zeigt sich hier, wer die Nase vorn hat. Mit der Alten Welt rutscht auch das Deutsche in zivilisatorische Abhängigkeit. Mit der Kultur von gestern lässt sich kein zukünftiger Staat machen, vor allem wenn die Neue Welt vorführt

– vom Chip bis zum Internet, von der Medizin bis zur Raumfahrt –, wo der wahre Fortschritt beheimatet ist. Der Rückstand schlägt auch kulturell durch. Zum Beispiel beim Song-Contest. Wo Unterhaltung ohnedies auf tiefstes Niveau abgesunken ist, wird der deutsche Beitrag allen Ernstes mit diesem Text dargeboten: „Wadde hadde dudde da? Hadder denn da wat, un wenn ja, wat hadder da.“ Verfehlter Dadaismus als Beitrag zur Volksverdummung.

Mit ihrer Sprache als Kulturträger tun sich die Deutschen ohnedies schwer. Ganz und gar in der politischen Sprache. Oben Freund-Feind-Vokabular, in der Mitte Schwarz-Weiß als populistische Bemühung um sinnstiftendes oder sinnzerstörendes Handeln zu tarnen oder auch zu verkaufen, und dazwischen der Wortschatz aus Bürokraten-, Technologen- und Mediendeutsch. Kommen dazu noch diverse Fachsprachen, so schwindet die Verständlichkeit. Der Bürger hört zwar zu, aber er versteht nichts. Geht es um ihn oder gar das Gemeinwesen, verliert die Sprache ihre Vermittlerfunktion. Der Bürger jedoch soll politisch entscheiden, Unklarheiten durchschauen, Tarnungen und Irreführungen erkennen und zu einem eigenen beständigen Urteil gelangen. Wenn die Sprache versagt oder verkommt, bleibt das Gemeinwesen auf der Strecke – erst recht im Fernsehalter.

Alles anders als TV-Muffel-Meinung? Oder verstärken sie vorhandene Stimmungen oder vorgegebene Auffassungen? Viel spricht dafür, dass im Fall der Deutschen die Medien mehr als anderswo verstärken, was ohnedies vorhanden ist, oder mit mehr oder weniger Geschick zu Tage gefördert werden kann. Fernsehmuffel sind die Deutschen ohne Zweifel nicht. Nahezu die Hälfte der Bevölkerung sitzt drei bis vier Stunden täglich vor dem „Glotzophon“. Man will sich entspannen, unterhalten, konsumiert gezielt vor allem Informationssendungen. In der Familie wird gelegentlich abgestimmt, wer, wann, was zu sehen bekommt. Immerhin ein Ansatz von Demokratie.

Fast ein Drittel der Deutschen schalten den Fernseher ein, gleichgültig, was geboten wird. Für fast ein Fünftel zählt Fernsehen zu den Lieblingsbeschäftigungen. Fast ebenso viele informieren sich fast ausschließlich elektronisch. Gedrucktes ist für sie weniger wichtig. Printmedien benutzen vier Fünftel, um sich lokal zu informieren. Normalerweise werden Medien frequentiert, um sich in seiner eigenen Meinung oder Wertung bestätigt zu fühlen. In Krisenzeiten sorgen Neugierde und Emotion für das gruselige Gefühl, (fast) dabei zu sein, Partei ergreifen oder auch Mitleid zeigen zu müssen. Verneinung wird dann zum Nachrichtenevent. Plätschert der Alltag medial nur so dahin, liefert die eine oder andere Kuriosität Gesprächsstoff. Hund beißt Mann gibt keine News her, jedoch Mann beißt Hund.

In einschichtiger Erwartungshaltung erwartet der Durchschnittsdeutsche vom Fernsehen hauptsächlich Unterhaltung, vornehmlich in der abendlichen Hauptsendezeit. In Spießermentalität wird Anstrengendes, Forderndes oder Erschreckendes flugs zurückgewiesen. Allzu leicht gibt sich die Fernsehnation etwa beim ohnedies arg strapazierten Thema Vergangenheitsbewältigung verärgert bis belästigt. Was man brav bürgerlich zeigt, ist Entrüstung über Gewalt oder Pornographie – Letztere gelegentlich mit der Doppelmoral des Schlüssellochbetrachters.

Längst hat sich die Kommunikationstheorie dem Selektionsverhalten der Deutschen ebenso angepasst wie anderer Völker. Quotenjagd und Werbeumsätze sorgen bei ständig steigenden Kosten für populistische Medienmacherei und fallweise dafür (mehr als in anderen Ländern), aus Alibigründen seriös sowie durch *investigative Journalism* etwas aufgelockert aufzutreten. „Der Durchschnittsdeutsche", keineswegs so töricht oder einfältig, wie von Kommunikationsforschern gelegentlich eingestuft, durchschaut manche mediale Inszenierung. Spätestens an der Wahlurne zeigt er ein gerüttelt Maß an Eigenständigkeit. An Beispielen ist kein Mangel: Adenauer gewinnt Wahlen trotz Gegenwind der Springer-Blätter wie der Bild-Zeitung; Franz Josef Strauß stolpert nicht über die Spiegelberichterstattung, sondern über seine eigenen Fehler (dem Parlament die Wahrheit vorenthalten zu haben), und Willy Brandt verliert die Kanzlerschaft nicht wegen Andeutungen über sein flottes Liebesleben, sondern durch den Agenten in seinem Vorzimmer (Guilleaume), und Helmut Kohl sitzt während 25 Jahren Parteivorsitz und 16 Jahren Kanzlerschaft Journalistenhäme aus und verliert erst durch undurchsichtige Geldaffären und durch einseitige Ehrbegriffe.

Arzt schlägt Fußballer bei der Frage nach den Traumberufen. Es folgen: Pilot, Schauspieler, Manager, Forscher, Architekt, Tierpfleger, Autorennfahrer, Journalist und Gärtner. Im Lebensrhythmus des Durchschnittsdeutschen ist ihm die Familie fünf Mal mehr wert als der Beruf. Wer einen sicheren Job hat, gibt sich stolz. Die Arbeitsfreude der Westdeutschen ist mehr als doppelt so hoch wie jene der Ostdeutschen (Letztere beklagen den Leistungsdruck, die Angst vor Jobverlust, Konkurrenzdenken, verschlechtertes Betriebsklima und Verlust von Vergünstigungen wie Kinderbetreuung). Westdeutsche finden ihre Arbeit im Allgemeinen deutlich interessanter als Ostdeutsche. In den alten Bundesländern genießt man einigermaßen frei entscheiden zu können als Freiheitsgefühl. In den neuen Bundesländern schätzt man Neues (und das gute Einvernehmen mit den Kollegen).

Verwöhnten Wohlstandsbürgern gemäß nennen deutsche Arbeiter als belästigend: Schmutz, Lärm, schlechte Luft, stehende Tätigkeiten, Kollegen, die zu spät kommen oder sich im Betrieb ein Glas zu viel gönnen und während der Arbeit einkaufen gehen. Dazu Mobbing. Mit Kameradschaft ist es oft nicht allzu weit her.

Geisel Arbeitslosigkeit

Dass eines der reichsten Länder der Welt mit dem Massenphänomen Arbeitslosigkeit nicht fertig wird, straft nicht nur schwadronierende Politiker Lügen. Mit vier Millionen Jobsuchern und einer hartnäckigen Arbeitslosenquote von mehr als zehn Prozent ist nicht nur die Sozialpolitik an ihre Grenzen gestoßen. Wie der so genannte Arbeitsmarkt aus den Fugen geraten ist, zeigen schon wenige Zahlen. Nicht weniger als 3,8 Milliarden Überstunden jährlich werden in Deutschland geleistet, davon die Hälfte ohne Bezahlung. Ob es sich um Interessenidentität der Personalchefs und der Betriebsräte, um Desorganisation oder auch um Ausbeutung handelt, allein diese Überstundenrechnung zeigt: Arbeitgeber und Arbeitnehmer kommen aus den alten Trampelpfaden nicht heraus, und sie benehmen sich wie Uraltkapitalisten. Wer hat, bekommt mehr. Arbeit als Closed Shop. Die, die draußen vor der Tür des so genannten Arbeitsmarktes stehen, haben das Nachsehen. In einem Land, das außer Menschen und ihren Fähigkeiten kaum über nötige Ressourcen verfügt, wird nicht gerade pfleglicher Umgang mit dem Produktionsfaktor Arbeit gepflegt.

Hinter den statistischen Zahlen stecken tief greifende Veränderungen. Die moderne Arbeitswelt folgt längst anderen Prioritäten mit lebenslangem Lernen (trotz oder wegen Ego-Trips), mit weltweiter Arbeitsteilung, mit Teilzeit-Heim- und Computerarbeit, mit Aus- oder Quereinsteigern und mit unerbittlichem Leistungswettbewerb. Vor allem junge Leute haben zur Arbeit ein anderes, ein lockeres oder auch ein anspruchsvolleres Verhältnis. Leben und leben lassen sprengt als Lebensanschauung die überlieferten Formen deutscher Tüchtigkeit. Antistress, Leistungsverweigerung, Selbstverwirklichung, Anderssein als die Generation der Eltern und Großeltern sowie ein lockereres Verhältnis zum Geld, zur Pflicht und zur Karriere.

Gefragt ist Beschäftigungsphantasie

Denn neben der Auflockerungserscheinung drängt der Konservativismus auch in jüngere Jahrgänge. Für sie bestimmen meistens Einzelfälle die Arbeitslosigkeit. Ist jeder – in Übernahme der amerikanischen Leistungsgesellschaft – selber schuld, wenn er keinen Job hat? Vor allem, wenn er zu den Langzeitarbeitslosen zählt? Zum wohlfahrtsstaatlichen Gejammere um die Arbeitslosigkeit, die den Betreuungsstaat sichtlich überfordert, zählt auch in Deutschland dieses Schema. Wer auf Jobsuche ist, muss sich finanziell einschränken, auf der Suche nach Arbeit nicht nachlassen, gegen gedrückte Stimmung (überflüssig, nicht anerkannt zu sein) angehen, kleinere Arbeit nicht scheuen, nicht auf andere – vor allem die Politiker oder Unternehmer – schimpfen, Zweifel an den eigenen Fähigkeiten unterdrücken, Weiterbildung betreiben oder Hobbys pflegen, Umschulungen nicht scheuen, arbeitslos zu sein nicht verheimlichen, sein Äußeres pflegen, keine Schulden machen, sich nicht bemitleiden lassen und nicht in Selbsttäuschung verfallen, als Aussteiger ein alternatives Leben führen zu können, vielmehr Beschäftigungs-Phantasien entwickeln.

Ratschläge sind leichter gegeben als befolgt. Nicht nur an die Adresse der Arbeitslosen. Wohlverstandene Sozialpolitik des Staates lässt mit oder ohne Bündnis für Arbeit überzeugende Lösungen vermissen. Angebote von Teilzeitarbeit reichen offenkundig nicht aus. Schwarzarbeit wird nur halbherzig bekämpft, die Zuwanderung inkonsequent und regional unterschiedlich geregelt, die Liberalisierung der Gesetze und des Marktes für Arbeit bleibt im Ständestaat hängen.

Altmodische, oft schikanöse Gesetze verhindern die allgemeine Förderung, vor allem aber jene von Zukunftstechnologien. Mit dem Problem Vorruhestand kommt der Staat ebenso wenig zu Rande wie mit griffigen Arbeitsbeschaffungsmaßnahmen, mit Arbeitszeitregelungen wie mit dem Ladenschluss sowie Privatisierung, Entbürokratisierung und einem konsequenteren Outsourcing-Programm für die öffentlichen Verwaltungen.

Es fehlt hinten und vorne an Flexibilität, an echtem Reformwillen, an Anpassungsbereitschaft an veränderte Lebens-, Arbeits- und Betriebsverhältnisse (einschließlich der Lohnnebenkosten). Warum sind Lohnkürzungen tabu? Warum werden die Lohnfortzahlung im Krankheitsfall oder der Kündigungsschutz ebenso tabuisiert wie die Zumutbarkeit für den Einzelnen oder den einzelnen Betrieb, der Arbeitslosigkeit strukturell beizukommen und neue Wege zu beschreiten?

Dass sich in Zeiten und im Zeichen satellitengestützter Steuerungssysteme, künstlicher Intelligenz, umfassender Kommunikation und überwältigender Information im deutschen wie im europäischen Fall alte, verrostete Hürden aller Art nicht überwinden lassen, liegt hauptsächlich an den Sozialpartnern. Es klemmt, was sich beim Wiederaufbau, der Weltmarktöffnung und der Früh-Globalisierung arbeitsteilig und fast geräuschlos bewährt hat. Während anderswo gelockert oder auch - oft übermäßig - gestreikt wird, plagt sich Deutschland mit den Spätfolgen eines Lohnkartells. Kollektivistisch, von mächtig gewordenen Privatorganisationen angelegt, stolpert die Sozialpartnerschaft über die eigenen Füße.

Gewerkschaften als Oberbremser

Mal Täter, mal Opfer erweist sich diese Partnerschaft je länger, desto mehr als Fortschrittsbremse. Als Oberbremser betätigen sich die Gewerkschaften. Ähnlich Altkapitalisten, die am Anfang der Industrialisierung glaubten halten zu können, was sie besitzen, stehen sich Gewerkschaften im Sinne ihrer Mitglieder postindustriell gleichsam im Weg. Was einst beruhigt, garantiert und wie in einem Kartell geregelt wurdet, hat sich als Idee unerschütterlicher Partnerschaft überlebt. Versuche der evolutionären Anpassung wie das Bündnis für Arbeit, scheitern wie andere runde Tische in anderen Ländern unter anderen Umständen. Wettbewerb und Flexibilität fängt im Denken an. Wer sich diesen und anderen Erkenntnissen verweigert, muss in Kauf nehmen, dass sich sozialer Sprengstoff anhäuft. Gesellschaftspolitisch ist längst vonnöten, dass die Welt der Wirtschaft und der Arbeit zur Bildung einer neuen perspektivischen Identität beiträgt.

2.

Bier, Berlin, Autobahn, Goethe

„Ausländer, natürlich Ausländer." Aus dem Hintergrund ruft es ein Mann der Wies'n-Wache entgegen. Auf dem größten Volksfest der Welt, dem Münchner Oktoberfest, will die Rempelei nicht enden. Einer stolpert. Drei andere fallen über ihn her, treten auf ihn ein. Ordner amtshandeln. Bevor noch die Polizei eintrifft, erreicht der Notarzt den Tatort. Ob der Mann, der da blutüberströmt auf dem Boden liegt, die Nacht überlebt, erscheint dem Arzt fraglich. Polizeireport. Der wehrlose Mann, wie sich herausstellt ein Schwede, wurde von vier Italienern verprügelt. Einer von ihnen schlug den Kopf des Opfers mehrfach mit voller Wucht auf den Boden. Der Mann überlebt, wie sich später herausstellt. Dem Abtransport ruft einer – fernab der Szene – mit fremdem Akzent nach: „Typisch deutsch."

Dass es auf dem Fest mit dem höchsten Bekanntheitsgrad unter einschlägigen Veranstaltungen gelegentlich handfest zugeht, mag nicht überraschen. 5,5 Millionen Liter Bier zeigen Wirkung. An die sieben Millionen Besucher treibt es zur „fünften Jahreszeit". Sie hinterlassen in der „heimlichen Hauptstadt Deutschlands" – als die die bayerische Metropole in den Jugendjahren Westdeutschlands von flotter Public Relations plakatiert worden war – auch nach der deutschen Einheit gut und gern 1,5 Milliarden Mark rund ums Oktoberfest – die Maß von DM 10,70 bis 11,80 (für den Liter Bier), ein anderes Maß-Traditionsbewusstsein eingeschlossen.

Zweierlei Mass, ein Volk

„Es wird bei uns Deutschen mit wenig so viel Zeit totgeschlagen, wie mit Bier trinken", meinte Bismarck im Reichstag 1891. Preußischer Puritanismus gegen südlich angehauchte Lebensart? Zweierlei Maß, ein Volk. Einerlei, ob es sich um Zivilisations- und Mentalitätsgefälle handelt, in der Bemerkung des „Eisernen Kanzlers" steckt, wie anderswo auch, die Frage, ob es überhaupt ein deutsches Volk im klassischen oder im modernen Sinn gibt.

Bier, Berlin, Autobahnen, Goethe

Für die Europäische Gemeinschaft ergibt eine Entdeckungsreise durch das Europa unserer Tage in der Manier von Comicstrips die Frage: „Welche fünf Begriffe fallen Ihnen im Zusammenhang mit Deutschland ein?", bei aller Simplifizierung, die gemäße Reihenfolge: Bier, Berlin, Autobahnen, Goethe, Humorlosigkeit.

Da mag es in der Überlieferung selbst ein Theodor Heuss schwer haben, der im ersten Jahr nach der Katastrophe des Zweiten Weltkrieges in seiner unverwechselbaren Selbstdistanz nach Jahren der Demütigung formulierte: „Die Welt würde ärmer sein ohne den deutschen Geist, wie wir ärmer geworden sind, als wir ohne Welt waren."

Wer sich ein halbes Jahrhundert später auf die Suche nach dem „deutschen Wesen" begibt, stößt auf eine Grunderfahrung: Schwache Völker erheischen in der Welt eher Sympathien als starke. Also bestenfalls Sympathie für (geteilte) Deutsche oder (belagerte) Berliner? Für viele außerhalb der deutschen Grenzen erschien das gespaltene Deutschland ansatzweise bewusst geschwächt und nach dem fulminanten wirtschaftlichen Aufstieg der alten Bundesrepublik durch die Wiedervereinigung seit 1990 unterwegs zu einer gewiss kostspieligen, gerade noch akzeptablen Stärkung.

Auch wenn zum Millennium innerdeutsch die Trennung noch nicht überwunden und eine Mauer in den Köpfen und den Herzen fortbesteht, verzeichnen die Deutschen anderswo einen überraschenden Gefühlsumschwung. Sie müssen sich wieder einmal fragen lassen, wie berechenbar, ja wie gefährlich sie seien.

Kommt das 4. Reich?

Der Sprecher der Académie française, Maurice Drouon, sieht eine neue Konfrontation mit dem als mächtigen Nachbarn empfundenen Deutschland im nächsten Jahrhundert heraufziehen. Der 81jährige, in Paris geschätzte Gelehrte spricht bereits von einem 4. Reich und meint: „Deutschland ist dabei, sich zur dominierenden Macht Europas zu entwickeln.“

„Haben auch Sie Angst vor Deutschland, Monsieur Grosser?“, fragt die „Welt am Sonntag“ (3. Oktober 1999). „Nein“, sagt der geborene Frankfurter, Jahrgang 1925, Sohn eines jüdischen Arztes, 1933 in die Emigration gezwungen, als langjähriger Professor und Politikwissenschaftler der Universität Paris akademisch und publizistisch einer der angesehensten Wegbereiter der deutsch-französischen Verständigung. Die Berichterstattung sieht er beiderseits lückenhaft. Grosser beobachtet in den französischen Zeitungen ausführliche Deutschlandberichterstattungen, beispielsweise bei Bundestagswahlen. Wenn in Frankreich dagegen „irgendeine dumme Kritik veröffentlicht wird“, steige die deutsche Presse überproportional ein.

Grosser erkennt ein wirkliches Problem im Deutschlandbild, wie es vor allem die elektronischen Medien vermitteln. Das französische Fernsehen kapriziert sich auffallend gern auf Dokumentarfilme, Spielfilme oder Diskussionen über die Hitlerzeit. Publizitätswütige Verleger kommen den Franzosen gar mit einem Buch „über den nächsten Krieg mit Deutschland“. Alfred Grosser sieht in einer angeblichen „Deutschengefahr“ hingegen nichts Eigenständiges, sondern ortet diese Ängste im Umkreis der allgemeinen französischen Europa-Diskussion. „Wer gegen Europa ist, der gebraucht schnell antideutsche Argumente.“

Deutsch EU-gleichberechtigt?

Maurice Drouon, der sensible Literat, dagegen betreibt nicht nur andersartige Vergangenheitsbewältigung, sondern verbreitet Zukunftsängste: „Wir sind auf dem Weg zu einem neuen Deutschen Reich, Österreich eingeschlossen. Die Sprache ist nur ein Vehikel.“ Auch ohne Académie française ein Zeichen an der Wand – erst recht mit dem intellektuell mächtigen Prestige dieser ehrwürdigen Pariser Institution. Das Drouon-Syndrom wird durch die Folgen eines neu aufgelegten Sprachenstreites in der Europäischen Gemeinschaft belegt. Bundeskanzler Schröder hatte im Frühherbst 1999 entgegen der bisherigen Praxis darauf bestanden, dass bei inoffiziellen EU-Ministerräten Deutsch vollwertig neben Englisch, Französisch und der Sprache des jeweiligen Gastgeberlandes akzeptiert wird. Als Finnland – im Rotationsverfahren in der EU-Präsidentschaft – zunächst nicht, dann negativ und schließlich unentschlossen reagierte, boykottierten die Deutschen und – in vorauseilendem Gehorsam – die Österreicher einige inoffizielle Ministertreffen. Beim unterstellenden Angriff des Sprechers der Académie française bleibt es ebenso wenig wie bei der Deutschlandverteidigung von Alfred Grosser.

Zu alten Vorbehalten, Verdächtigungen und Qualifizierungen kommen neue. Was wird dem Deutschen nicht alles angekreidet. In seinen Ansprüchen sei er maßlos und überziehe, er betätige sich wieder als Nationalist und beliebe grob aufzutreten, im Inneren habe er einerseits die Untertanenmentalität noch nicht überwunden und gehe andererseits mit der Demokratie (s. Parteiensumpf) nicht pfleglich genug um. Im Übrigen verstehe er es einfach nicht, das Leben zu genießen.

Anders liest sich der Tugendkatalog von Willy Hellpach, dem Psychologen und Politiker, einem engagierten Badenser. In unterkühlter Selbsteinschätzung beschreibt er den deutschen Charakter mit Schaffensdrang, Gründlichkeit, Ordnungsliebe, Formabneigung, Eigensinn und Schwärmseligkeit.

Merkwürdiger Widerstand in ihrem Wesen

Von solchen Extremurteilen überrascht, verängstigt oder enttäuscht, fliehen manche Deutsche in Selbsthass, andere in Primitivabwehr der Jetzt-erst-recht-Methode. Man lässt sich nicht zum Paria, zum Buhmann deklarieren, schon gar nicht von Ausländern. Nachdenkliche suchen nach Antworten auf Wesensfragen. Hat sich in der Erbfolge der Vorbehalte, Vorurteile und Feindbilder nichts geändert seit Tacitus. Er schreibt in seinem „Germania“ über die teutonischen Völker von damals: „Sie dösen dahin: Ein merkwürdiger Widerspruch in ihrem Wesen, da doch die selben Menschen das Nichtstun lieben und die Friedensruhe hassen?“ (Genüsslich berichtet Tacitus über die Neigung der Germanen, gegenseitig sich die Köpfe einzuschlagen, was Rom gerettet habe, weil dadurch ein germanischer Zusammenschluss gegen die Herrschaft Roms geraume Zeit verhindert worden sei.)

Mehr deutsche Fragen als Antworten: „Müssen wir als Deutsche mit der Zipfelmützen-Geschichte leben, die uns seit Generationen verfolgt als teils verschlafenen, teils kriegerischen und fallweise revolutionären Nachbarn?“ – „Spielt die deutsche Klassik bestenfalls in Geschichtsbüchern?“ – „Wird Goethe als Weltbürger gleichsam entgermanisiert?“ – „Bleiben wir auf ewig Grobiane vom Dienst, literarisch auf das Götz-Zitat beschränkt?“

„Was lässt Deutsche im Wettbewerb der Nationaleigenschaften immer wieder zurückfallen, wenn uns der Ausspruch des damaligen Staatssekretärs von Bülow auch noch nach hundert Jahren präsentiert wird, wir wollen niemand in den Schatten stellen, aber wir verlangen auch unseren Platz an der Sonne?“ – „Geraten wir immer wieder in die Image-Lücke, Deutsche seien eigentlich schon seit zweitausend Jahren so etwas wie Nazis?“ – „Wirkt Gräuelpropaganda des Ersten Weltkrieges nach (abgehackte Kinderhände in Flandern)?“ – „Warum unterstellen uns Franzosen – wie seinerzeit am Beginn des Kaiserreiches – ‚Geschmack für das Kolossale‘?“

„Pardon wird nicht gegeben“, geistert 1999 fallweise durch die Gazetten, wie fast hundert Jahre vorher in der so genannten Hunnenrede eines deutschen Gesandten vor dem Boxeraufstand in China. Lässt sich erklären, weshalb nach der Wiedervereinigung Ossis ausgerechnet Hindenburg am Ende des Ersten Weltkrieges zitieren, die deutsche Front sei „wie Siegfried unter dem hinterlistigen Speerwurf des grimmigen Hagen zusammengebrochen"? – „Wieso reicht es nicht mehr, auch nach DDR-Ende den Römerbrief (13,1) heranzuziehen", ein Gemeinwesen bleibe auch dann unter der Herrschaft Gottes, wenn Anmaßung und Grenzüberschreitung stattfinden?

Ugly German

Gilt wirklich, dass ein Deutscher, sich selbst überlassen, unglücklich wird bei allzu viel ungewohnter Freiheit – wie in den neuen Bundesländern und vornehmlich Ost-Berlin? Ist es richtig, den Deutschen einfach eine Mischung aus Untertanengeist, Ämterallmacht und Bürokratieliebe zuzuschreiben? Hat Friedrich Sieburg in „Es werde Deutschland" recht, lediglich der Deutsche sei fähig, Arbeit zu lieben, ohne an Gewinn zu denken? Wieso müssen die Deutschen dafür büßen, dass Neid und Eifersucht der Konkurrenzländer deren Meinungsbildung immer wieder antideutsch ausflippen lassen?

„Bleibt den Deutschen nur übrig, sich damit abzufinden, dass für die Wiedervereinigung die gute alte Mark zu Gunsten des Euro aufgegeben werden musste?" – „Muss man sich gefallen lassen, im Zusammenhang mit einem 10-Milliarden-Mark-Fonds für die Entschädigung von Zwangsarbeitern während des Zweiten Weltkrieges von New Yorker Anwälten als ‚Neidhammel des Jahrhunderts' apostrophiert zu werden, weil Nachbesserungen auf sich warten lassen?" – „Ist für Deutsche die Loyalität in der EU und in der westlichen Allianz eine Einbahnstraße?" – „Was muss eigentlich geschehen, um den abgespielten Dauervorwurf des deutschen Militarismus und der totalen Unterwürfigkeit aus der Welt zu schaffen, wenn deutsche Soldaten im Kosovo Ende der neunziger Jahre einen allseits imponierenden Beweis vom „Bürger in Uniform" liefern?"

Mit dem Bild vom hässlichen Deutschen – neuerdings wieder

häufiger anzutreffen – erfährt ein ganzes Volk, dass es ihm mit vielerlei Image-Blessuren nicht anders geht als Franzosen, Italienern, Engländern, Niederländern oder Österreichern. Die Chose Allemagne mag in typisch deutscher Sicht eine allzu ernste Angelegenheit sein, um das Thema nationaler Eigenschaften den Karikaturisten zu überlassen. Die Hinterergründer der Bewusstseinsbranche erleichtern jedoch den Einstieg.

Wie, so lässt sich mit doppelsinnigem Humoranspruch fragen, verhält es sich etwa mit den Belgiern – erfahrungsgemäß oft unzuverlässig –, wenn sie als zuverlässig dargestellt werden, oder den Schweden – oft recht stur – als flexibel, den Iren – meist verschlossen – als lustige Kontaktleute, den Finnen – schweigsam – als redelustig, den Spaniern – stolz – als bescheiden, den Deutschen – gern tierisch ernst – als humorvoll, den Österreichern – erwiesenermaßen ungeduldig – als geduldig; den Griechen – konfusionsfreudig – als organisiert; den Franzosen – flott unterwegs – als Musterfahrer; den Portugiesen – Technikmuffel – als Spezialtechniker; den Italienern – temperamentvoll – als kontrolliert usw. Reichlich irreführend?

„Die Deutschen sind Trampel oder Trottel“

Nun – Selbstveranlagung und Fremdbestimmung geraten naturgemäß kontrovers. Auch ist es ein schwacher Trost, dass jedes Volk, jeder Stamm, jede Region und jede Stadt einem gerüttelt Maß an Vorurteilen begegnen. Die Frage ist, wie sie damit fertig werden. Im Reaktionsvermögen wie in der Selbsteinschätzung steckt bereits ein wesentliches Realitätselement. Erst recht, wenn es sich um hartnäckige Feindbilder handelt, die nicht weichen wollen, und Erscheinungen, wo eine ganze Nation vom Saulus zum Paulus mutiert – oder auch umgekehrt.

Gewiss, die Deutschen sind heute transparenter zu beurteilen als in weiten Bereichen ihrer katastrophenreichen Geschichte des zwanzigsten Jahrhunderts. Sie spiegeln sich heute selbstgenügsamer als in der (Ver-)Zeichnung des Auslands. Schärfere, verletzendere Kanten bietet da schon der alte Simplizissimus aus der Zeit vor dem Ersten Weltkrieg: „Die Deutschen sind Trampel oder Trottel, ob Rekrut oder Feldwebel, borniert-arrogante Leutnants, zickig-zackige Staatsoffiziere, senil-blutrünstige Generale, versoffene Studenten mit Schmissen, auch noch aufgedunsen, wenn sie inzwischen Richter oder Diplomaten geworden sind, antisemitisch gezeichnete Kaufleute, militaristische Martialzivilisten, im Inland bramarbasierende, im Ausland lächerliche, deutschtümelnde oder Fremdes nachäffende Bourgois, humorlos, ein Lächeln. Wieherndes Gelächter nur über Zoten."

Sickerten derart selbstzerstörerische Lustanwandlungen nicht doch auch in die tieferen Etagen des Bewusstseins – vor allem von Eliten im Ausland –, so könnte man sich mit dem Schlagwort „die Deutschen sind besser als ihr Ruf" fast zufrieden geben. Da Worte jedoch zu Waffen werden, nicht nur in Kriegs-, sondern auch in Friedenszeiten, bleibt Erklärbedarf – und reichlich dazu.

Wie die Deutschen wirklich sind, was es mit der „Poesie der deutschen Seele" (Madame de Staël) auf sich hat und ob es nicht nur innerhalb Deutschlands neuerdings zwischen Ossis und Wessis Mauern von chinesischer Dauerqualität gibt, sondern zwischen Deutschland und seinen Nachbarn – diese Mentalitätsfrage ist gründlicher Untersuchung wert; flotte oder populistische Vereinfachungen sind dabei nicht gefragt.

Über die Jahrzehnte tauchen schubweise Darstellungen auf, deutsche Dichter und Denker kämen lächerlich aufgeblasen daher, Loyalität, hausgemacht, münde oft in Kadavergehorsam; wer seine Pflicht tue, handele geradezu militaristisch; deutsche Tüchtigkeit ende in Schufterei und die Neigung zu gutem Essen und reichlichem Trinken in Fressgier und Sauflust. Also bleibt zu untersuchen, was es mit dem deutschen Grobian auf sich hat, mit dem Nationalismus, mit Maßlosigkeit und Arroganz, mit verdecktem Militarismus und Rechthaberei, mit Untertanengeist, mit Widerstandsfähigkeit, mit „Ausländer raus", mit Bürgerstolz, mit Tüchtigkeit, mit Veränderungskapazität und mit ihrer Verlässlichkeit als Demokraten.

Der Deutsche als Buhmann der Ideologen

Nationalismus, Tüchtigkeit, Untertanengeist, Arroganz, Freizeitgesellschaft oder Machtmenschen – was für diese und andere Vereinfachungen auch stehen mag: die Deutschen und ihr Wesen werden nicht zuletzt vor dem Hintergrund ideologischer Kämpfe, Krämpfe und Neubestimmungen gemessen, ob ihnen dies behagt oder nicht. Die Größe ihres Landes, die geographische Lage ihrer Heimat, ihr geschichtlicher Ballast, ihre Gegenwartsbewältigung und ihre Zukunft ergeben reichlich widersprüchliche Bewertungskriterien. Anders lässt sich wohl kaum erklären, was Deutschen an Vorbehalten, Kritik, Fähigkeiten, Verdrehungen bis zur Brunnenvergiftung anderswo begegnet. Deutsch sein heißt nicht nur zahlreich sein (Zitat Helmut Schmidt), sondern ideologisch attraktiv. Wie ehedem kreuzen sich positive und negative Erscheinungen.

Freiheit oder Sozialismus?

„Freiheit oder Sozialismus?“, stellt jene Reizfrage dar, mit der die deutsche Politik wellenartig seit langem zu kämpfen hat. Die Alternative, die Gegenüberstellung, die suggerierte Weltentrennung – je nach politischem Standort handelt es sich um erlaubte Polarisierung oder semantischen Krieg. Ginge es lediglich um politische Begriffe wie in einem Wahlkampf, ließe sich nicht erklären, warum diese ungleiche Paarung die Gemüter – zumal die deutschen – immer wieder erregt. Freiheit – der Deutschen liebster Wert –, Unterpfand höchster Ideale, Gewähr vollständigen Glücks, Bürgertugend, Eckpfeiler des Stolzes, Gegenstück zur Gleichheit, allezeit gut für Gefühlsregungen – im Selbstporträt der Deutschen obenan, auf der Suche nach der idealen Welt, die entscheidende Weggabelung, ein Stück Menschenwürde, unentbehrlich für eine Gesellschaftsordnung, allezeit das Risiko wert, dafür einzustehen.

Wer so argumentiert, sieht sich von den Verfechtern der Wortpaarung „Freiheit oder Sozialismus“ günstigstenfalls in Frage gestellt, schlechtestenfalls einer Mischung aus tumbem Deutschtum und reaktionärem, spießigem Wertehandel verdächtigt. Schon das Lob, bei dieser Gesellschaft handele es sich um die freieste der deutschen Geschichte, wird als gedankenlose Schönfärberei angeprangert. Freiheit oder Sozialismus? Mit dieser Wortpaarung solle alles Linke mit Unfreiheit gleichgesetzt werden.

Der total betreute Mensch

Die Alternative „Sozialismus" wird zum Slogan degradiert und den ideologischen Untergriffen zugeordnet. Verfechter der Freiheit wollten ihre Widersacher verteufeln, jedenfalls verdächtigen. Anhänger der Sozialisten sollten gezwungen werden, ihren ideologischen Standort zu offenbaren, nicht zuletzt ordnungspolitisch. Mit erweiterter Fragestellung geht es um den konsequenzenreichen Umgang mit den Menschen. Sollen sie vom System her in der Lage sein, selbstverantwortlich, selbständig und selbstverwirklichend tätig zu werden, privat also im besten und eigentlichen Sinn des Wortes, oder geht es um den betreuten Menschen, um Abhängigkeiten, wie sie geschaffen, praktiziert und nötigenfalls systematisch durchgesetzt werden. Freiheit also als Gegenstück zur Manipulation. Selbstbestimmung also vis-à-vis machtlüsternen Betreuern. An die Stelle der freien Entscheidung nach individuellen Wünschen die kollektive Unfreiheit vorgegebener, aufgedrängter oder einfach aufgezwungener Abhängigkeiten.

Freiheit und Sozialismus stellt zweierlei Verantwortungsmuster zur Diskussion – ich oder wir, das Eigene oder das Fremde, das Spannungsverhältnis von Individuum und Gemeinschaft, die persönliche oder die kollektivierte Lebensart, das gewollte oder das vorgeschriebene Glück, Selbstentscheidung oder Überredung, Denkprozess oder Gehorsamsbeweis, Selbständigkeit gegen Unselbständigkeit, Eigenverantwortung gegen Betreuung, Wahl oder Abhängigkeit – Worte können nur andeuten, was in Wahrheit in der Wortpaarung „Freiheit oder Sozialismus" alles steckt. Sie gibt zugleich Aufschluss über die Politik für den Menschen, über die Sozialpolitik. Sie ist wohl in keinem Land derart dauerhaft mit einem oft gefährlichen Maß von Zynismus, Rechthaberei, Unterstellung, Verdacht und Rechtfertigung geführt worden wie in Deutschland.

Clownhafter Ansatz der 68er

„Extra ecclesiam nulla salus“ umreißt, wie unerbittlich und auch unversöhnlich beide deutsche Lager den Freiheitsbegriff für sich beanspruchen. An der Verbissenheit hat sich in den letzten Jahrzehnten nichts geändert. Einmal wurde die Freiheit von physischer Gewalt zertrampelt und ein anderes Mal - scheinbar spielerisch - eingesetzt, um mit einem pervertierten Freiheitsbegriff die Überlieferung auf den Kopf zu stellen - wie mit dem clownhaften Ansatz der 68er-Generation. Selten genug widerfährt dem Freiheitsbegriff eine angemessene Würdigung. Freiheit wird entweder als selbstverständlich konsumiert oder - ebenso selbstverständlich - als Wurzel allen Übels betrachtet.

Dem Bürger, auch dem deutschen, wird es nicht immer leicht gemacht, seinen Glauben an das Grundelement einer demokratischen Gesellschaft zu bewahren. Zählt es doch zu den Pendelschlägen politischer und vor allem auch parteipolitischer Entwicklungen, dass gewählte Repräsentanten ihre Macht und ihre Positionen missbrauchen. Während sie oft Außerordentliches, geradezu Historisches leisten, wie der frühere Bundeskanzler Helmut Kohl, verlieren sie in den Niederungen des politischen Alltags oft das Bewusstsein für Recht und Unrecht. Vor allem, wenn es um Geld geht, gar um Bares. Sie verletzen dabei nicht nur das in sie gesetzte Vertrauen, sondern die oft außerordentlich weitreichenden Möglichkeiten eines modernen Verwaltungsstaates. Geld - allezeit auch Machtmittel - verführt, Freiheit zu missbrauchen, die vom System oder der Person her vorgegeben ist. Nicht nur der Fall Kohl, sondern Parallelerscheinungen in anderen Parteien zeigen: Freiheit ohne Begrenzungen, Freizügigkeit ohne Kontrolle kann selbst dem ehrsamsten Bürger zum Verhängnis werden und die Demokratie im Mark treffen, ihre Glaubwürdigkeit schädigen.

Eineinhalb Jahrhunderte später sind es zwei sozialdemokratische Parteiführer und Regierungschefs, die mit einer Programmdebatte ihre Parteien und ihre Länder aus alten Stellungen herausführen wollen – Tony Blair und Gerhard Schröder. Wie weit diese beiden Politiker neuen Stils greifen, zeigt die Beachtung, die das so genannte Schröder-Blair-Papier allgemein und auch in ihrer sichtlich verwirrten oder zumindest verunsicherten Anhängerschaft findet. Schröder und Blair wollen traditionsgetreu nicht nur für soziale Gerechtigkeit eintreten, sondern auch „für wirtschaftliche Dynamisierung und für die Freisetzung von Kreativität und Innovation. Wir müssen unsere Politik in einem neuen, auf den heutigen Stand gebrachten wirtschaftlichen Rahmen betreiben, innerhalb dessen der Staat die Wirtschaft nach Kräften fördert, sich aber nie als Ersatz für die Wirtschaft betrachtet. Die Steuerungsfunktion von Märkten muss durch die Politik ergänzt und verbessert, nicht aber behindert werden. „Wir“, so Schröder und Blair, „unterstützen eine Marktwirtschaft, nicht aber eine Marktgesellschaft.“

Neue Mitte oder dritter Weg?

Dass neben einem Briten ein Deutscher für eine neue Mitte (Schröder) und/oder einen dritten Weg (Blair) plädiert, eröffnet in der Tat eine neue gesellschaftspolitische Dimension jenseits von Effekthascherei über Markt- oder Planwirtschaft, Neoliberalismus oder Globalisierung. Ludwig Erhard könnte bei diesem kühnen Versuch Pate gestanden haben, nach der Phase des Aufbaus und der Konsolidierung der europäischen Gesellschaft und Wirtschaft zum Millennium ideologisch eine neue Dimension zu eröffnen. Wie dem Wirtschaftswunder der Deutschen neben Applaus nachhaltig Zweifel und Neid entgegengebracht wurden, verhält es sich bei diesem und anderen Sandkastenspielen um eine die Technik beherrschende und ihr nicht unterliegende Gesellschaft.

Unvoreingenommene Suche nach Deutschem an sich kann und soll nicht an deutschen Grenzen Halt machen. Zeigt uns doch die Geschichte, dass hinter Obrigkeiten ganz andere Vernetzungen stecken, wie monarchischer Machttrieb, religiöse Selbstbehauptung, politisch-wirtschaftliche Rivalitäten, blanker Imperialismus oder harmlos scheinende Familienstorys samt elitärer Heiratspolitik sowie Jahreszahlen von Schlachten. Zum Beispiel in der Schweiz.

Zu dem Spezialverhältnis zwischen Deutschen und Schweizern kommt das Grundproblem, wie der Kleine mit dem Großen und der Große mit dem Kleinen vernünftigerweise umzugehen hat. Den Schweizern ergeht es da nicht anders als den Belgiern mit Frankreich, den Österreichern mit Deutschland oder den Kanadiern mit den USA. Plötzlich taucht wieder ein Minderwertigkeitskomplex der Schweizer auf (die sich in ihren Medien daran erinnern lassen müssen, mit der Berufsbezeichnung Schweizer dem niederen Bauernstand zugerechnet zu werden). Dazu die schwere Zunge der Alemannen. Im Umgang fühlen sie sich rhetorisch gegenüber den Hochdeutschen, die mit flotter Zunge zu imponieren verstehen, unterlegen. Dies, obwohl sich eidgenössische Selbstkritiker eingestehen, der Unterschied zwischen Schweizern und Deutschen sei - alles in allem - gar nicht so groß und es sei vielleicht das Schweizerische im Deutschen oder das Deutsche im Schweizer, dem die Eidgenossen misstrauen.

Bei so vielen Selbstzweifeln taugt der Begriff Heidiland bestenfalls für die Tourismuswerbung unter den Deutschen, die insoweit als zahlende Reisende (weniger als Käufer von Grund und Boden) beim südlichen Nachbarn willkommen sind.

3.

Der Deutsche als beliebtes Feindbild

„Nicht ich habe mich verändert“ , meinte Charles Maurice Herzog de Talleyrand Perigord auf den Vorwurf, seine Meinung ständig gewechselt zu haben, „sondern die Zeiten und die Umstände.“ Was wie politische Tändelei eines europäischen Gleichgewicht-Denkers wirkt, passt nicht zuletzt auf das Verhältnis zwischen Deutschland und Frankreich, zwischen Franzosen und Deutschen. Nach einem jahrhundertelangen Kampf um Herrschaft und Macht zwischen zwei Kernvölkern Europas können Worte den historischen Tiefgang eines Annäherungsprozesses lediglich andeuten. Deutsche beliebten über Generationen vom „Erzfeind“ zu sprechen und Franzosen fragten in der nämlichen Zeitfolge: „Ist der Teufel deutsch?“ Was musste geschehen, dass zwei herausragende Staatsmänner unserer Zeit Hand in Hand der Millionen von Gefallenen gedenken wie François Mitterrand und Helmut Kohl 1984 in Verdun - der Franzose und der Deutsche, deren Vorfahren sich wechselseitig des Raubes bezichtigt hatten und innerhalb von siebzig Jahren in aufsteigender Brutalität und gegenseitiger Beschädigung drei Mal Krieg gegeneinander geführt und Millionen Tote zu verantworten haben.

„Réunion“ war eines der Anspruch erheischenden Pariser Stichworte, die europäische Landkarte zu französisieren. „Rache“ die deutsche Vokabel für Gerechtigkeit und Gebietsansprüche, ihre Durchsetzung, ihre Verteidigung. Platituden, Propaganda oder irreführende Gehirnwäsche - in kaum einer Beziehung steckt so viel Emotion und auch ein gut Teil Hassliebe wie zwischen diesen Franzosen und Deutschen. Zivilisatorischer Stolz und Lebensart gegen Effektivität und Humanismus.

Festmachen lässt sich das deutsch-französische Verhältnis recht aussagefähig am 30. September 1681. An diesem Tag nahmen die

Franzosen Straßburg. Geschehen ist es zu einer Zeit, als der deutsche Kaiser in einem schweren und gelegentlich schon aussichtslosen Abwehrkampf gegen die Türken stand. Reunion gegen Islamisierung und dazwischen ein Sandwich-Reich in Bedrängnis, geschwächt, zerstritten und überfordert. Nicht zum ersten und nicht zum letzten Mal ging mit den Waffen die Erpressung einher. Bis zum Rhein - und im Fall des Heidelberger Schlosses und unserer Tage bis Baden-Württemberg und indirekt Berlin - wurde deutsches Land okkupiert und Deutsche - auch kulturell - als Geiseln genommen.

Das Elsass gegen das Saarland

Fast zwei Jahrhunderte später war Regermanisierung angesagt. Nach der Proklamation des Deutschen Reiches im Spiegelsaal von Versailles (1871) setzt das junge Reich auf Straßburg - also auf das Elsass - und der preußisch trainierte deutsche Generalstab auf die Festung Metz in Lothringen. Mit heute unvorstellbarer Penetranz setzten Franzosen und Deutsche den Kampf um jenen Teil des alten Burgund, um Elsass-Lothringen, fort. Nach dem Zweiten Weltkrieg fügten sich die Deutschen - nicht ganz freiwillig - in einen wohl endgültigen Verzicht auf diesen Landstrich Europas und akzeptierten die Franzosen als trainierte Demokraten die Rückkehr der Saar nach Deutschland (wenn auch um den Preis, dass die Montanunion nicht nur Politlaboratorium für eine europäische Integration abgeben, sondern auch eine elegantere Indirektkontrolle von Kohle und Stahl an der Ruhr ausüben sollte).

Über diese beiden an sich getrennten Vorgänge sind zwar die Verhältnisse hinweggegangen. Es bleibt aber der Eindruck, dass die Saarländer ebenso für die D-Mark und den seinerzeit herrschenden bundesdeutschen Wohlstand votierten wie Jahrzehnte später die Bevölkerung in der konkursreifen DDR.

Wiederholungstäter nach dem Heine-Rezept

Dass das Deutschlandbild der Franzosen weiterhin Flecken und Löcher aufweist, lässt sich gewiss nicht nur geschichtlich oder mit dem Maquis-Syndrom des französischen Widerstandes und der eisernen deutschen Besatzung während des Zweiten Weltkrieges erklären. In den Köpfen sind nicht nur die Bilder von Adolf Hitler vor dem Eiffelturm oder zackigem Aufmarsch von Wehrmachtseinheiten auf den Champs-Élysées geblieben, nicht nur die Erinnerung an Oradour (SS-Massaker nach Widerstandsaktionen) oder den D-Day mit der anschließenden Befreiung von der Okkupation durch das Dritte Reich. Mögen die Medien, zuerst der Film, dann das Fernsehen und bei Gelegenheiten die Zeitungen, die verständliche Klage über Hitler-Deutschland wach halten. So hat die Bundesrepublik Deutschland immer noch mit Vorurteilen, Rückfällen und – berechtigten oder unberechtigten – Unterstellungen, etwa in der EU, zu kämpfen. Auch zeigt sich eine Bewusstseinsspaltung. Der Durchschnittsfranzose räumt den Deutschen eher Kredit ein als so mancher Intellektueller. Franzosen, die Jahre in deutscher Gefangenschaft zu verbringen hatten – von denen manche heute noch „ihren" Bauern besuchen –, stehen in krassem Gegensatz zu den Vor-, Quer- und Nachdenkern der vornehmlich Pariser Szene, Wiederholungstäter nach dem Rezept Heine. Spätestens nach der deutschen Wiedervereinigung sind Letzteren „die" Deutschen allzu zahlreich, zu laut, zu anmaßend, aber auch zu romantisch, zu wehleidig und zu eigenbrötlerisch. In einer bunten Mischung von Komplexen der Minderwertigkeit, der Über- oder Unterlegenheit hält sich in Bewusstseinsecken mancher Franzosen der Barbareiverdacht.

Dass die Grande Nation auf Sonderbehandlung besteht, was ihr Alleinvertretungsrecht für Zivilisation, Kultur und vor allem auch Sprache betrifft, stößt sich nun einmal an den EU-Realitäten. Alle Planungen konkreter und sichtlich auch funktionierender Integration in der Europäischen Gemeinschaft, alle organisierte Besuchsdiplomatie, vermögen die Restbestände des Deutschenzweifels oder auch des Deutschenhasses nicht auszuräumen. Laufen die Interessen gar auseinander, wenn es um Firmenkonzentrationen, Globalisierungsfolgen, Börsenhandelsplätze, aber auch die Zukunftsvision von Kultureuropa geht, erweist sich der gegenseitige Respekt als nicht beliebig belastbar.

Frankreich – Schosshund der Deutschen

Seit der deutschen Einheit zeigt sich, dass die gedrosselten Aversionen oder zurückgestellten Zweifel der Franzosen seinerzeti vom beruhigenden Gefühl teutonischer Zweistaatlichkeit ausgingen. Seitdem die wieder vereinigten Deutschen zur Nummer eins in der Mitte Europas aufgerückt sind, empfindet sich mancher Franzose an den Rand gedrängt – politisch, was den Einfluss betrifft, wirtschaftlich gegenüber der deutschen Effektivität, zivilisatorisch durch eine sich abzeichnende Verständnisallianz zwischen Deutschen und Briten und europapolitisch durch den Gefallen, den Deutsche und Russen neuerdings wieder aneinander finden.

Der politischen Klasse Frankreichs behagt wenig, dass der Mythos des Französischen in der europäischen Integrationswelt spürbar durch das Vordringen der englischen Sprache ausgehöhlt wird. Im Unbehagen trifft sich der Durchschnittsfranzose mit der Pariser Elite, die ihrerseits geraume Zeit gebraucht hat, um dem emotionalen Anlehnungsbedürfnis zwischen den Volksmassen beider Länder intellektuell nicht mehr zu widersprechen. Selbst unter EU-kritischen Franzosen ist die Zeit zwar vorbei, wo ein hilfsbedürftiges Frankreich, vor allem seine Bauern, in Leitartikeln als „Schoßhund der Deutschen" apostrophiert wurde. Die große Vision französisch-deutscher Interessengemeinschaft will auch noch am Ende des Jahrhunderts unterfüttert sein.

Wie andere Völker rings um Deutschland suchen auch die Franzosen noch den berühmt-berüchtigten „gemeinsamen Nenner" künftiger europäischer Zusammenarbeit. Die schönsten Kommuniques, die ausgefeiltesten Verträge und die längsten Sitzungen in Brüssel oder Promi-Treffs an Touristenzielen schaffen bestenfalls einen Rahmen für ein neues Bild der Deutschen. Bevor es im Politlouvre einen Ehrenplatz erhält, ist auch im beiderseitigen Verhältnis noch manche Vergangenheit zu „bewältigen“. Es will gelernt sein, gegenseitig manche Rücksicht zu nehmen, den Interessen einen Freiraum zu lassen, der auch dann Bestand hat, wenn man in dem einen oder anderen Bereich aneinander gerät. Seit Straßburg nicht mehr deutsch, sondern französisch ist, Elsässisch ein Dialekt für Ältere oder Liebhaber des deutschen Fernsehens ist und Badenser ihre Wochenendhäuser in den Vogesen bauen, ist der Weg, der von so vielen negativen Mythen versperrt war, immerhin frei.

Die Wiederkehr des Mof

Nirgendwo sitzt der Stachel so tief wie in den Niederlanden. Die Holländer tun sich mit den Deutschen schwer – und umgekehrt. Dem großen Nachbarn begegnen erstaunlich viele Niederländer mit unterschwelligen Vorbehalten. Vorurteile über die Deutschen feiern vor allem fröhliche Urständ, seitdem die Wiedervereinigung aus 60 bald 80 Millionen Nachbarn gemacht hat. In das allgemeine Gefühl eines kleinen Landes gegenüber einem großen mischen sich im niederländischen Fall Spezialitäten. Aus Misstrauen wird im Zweifel neuerdings breiterer Vorbehalt. Die Hoffnung von deutschen Diplomaten, die Ressentiments gegenüber allem und allen Deutschen seien so gut wie verschwunden, halten näherer Betrachtung kaum stand. Umfragen unter niederländischen Parlamentariern und Medienmachern zeigen beständig Negativwerte. Auf ihrer Skala stehen obenan Dominanz der Deutschen, Intoleranz, Härte, Arroganz und ein genereller Vorbehalt gegenüber der deutschen Mentalität. Also die Wiederkehr des Mof, des grobschlächtigen, tölpelhaften, zur Gewalttätigkeit neigenden Burschen.

Für beständige Vorbehalte der Holländer gegenüber den Deutschen fehlt es nicht an Argumenten, Begründungen oder Vermutungen. Der Nachbar, ohnedies schon von respektabler Größe, breitet sich aus, während man sich selber als koloniale Großmacht verabschieden musste. Das strapazierte Selbstbewusstsein eines Kleinstaatlers macht sich Luft, indem der große Nachbar verdächtigt und angezweifelt wird, auch wenn man wirtschaftlich alles in allem von ihm abhängig ist. Wie in einer Vernunftehe bleibt emotional Misstrauen.

Die Geschichte von Ränken der Herrscher und der Gewalt des Diktators Hitler schafft den Nährboden für Eigenständigkeit und Distanz. Verletzter Nationalstolz durch die Niederlage im Zweiten Weltkrieg mischt sich mit einem Anne-Frank-Syndrom der Judenverfolgung. Holländer fühlen sich als die besseren Menschen gegenüber den Deutschen mit dem unterschwelligen Vorbehalt begangener, wenn auch inzwischen äußerlich überwundener Barbarei. Von Hitler besiegt und besetzt gewesen zu sein, kratzt ohnedies auch am Selbstbewusstsein der Niederländer.

Viele, nicht nur Ältere, zeigen verletzten Stolz gegenüber den Mof – Schimpfwort für die Deutschen. Psychologisch verständlich, ergibt der eine oder andere Vorgang in Deutschland, wie etwa der Terrorismus und seine Bekämpfung, Anlass, die eigene Liberalität und auch Immunität herauszustreichen und den großen Nachbarn zu verdächtigen. Bei jeder sich bietenden Gelegenheit wird an die Zeit von Krieg und Besetzung erinnert, Teil kleinstaatlichen Selbstbewusstseins gegenüber dem oft unberechenbaren Goliath. Kühle Distanz empfiehlt sich manchem Niederländer auch in ruhigen, normalen Zeiten, wenn er die Gegenklischees der Deutschen über die Holländer bedenkt. Käse, Rotterdam Keukenhof, Windmühlen, Badeurlaub und die große Umsteige Schiphol erscheinen vielen Niederländer als grober Raster, als Beweis teutonischer Dominanz – Grund genug, die Gefühle von Abneigung wach zu halten. Bei manchem Holländer spielt freilich ein schlechtes Gewissen mit, was die Vor- und Kriegszeit anbetrifft. Nachdem die Neutralität von Hitlers Aggression gewaltsam weggewischt worden war, fehlte es nicht an niederländischen Opportunitätsgesten (bis hin zum Aufbau einer eigenen SS-Einheit).

Einige Wunden, freilich nicht alle, hat die europäische Integration geheilt. Führungskräfte und der einzelne Holländer, sie sind mit „den" Deutschen schon geraume Zeit ins Reine gekommen, während sich beim Durchschnittsholländer unterschwellig antideutsche Gefühle halten. In einer bemerkenswerten Umkehr der Verhältnisse im Vergleich zu Frankreich hat sich diese Kluft bei den Niederländern nach der Wende noch vertieft. Jüngere Jahrgänge entdecken oder pflegen gar Deutschenzweifel. Was sie fürchten ist nicht eine Bedrohung ihrer Identität oder ihrer Eigenstaatlichkeit, sondern oft ideologisch - also von links - bestimmt, wirtschaftliche Dominanz der Deutschen. Obwohl Holland im Verhältnis mit multinationalen Gesellschaften, wie Shell oder Unilever, und mit Finanzinstituten von der Globalisierung mehr profitiert als Deutschland, nimmt die Konkurrenzangst eher zu als ab. Es stellt sich also eine eigenartige Entwicklung ein von Mof-Effekt, Kleinheitssyndrom und Expansionsangst vor der teutonischen Ökonomie.

Politisch - und amtlich - freilich läuft das Verhältnis unter „Freundschaft" (Brutalitäten des Krieges wie die Vertreibung des Königshauses, die Verfolgung der Widerstandskämpfer, der Juden, die Zerstörung von Rotterdam oder das Fluten der Deiche versucht die Amtsmeinung im historischen Zusammenhang ohne Aggressionspotential - etwa in den Schulbüchern - zu halten). Offiziell gibt man sich gutnachbarlich und als kalkulierbare Europäer. Auch in den Niederlanden gibt es mehrerlei Deutschenbilder. Nicht alle sind düster und abstoßend.

Ugly German? Shut up

Der Wecker „Made in Germany" läutet präzis und zuverlässig. Der Elektrorasierer „Made in Germany" hält länger als Konkurrenzprodukte; in der German Kitchen geht es ordentlich und übersichtlich zu, der Anzug von Boss, dritte Generation seiner Art, die New York Times befasst sich mit der Fusionswelle in Deutschland und fragt, wie Auslandskapital Amerika verändert; mit dem Chrysler, bereits einem Produkt unter deutscher Regie von Daimler-Benz entstanden, geht es ins Büro; Faxen aus Frankfurt, Telefon neuerdings öfter mit Berlin als mit London; beim französischen Luncheon deutsches Bier; am Nachmittag Gespräche über transatlantische Kooperation bei Technologien - Hauptgesprächspartner ein Deutscher; am Abend Besuch der Metropolitan Opera - Tannhäuser, echt Wagner natürlich auf deutsch; zu Hause noch etwas zum Entspannen mit einem Buch, verlegt von Doubleday, der Tochtergesellschaft von Bertelsmann.

Ein WASP, ein White Anglosaxon Protestant, Angehöriger der arrivierten amerikanischen Oberschicht, fügt sich mit einem solchen Tagesablauf in das Bild, das der Durchschnittsamerikaner vom Durchschnittsdeutschen hat: solid, verlässlich, etwas langweilig, technisch begabt, kulturell erstrebenswert, nicht unbedingt ein Freund, jedoch auch kein Feind, sondern ein Partner, auf den man sich im Allgemeinen verlassen kann. Im Image rangieren die Deutschen in den USA nach den Kanadiern, Engländern und Australiern an vierter Stelle. Fleißig, intelligent, praktisch, anständig, tapfer - derlei bestimmt bei Meinungsumfragen seit Jahrzehnten die amerikanische Werteskala der Deutschen. Unter „ferner liefen" kreuzen Amerikaner negative Nationaleigenschaften an wie jähzornig, kriegerisch, arrogant oder Nazi-verdächtig.

„The Krauts" haben es leicht und schwer zugleich. Dass die Deutschen auf einen solchen Spitznamen in der Neuen Welt relativiert und reduziert werden, hat sicherlich nicht nur mit altmodischen ungesunden Essgewohnheiten zu tun. Obwohl das Saumagen-Image in aufsteigender Linie von den Pennsylvania Dutch aus dem Jahr 1683 bis zum gewichtigen Helmut Kohl Ende der neunziger Jahre überdauerte. Bei so vielen Gemeinsamkeiten und zugleich Trennwerten entspricht das schwankende Deutschenbild in den USA einer gewissen Logik. Regionale Unterschiede kommen dazu. Beiderseits.

Preußen oder Bayern, Alemannen oder Wiener verursachen in ihrer Heimat nicht nur verschiedenerlei Mentalitätsimport. Ihre

Beiträge zum American way of life lassen sich auch noch in der dritten, vierten oder fünften US-Generation erkennen. Umso erstaunlicher ist es, dass das Mentalitätsgefälle zwischen Durchschnittsamerikaner und Durchschnittsdeutschem bis in unsere Tage deutlich auszumachen ist. Bei Meinungsumfragen ergibt sich über die Jahrzehnte diese Werteskala der Deutschen: träge, gründlich, begabt, stur, zuverlässig, im Ganzen beliebt. Dagegen das demoskopische Selbstbildnis der Amerikaner, ebenfalls über lange Zeiträume gleichbleibend: vertrauensselig, optimistisch, einsatzfreudig, neugierig, antiautoritär, tolerant, Gleichheitsfanatiker.

Wenn Amerikaner auf Amerikaner schiessen

Für Amerikaner rangieren Deutsche innerhalb der USA im Gesamturteil regional unterschiedlich. Am positivsten firmieren die Deutschen im Mittelwesten, mit einigem Abstand folgt Kalifornien, während sich an der Ostküste Positiv- und Negativwerte etwa die Waage halten. Im Süden hingegen blitzt die Rassenproblematik auch auf das Bild der Deutschen. Ihnen wird nach einer nicht zu unterschätzenden Denkschule vor allem in der ersten Hälfte des 19. Jahrhunderts als importierten Aufklärer zugeschrieben, an der Zuspitzung der Rassenproblematik und damit am amerikanischen Bürgerkrieg zumindest intellektuell mitverantwortlich oder gar mitschuld zu sein. Ohne deutsche Querdenker und ihren missionarischen Liberalismus (in amerikanischer Betrachtung mit links gleichzusetzen), so südstaatliche Traditionalisten, ohne die emanzipatorische Saat in den Nordstaaten sowie unter den Anglosaxon Whites hätte es Mitte des 19. Jahrhunderts gar nicht dazu kommen können, dass Amerikaner auf Amerikaner schießen.

Diese Selbstzweifel, die eigentlich nicht ins übliche Bild des Amerikaners passen, verblassen zwar nach weiteren Einwanderungswellen Deutschsprechender. Diese größte Volksgruppe unter Einwanderern vor dem Ersten Weltkrieg entsprach den jeweiligen

US-Bedürfnissen, vornehmlich der Wirtschaft. Durch die überwiegend jüdischen Flüchtlinge aus Hitler-Deutschland verzeichnen die USA einen nachhaltigen Schub an Intelligenz, Kultur und Modernität: Einstein und eine ganze Garde von Atomwissenschaftlern, Bruno Walter und eine ganze Generation von Sängern und Schauspielern, Horkheimer mit seinem vorübergehend ansteckenden Denkmodell des Antikapitalismus, Henry Kissinger und eine komplette Denkschule amerikanischer Weltmachtfunktionen, Marlene Dietrich und mehr als eine Generation Hollywood-Macher, Thomas Mann, Karl Zuckmayer – Beispiele gelungener oder auch gescheiterter Assimilierungsversuche.

Unterschiedlich in ihrem Werdegang, ihrer Anerkennung bilden diese und tausende andere Namen wie hunderttausende aus der Masse der Deutschen ein bleibendes Phänomen des amerikanischen Respekts vor Deutschem. Im Mittelwesten, in New York, in Philadelphia, Chicago, Cincinnati und St. Louis bilden zeitweise zwar die Deutschen das größte ethnische Element. Auch wurden sie fallweise nicht nur wirtschaftlich umworben, sondern auch politisch. Mit unaufhaltsamer Konsequenz verloren sie jedoch kulturell und als Bevölkerungsgruppe an Einfluss. Während Italiener, Franzosen und später Chinesen auf die Verweigerung der Akzeptanz durch die „Anglos“ mit Igelstellungen nationaler Sprache, Kultur und Lebensart reagierten, betrieben die Deutschen, teils vorsätzlich, teils unbewusst, ihre Selbstamerikanisierung. Für deutsche Einwandererfamilien war es ein Akzeptanzerlebnis, von eingesessenen „Anglos“ aufgefordert, eingeladen und allmählich als Gleichberechtigte behandelt worden zu sein.

Einmal deutsch, einmal amerikanisch

Unter Deutschen wurde es Mode, die Identität der alten Heimat möglichst schnell abzustreifen. Beflissen wollten sie ihrem neuen Umfeld mit einer angepassten Identität Respekt zollen. Identitätssuche und Identitätsglaube lassen sich auf einen Mitteeffekt zurückführen. Umgeben von Zweiflern, von Rivalen, von unzuverlässigen Nachbarn und von Feinden, ergeht es den Deutschen wie den Amerikanern: Was für die einen ein europäischer Zweifrontenkrieg, ist für die anderen die oft ungeliebte oder ungewollte Rolle des Weltpolizisten, umgeben und zugleich geschützt durch zwei Ozeane.

Instabilitäten haben Wurzeln, die weit zurückreichen. In Deutschland wie in Amerika. Unvermeidlicherweise gehen damit Imageprobleme einher. Die Deutschen waren in der Neuen Welt bis 1870/71 zwar nicht unbedingt geliebt, aber respektiert. Der Imageabbau, der dann einsetze, sollte fast einhundert Jahre fortdauern.

Nicht unbedingt beim Durchschnittsamerikaner, jedoch mit schwankenden Werten bei einer zunehmend misstrauisch gewordenen US-Elite: eine unverständliche und unverstandene Bündnispolitik Bismarcks, ein säbelrasselnder Kaiser, eine forcierte Flottenaufbaupolitik, die den erneuten Partner Großbritannien herausforderte, die Aggressionen im Ersten Weltkrieg, die morbide Anziehungskraft Berlins in den zwanziger Jahren, das deutsch-österreichische „Verschulden" an der Weltwirtschaftskrise, das autoritäre, faschistische, rassistische und nationalistische im System des Emporkömmlings Hitler, Selbstärger, beim Applaus für das Deutsche Reich während der Olympiade 1936 („wo Männer noch Männer sind") mitgemacht zu haben, Unterschätzung von Faschismus und Diktatur, obwohl im gleichen Jahr die Fluchtbewegung begann (von 55.000 Immigranten in diesem Jahr insgesamt kamen mehr als die Hälfte aus Deutschland), die Preisgabe der US-Neutralität am Vorabend des Zweiten Weltkrieges wegen des virulenten Militarismus der Achsenmächte Deutschland und Japan, die amerikanische Kreuzzugsidee gegen Faschismus, gegen Imperialismus und gegen die Dominanz Hitler-Deutschlands auf dem europäischen Kontinent, die (Zwangs-)Allianz mit Stalins Kommunismus, Umerziehung deutscher Kriegsgefangener, der gestörte Genuss der totalen Niederlage Deutschlands durch den virulenten Weltrevolutionsanspruch der Sowjetunion und die

Rückkehr der deutschen Frage in das Strategiekonzept der Supermacht.

Orangen für Kinder, Kanonen für Adenauer

Gespaltenes Bewusstsein gegenüber den Deutschen charakterisiert amerikanische Politik und amerikanisches Verhalten in den letzten Jahrzehnten. Mit Langzeitwirkung bestimmten die USA die Meinung über Deutschland weltweit, unentrinnbar wie ein riesiger Medienapparat und kaum zu beeinflussen. Es begann mit *Nonfraternization* nach der Stunde null des totalen Sieges über Großdeutschland – Kontaktverbot für amerikanische Soldaten mit Durchschnittsdeutschen als Teil von Rache und Bestrafung. Als sich gutgläubige US-Politiker von der Okkupationsstrategie der Sowjetunion zuerst getäuscht und dann ausgetrickst empfanden, blieb Washington nichts übrig als die große Wende: Lebensmittel, Finanzhilfe, Unterstützung für einen westdeutschen Staat, Währungsreform und Wiederbewaffnung.

Orangen und Bananen für deutsche Kinder und „German Fräuleins“ bildeten die anderen, die volkstümlichen Beispiele für angewandtes deutsches Image diesseits und jenseits des Atlantiks. Es wurde anfänglich etwas verstohlen geholfen, es wurde geliebt, es wurde geheiratet, es wurde normalisiert. Als sich die Deutschen gleichsam selbst aus dem Sumpf der totalen Niederlage, der Zerstörung, des Hungers und der Hoffnungslosigkeit herauszogen, begann die alte Bewunderung für die tüchtigen Deutschen wieder zu wirken. Durch Respekt für das deutsche Wirtschaftswunder erholte sich auch das schwer erschütterte Vertrauensverhältnis – und dies, obwohl in New York und Washington Zweifel nicht verstummten. Sie konnten, sie wollten nicht begreifen, wie es in einer zivilisierten Nation zu einer der grauenhaftesten Tragödien in der Menschheitsgeschichte kommen konnte, zum Massenmord an den europäischen Juden – eine Frage, die bis heute schlüssig nicht zu beantworten ist.

Als die deutsche Sprache verbannt wurde

Was dem Ruf der Deutschen das Besondere verschafft, sind die amerikanischen Medien. Wahrlich eine Hassliebe. Bis sich das Deutschenbild erstmals nach dem Krieg von 1870/71 verdüsterte, herrschte eitel Wonne. Geschätzt waren die Deutschen auch noch während und nach der Einwanderungswelle vor hundert Jahren. Selbst dem Wilhelminismus konnten nicht nur Deutschstämmige einiges abgewinnen. Als amerikanische Zeitungen im Jahre 1917 ohne saubere Recherche berichteten, deutsche Soldaten hätten belgischen und französischen Kindern die Hände abgehackt, schlug das Pendel um. So unwahrscheinlich und so unbewiesen diese Gräuelpropaganda auch war – sie zeigte Wirkung. Flugs wurden die Boys losgeschickt, um die Europäer vom preußischen Militarismus und aus dem österreichischen Völkerkerker zu befreien. Kopfschütteln über derlei mediale Versimplifizierung, jedoch Auflagen und auch Anzeigen steigernde Erstauflage einer prallen Deutschenhatz und -hetz.

Deutsches wurde verbannt. Wie über Nacht trat ein Kulturschock ein: Wo Familien die deutsche Sprache wie selbstverständlich für den Alltag benutzten, in den Kirchen deutsch gepredigt, vor Gerichten deutsch entschieden und staatenweise Deutsch Sprache Nummer eins war, einschließlich der Zeitungen, Zeitschriften und des Vereinslebens, fiel das Fallbeil der Trennung. In Milwaukee, im US-Bundesstaat Wisconsin, beispielsweise war es verboten, Deutsch zu sprechen. Das Verbot wurde nach Kriegsende zwar aufgehoben, Deutsch hielt sich als Dritt oder Viertsprache nach Englisch, Spanisch und Französisch. Die frühere Dominanz kehrte jedoch nicht mehr wieder. Deutsch wurde zur Emigrantensprache. Deutschamerikaner dritter, vierter oder fünfter Generation kehren sprachlich kaum mehr in den Kulturkreis ihrer alten Heimat zurück.

„Gebt mir zwei Wochen und die richtige Maschinerie und ich werde die so genannte Gesinnung des amerikanischen Volkes verändern.“ Diese kaltschnäuzige Aussage von James R. Northcliff, dem Verantwortlichen der amerikanischen Kriegs-PR von 1917, gilt in gewisser Weise heute noch. Erst recht in Zeiten von Film und Fernsehen. Wenn sich dieser Stimmungswandel akademische und kulturelle Eliten der Neuen Welt nicht entziehen können oder wollen, gilt dies erst recht für den Middleclass-Amerikaner. Nach Jahrzehnten medialer Hetze, Verdrehungen, Einseitigkeiten und – selten genug – Tatsachenvermittlung bleiben beide Gruppen auf Distanz. Nicht gegenüber dem einzelnen Deutschen, aber das Land und seine Massen können sich nicht mehr auf ein positives Image stützen.

Bis in die neunziger Jahre wird eine Dramaturgie abgespult, die in ihrer Art sich genau jener Eigenschaften bedient, die angeklagt werden. Grob, brutal, rücksichtslos mit Beinahesiegen des Bösen. Und der Böse ist normalerweise deutsch. Zuerst wurden Dutzende von Filmen nach dem Primitivschema produziert, dass der Amerikaner der Held und der Deutsche sein mephistophelischer Verfolger ist. Bevorzugt wird das Soldatenmilieu, im Bedarfsfall mit Gefangenenlagern als Unterdrückungsbeweis und unmenschlichen Bewachern, die mit deutscher Gründlichkeit den Freiheitsdrang der Amerikaner unterdrücken. Schläfrige Untermenschen und arrogante Offiziere mit Reitstiefeln und Peitsche herrschen willkürlich und bestrafen unangemessen bei Ausbruchsversuchen aus deutschen Gefangenenlagern.

Über 150 Folgen solcher Serien sind jahrelang „nationwide“, also quer durch den amerikanischen Kontinent, von führenden Fernsehanstalten im Hauptabendprogramm gezeigt worden. Wiederholungen über lokale TV-Stationen – einmal morgens, einmal nachts. Fast ausnahmslos zu Lasten des Ansehens Deutschlands. Gescheitert sind alle Versuche journalistischer Gegendarstellung, diplomatischer Korrektur und geschäftlichen Aufkaufs (um die Primitivdarstellungen aus dem Verkehr zu ziehen). Nachdenkliche Amerikaner durchschauten längst die oberflächliche Geschäftsgebarung, mit antideutschen Serien ein anderes Sujet an Stelle von langweiligen Wildwest- oder Kriminalfilmen einzuführen. Amerikanische Eliten wandten sich zwar ab. Aber der Unterhaltungswert beim Durchschnittsamerikaner war hoch und geschäftlich nutzbar.

Wenn Kinder Nazis genannt werden

Deutsche und ihre Kinder bekamen es persönlich zu spüren. Um sie als deutsch einzustufen, wurden sie im Schulunterricht „Nazi" genannt. Beschwerten sich Eltern über diese Verdrehung, blieben Lehrer dabei, es habe sich dieser Sprachgebrauch eingebürgert. Kein Wunder, dass dieses schwankende und kaum belastbare Image im Krisenfall gegen die Deutschen wirkt. Normalerweise beschäftigt sich der Durchschnittsamerikaner mit Deutschland kaum. Seine Kenntnisse sind bescheiden, schwindend und zufällig.

Wenn überhaupt ein persönlicher Eindruck von Deutschen besteht, etwa in Washington und New York oder in Zentren des Tourismus wie Miami, wiederholt sich beim Amerikaner, was auch anderswo eintritt: der einzelne Deutsche wird geschätzt, ihm wird vertraut. Im Kollektiv hingegen werden Vorurteile aktiviert. Im deutschen Fall hinterlässt die Hitlerdiktatur mit Krieg und Konzentrationslagern bis heute ihre Spuren. Im Bewusstsein der unmittelbar Betroffenen des Holocaust begründet sich verständlicherweise das Misstrauen durch die Katastrophe ungeheuren Ausmaßes, die sie selbst erlebt haben. Millionenfacher Mord stellt einen noch nie da gewesenen Tiefpunkt in der Menschheitsgeschichte dar. Beim Durchschnittsamerikaner hingegen baut sich der Holocaust-Effekt medial auf.

Es begann mit dem Hollywoodfilm „Roots". Das Schicksal der Schwarzen erschüttert weltweit. Der Erfolg wirkt nicht nur moralisch, sondern auch kommerziell. Ein ähnliches Vergehen gegen die Menschlichkeit, Gerechtigkeit und die Freiheitsideale liefert die deutsche Vernichtungsapparatur in den Konzentrationslagern. Der Begriff „Holocaust", seinerzeit weltweit propagiert, steht nicht nur für einen vergleichbaren Filmerfolg, sondern steht für die erschütternde Geschichte vom millionenfachen Tod europäischer Juden - zu Lasten Deutschlands und der Deutschen. Die Sensibilität, mit der die Hollywoodproduzenten - im Gegensatz zu den oberflächlichen Antinazifilmchen - vorgingen, hat die antideutsche Dauerwirkung eher verstärkt. Die komplizierten Zusammenhänge leiten einen Denkprozess ein, auch in Deutschland. Wieder und wieder wird gefragt, wie es geschehen konnte, wer verantwortlich ist und welche Konsequenzen sich daraus ergeben. An Antworten fehlt es.

Holocaust als Verantwortung

Seit Holocaust stehen „die" Deutschen in einer neuen Dimension ihrer Verantwortung. Nur mühsam lernen sie damit fertig zu werden. Historisch kann eigentlich nicht überraschen, dass nach der wirtschaftlichen Erstarkung Deutschlands und nach der Wiedervereinigung eine neue Welle der Wiedergutmachungsforderungen einsetzt. Alles Bemühen um Lösungen und noch so viele Milliarden vermögen freilich das Zerrbild nicht zu entzerren oder zu reinigen, das noch am Ende des Jahrhunderts von den Deutschen besteht. Jedenfalls in Amerika.

Medial zeigt sich dabei, wie schwer es selbst amerikanischen Medien fällt, die deutsche Einheit zu verstehen und verständlich darzustellen. Was nach all den Vorgeschichten nicht überrascht, die Furcht vor einem erstarkten und dominanten Deutschland in der Mitte Europas taucht neben dem Sieg westlicher Politik und Lebensart über den Sowjetkommunismus ein ums andere Mal auf.

Manchmal lässt die Berichterstattung in amerikanischen Zeitungen und Fernsehsendern gar Verständnis für die untergehende DDR erkennen. Schließlich wird die Meinung verbreitet, man habe jahrzehntelang Berlin verteidigt und für die deutsche Wiedervereinigung plädiert. Nun, da es so weit sei, sollten die USA mitziehen.

Regierungsamtlich hält Washington seit Jahrzehnten brav Kurs. Jedenfalls das State Department. Diplomatisch gilt die Bonner/Berliner Republik als verlässlich, kalkulierbar, loyal und dem Westen treu ergeben. Auf dem Kapitol allerdings fehlt es nicht an Retuschen. Parlamentarisch sieht man dort das Bild der Deutschen vielfärbiger und möchte auf manches Klischee nicht verzichten: überzogene Tüchtigkeit, gepflegte Empfindlichkeit und schwer kalkulierbaren Eigensinn. Unter Senatoren und Abgeordneten rangiert Deutschland - anders etwa als Frankreich - nicht ohne Vorbehalte. Vor der Wende störte manchen Parlamentarier die starke Rolle der Deutschen in der Europäischen Gemeinschaft. „Fortress Europe" hat in ihren Ohren einen aggressiven Klang. Auf dem Kapitol fürchtet man zunehmenden Wirtschaftseinfluss der Deutschen und ihres Kapitals sowie ihrer Technik direkt vor der eigenen Haustür. Mancher kenntnisreiche Parlamentarier wird schließlich den Verdacht nicht los, die Deutschen könnten sich mit den Russen engagieren und in Mittel- und Osteuropa aufdrehen. Geht das zu Lasten der Westbindung des erweiterten Deutschland?

So präzis und instrumentalisierend vermag der Durchschnittsamerikaner die Deutschen freilich auch nach Jahrzehnten Bündnistreue nicht einzuordnen. Nicht nur an der Ostküste und in Los Angeles, wo jüdische Einwanderer aus ihrer alten Hassliebe auch gegenüber einem neuen Deutschland nur schwer herauskommen, bleibt der Stachel des Vorbehalts. Nicht nur medial haben die Deutschen eine schlechtere Presse als etwa die Franzosen, Italiener und selbst zeitweise die Japaner.

David Binder von der New York Times, langjähriger Korrespondent in Bonn, verheiratet mit einer Ostdeutschen, lässt ebenfalls Distanz erkennen. „Wie üblich, die Deutschen können sich nicht einigen, was Deutsch ist." Als die Mauer 1989 fällt, zeigen amerikanische Fernsehanstalten Spruchbänder wie „Groß-Deutschland, nein danke." Mit dem Gefühl, dass mit der Mauer der Eiserne Vorhang verschwindet, geht freilich auch das US-Fernsehen auf Quotenjagd. Der Berliner Jubel im Living der amerikanischen Middle Class: Man staunt, wenn Dan Rather in CBS, Peter Jennings in ABC oder Tom Brokaw in NBC 1989 life im Novemberregen aus Berlin berichten - und sich ihrer Emotionen, Zeuge eines Freiheitsaktes zu sein, nicht enthalten können. So direkt war Deutschland noch nie in Amerika.

Britischer Pragmatismus, französische Eleganz, deutsche Tüchtigkeit

Auch in der Nagelprobe der Befriedungsaktionen in Bosnien-Herzegowina und des Antiserbienkrieges im Kosovo bleibt die Rolle der Deutschen im amerikanischen Urteil gespalten. Den einen wird es unheimlich, deutsche Soldaten wieder in den Krieg ziehen und germanische Effektivität vorgeführt zu sehen. Den anderen ist die Rolle der Bundeswehr zu klein, der militärische wie der finanzielle Einsatz Deutschlands nicht repräsentativ genug. Bei der Entwicklung einer eigenen europäischen Sicherheitsstruktur schließlich treffen sich diese beiden Lager in europäisiertem Deutschenzweifel. Das größte EU-Land könne - so meinen viele unisono - in der westlichen Allianz, der NATO, einen schrittweisen Rückzug der USA aus der Alten Welt möglich machen. Nach dem Euro, dem würdigen Nachfolger der zeitweise den Dollar konkurrierenden D-Mark, fordert die Sicherheitspolitik als ein weiterer Beweis europäischen Selbstbewusstseins Amerika heraus. Das Dreiecksverhältnis zwischen Großbritannien, Frankreich und Deutschland beruhigt nicht alle Amerikaner. In Washington und in den amerikanischen Medien sieht man einen Rivalen mit britischem Pragmatismus, französischer Eleganz und deutscher Tüchtigkeit heranwachsen.

Politisch und damit medial bleibt ein dorniges Spezialproblem: die Wiedergutmachung. Da steht milliardenfache Zahlungsbereitschaft für Opfer des Holocaust und der Zwangsarbeit neben dem Vorwurf, die Deutschen handelten kleinkariert und provinziell. Was sich seit Jahren und Jahrzehnten an Zwittermeinungen angesammelt und aufgestaut hat, entlädt sich an dieser Moralfrage. Mehr noch als die Schweiz und Österreich sieht sich Deutschland wiederum im Anklagezustand und eine nicht zu unterschätzende amerikanische Öffentlichkeit findet daran sogar einigen Gefallen. Der Imageschaden wird internationalisiert und Berlin bekommt es zu spüren.

Deutsche mitten im Abneigungssyndrom

Deutsche können keineswegs für sich allein in Anspruch nehmen, Zielscheibe, Opfer oder auch Medium von Vorurteilen, Feindbildern sowie Lob und Zuneigung oder gar von Liebe zu sein. Auch andere Völker, Länder und Nationen sehen sich Abneigungssyndromen ausgesetzt. Da ist von polnischer Wirtschaft die Rede, von der Grausamkeit der Russen, von der Sexneigung der Franzosen, der Schlamperei der Italiener, der Sturheit der Engländer oder der Geschwätzigkeit der Spanier. Und die Deutschen? Ihre Qualifizierung fällt nicht minder scharf, oberflächlich und drastisch aus. Bei näherer Betrachtung der negativen Eigenschaften, die auch jungen Deutschen angehängt werden, ergibt die demoskopische Liste: fanatisch, brutal, autoritär, cholerisch, zänkisch, rassistisch, hochmütig, stolz, anmaßend, arrogant, verschlossen, kalt, gefühllos, schwerfällig, humorlos, gehorsam, chauvinistisch, mürrisch und zu ernst.

Keine Umfrage ohne Gegenprobe. Was entdecken französische Jugendliche Positives am Nationalcharakter der Deutschen? Sie seien vertrauenswürdig, ernst, umgänglich, anständig, höflich, ehrlich, loyal, arbeitsam, diszipliniert, mutig, beharrlich, energisch, intelligent, schöpferisch, sparsam und unkompliziert.

Wie erklären sich diese Gegensätze von schlechten und von guten Deutschen? Psychologen, Politologen, Soziologen, Historiker und „Menschen wie du und ich", um Fairness bemüht, stellen fest: Mit Vorurteilen, Stereotypen, Imagekratzern und Freund- sowie Feindbildern haben es alle zu tun. Jedermann ist von Klischees umgeben. Und flott wird der Stempel „typisch deutsch“ verpasst – überwiegend freilich im negativen Sinn. Im Spiegel der anderen erkennt man oft sich selber kaum mehr. Zerrspiegel allerorten. Kein Lachkabinett. Vielmehr der Urtrieb, zwischen „Wir“ und „Die“ mit psychologisch angetriebenem Automatismus zu unterscheiden. Man selber findet sich gut und empfindet die anderen im Zweifelsfall als schlecht. Eine natürliche Abwehrreaktion gegenüber dem Fremden verdichtet sich im Urteilsprozess allzu leicht zum Vorurteil. Steckt doch eine kritische Masse von Unwägbarem in der Verhältnisfindung von Eigengruppe, dem Inbegriff von „wir“, und Fremdgruppe, die für „die“ steht.

Nicht erst seit der Me-Generation funktioniert der Abwehrmechanismus auch ohne persönliche Urteilsbildung. Man übernimmt einfach fremde Meinungen. Ob sie einer sachlichen Überprüfung standhalten, ist den Verursachern gleichgültig. Denn sie wissen nicht, was sie tun. Auch ohne dieses Bibelzitat hilft einem anscheinend das Vorurteil über andere – vor allem, wenn Angst umgeht. Der Urteilende braucht sich um Fairness oder gar Entlastung nicht zu kümmern. Er verzichtet auf das fundierte Urteil und gibt sich, nicht genügend orientiert, der Unsicherheit und ihrer Nutzanwendung hin.

Um sich selbst zu rechtfertigen, wird der andere abqualifiziert. So lässt sich das eigene Unvermögen kompensieren. Es wirkt das aggressive Abneigungssyndrom gegenüber Partnern, in der Ehe, in der Familie, in der Nachbarschaft, im Betrieb – und mit oft verhängnisvoller Zwangsläufigkeit auch gegenüber anderen Völkern.

„Gauleiter Europas“ oder „Bürger in Uniform“

Solange Verhaltensweisen nicht nur nicht umstrukturiert, sondern – Urteil hin, Vorurteil her – als schlau, zweckdienlich und Erfolg versprechend dargestellt werden, erlebt das Syndrom absoluter Zweckmäßigkeit fröhliche Urständ. Es vermag gar Wertsysteme anzugreifen, in Zweifel zu ziehen, zu verändern und ins Gegenteil zu verkehren. Wie das Abneigungssyndrom Partnerschaften zerstören, Familien auseinander treiben, Nachbarschaften vergiften kann, treibt es auch von Volk zu Volk sein Unwesen. Trefflich lässt sich manipulieren, wenn und so lange nichts geschieht und Unkenntnis zum Normalzustand wird.

Das Abneigungssyndrom darstellen heißt noch lange nicht, es zu rechtfertigen. Im Gegenteil. Auch Syndrome lassen sich überwinden. Fehlt es doch nicht an Beispielen eines Wandels. Vom „Unglück, ein Deutscher zu sein" künden Schlagworte wie oftmals tiefenpsychologische Vergleiche der Nationalcharaktere und ihrer Befindlichkeiten. Bei Franzosen hat sich „Sale Boche" jahrzehntelang gehalten; als deutsche Firmen in Großbritannien nicht nur investierten, sondern für Ordnung und Produktivität zu sorgen trachteten, verstieg sich die britische Massenpresse dazu, energische Manager als „Gauleiter Europas" zu bezeichnen, und im Ersten Weltkrieg kam eine Art germanische Retourkutsche auf, in dem die schlecht ausgerüsteten österreichischen Truppen in Deutschland unter „Kamerad Schnürschuh" liefen. Besserwissen und Halbwissen sorgten dafür, mit diesen und ähnlichen Stereotypen Bewusstseinsänderungen herbeizuführen. Wenn am britischen Boulevard die Zeitung „Sun" die Deutschen einmal als Kriegshetzer zu verkaufen trachtet, und wenige Monate später deutsche Soldaten im Kosovo als „Bürger in Uniform" hoch gelobt werden, stellt dies nur ein Beispiel von vielen für Schwankungsbreiten dar.

Vorstellungsbilder mögen gelegentlich schnell wechseln. Ihre Gefühlsbetonung bleibt. Der Orientierung ist dies ebenso wenig dienlich wie dem Aufbau solider Verhältnisse auf lange Sicht. Wer wetterwendische Einstellungen und Charakterisierungen beklagt, mag darin moderne Gesellschaftsstrukturen gespiegelt sehen. Bleibt doch die ständige Gefahr von Feindseligkeiten und die Versuchung, aus „Wir" in der einen oder anderen Form entweder Macht oder ein „Ich" abzuleiten.

Sauerkraut auf Mallorca – ein Feindbild

Eine Form heißt Tourismus. Die größte Branche der Welt (Jahresumsatz 657 Milliarden DM) stellt allerorten den Wir-Komplex auf die Probe. „Wenn ich hier bin, möchte ich dort sein, und wenn ich dann dort bin, zieht es mich bald wieder hierher.“ Dieser Kalauer mag nicht für die gute alte Sommerfrische begüterter Bürgerlicher von damals gelten. Organisierter Massentourismus jedoch setzt nicht nur auf mehr Freiheit und höheres Lebensalter, sondern auf die Fähigkeit einer Wir-Gesellschaft, mit dem Wechsel herumzuspielen oder auf Beständigkeit zu setzen. Uniforme Werbung für die „schönste Zeit des Jahres“. Hinter Palmen für Nordländer und Schneebergen für Südstaatler winken Angebote heimischer Lebensart: gleiche Statussymbole, gleiche Sprache, gleiche Abfertigungs- und Reisegewohnheiten, vergleichbare Beherbergungsbetriebe, gleiches Fernsehen, gleiche Filme, gleiche Souvenirs, gleiche Fitnessprogramme, getrimmte Abenteuer, uniforme Geselligkeiten, gleiches Essen und Trinken – z. B. Sauerkraut und Rippchen auf Mallorca.

Ferien als Wiedergutmachung für den grauen Alltag daheim beginnen mit der Entdeckungsreise im Videotext. Ziel Sonnenland. Traum von der Ferne. Den ganzen Urlaub nicht an zu Hause denken. Entspannen, durchhängen lassen – möglichst unter bekannten Umständen. Schrebergartenmentalität aus dem Ruhrgebiet unterwegs. Abflug vier Uhr morgens, die einen bewaffnet mit T-Shirts und Badehosen, die anderen mit Clubuniform, einige mit Joggingausrüstung, die meisten mit der Bild-Zeitung, die wenigsten mit Büchern. Leben am Pool – frühzeitig aufstehen, um einen ersten Platz in der Reihe der Liegestühle zu ergattern, Essen als Hauptsache, möglichst im Kollektiv – all inclusive oder beim Schnellimbiss nebenan Knoblauchmajo, Grillfisch-Fritten – viel Alkohol rund um die Uhr, möglichst oft eine Party – blonde Singles oder schwarzhaarige Einheimische bevorzugt – überall Fernseher mit deutschsprachigem Programm, drei Wochen zum Preis von zwei für „Urlaub, das schönste Zuhause“ und abends einen ausgeben zu „Zickezacke, Hühnerkacke". Der Diskjockey, mit Zwanzigmarkscheinen verwöhnt, legt zum achten Mal das Lied von Wolfgang Petry auf. Sein Titel „Wahnsinn". Die Deutschen auf Mallorca, eine Millionensache, für die Tourismusindustrie, für die abgestumpften Spanier und für die Grundstücksmakler mit Promikunden wie Claudia Schiffer und Christiane Christiansen. Beim Teutonengrill schaut sogar ein echter König vorbei. Juan Carlos von Spanien weiß, was er dem größten Gewerbe des Landes und seinen Gästen schuldig ist. Wahnsinn.

Den Weltmeistern im Reisen, den Deutschen, werden allerorten Standards geboten: der Schirm der Fremdenführer als Symbol für (voraus) bezahlte Gruppendynamik und Schutz vor allzu viel anderem und anderen. Alle und alles schön in Reih und Glied. In der Scheinwelt Tourismus hat man meistens aufgegeben, gegenseitige Pauschalurteile zu korrigieren. Feindbilder und ihre Schönung dienen vielmehr oft als Marketing. All inclusive als Teil einer Selbsttäuschung. Wahnsinn.

Fremde und Fremdes zu kennen, zumindest ansatzweise verstehen zu lernen, bleibt Minderheiten vorbehalten, die fragen, die vergleichen und verstehen möchten. Die Masse hingegen wird einfach abgegrenzt. Wer hie und da versucht, der Gruppe zu entrinnen, macht sich bei den Organisatoren verdächtig. Geraume Zeit lag ihnen an der Vermittlung einer heilen Welt. Not und Probleme? Nein, danke. Man bemühte sich, Vergleiche zwischen einzelnen Kulturen, Ländern, Völkern oder Gewohnheiten gar nicht erst aufkommen zu lassen.

Dass andere anders sind oder sein wollen als die anderen, passt nicht in das computerisierte, rechenhafte System von Freund-Feind-Bildern. Bewusst oder unbewusst wird der Massentourismus mitschuldig am Erhalt von Vorurteilen, Mythen und Oberflächlichkeit. Da lügen nun einmal alle Kreter, gehen die Russen brutal vor, sind die Italiener feig und schaut der deutsche Michel treuherzig ums Eck.

Opfer und Täter

Mancher Diplomat, auf altmodische Cocktailparty-Kontakte mehr getrimmt als auf gegenseitige Servicefunktion, fördert gar ein entnationalisiertes Feindbild. Manchem biederen Bürger scheint er als Abgesandter fremder Mächte, der in „Zwingburgen der Überheblichkeit“ ein unverdientes, abgehobenes Luxusleben führt. Primitiven Vorurteilen dieser und ähnlicher Art leistet der Massentourismus vielfach Vorschub. Und die Spitze dieses modernistischen Freund-Feind-Verhältnisses ist noch gar nicht erreicht. Mehr und mehr zeigt sich, dass millionenfache Kontakte oder auch Nichtkontakte die These untermauern, der Tourismus sei dem Verständnis für andere Völker nicht nur nicht förderlich, sondern oft abträglich.

Im Geflecht von Sympathien und Antipathien wird der Stillstand vielfach dank weltumspannender Reiserei durch eine neue Form nationalisierter Gefühle abgelöst. Völker, die modern unterwegs sind, stehen sich kritischer gegenüber. „Die“ Deutschen finden sich mitten in diesem Koordinatenkreuz - Opfer und Täter zugleich. Wer dort war, berichtet hier, dass und wie er seine eigenen Vorurteile bestätigt sieht. Im Süden stinkt es und im Norden ist es unwirtlich - Deutsche drücken sich vor der Vergangenheit. Alle Aufklärung - selbst die teuersten Public Relations - scheitert am harten Kern der Feindbilder. Bemerkenswerterweise nicht zuletzt zwischen Nachbarn. Gleichsprachigkeit mildert die Angst vor dem anderen kaum, z. B. zwischen Kanadiern und US-Amerikanern, Österreichern und Deutschen oder Belgiern und Franzosen, zwischen deutschen „Hierbleibern“ (in der NS-Zeit in Deutschland wie etwa auch in der sowjetischen Zeit in der DDR) und Aus- oder Abgewanderten. Gleiche Sprache bedeutet nicht Gleichklang. Sie erleichtert gar, Aggressionen abzureagieren.

Es gehört schon ein gehöriges Maß an Optimismus dazu, bei einer Analyse der Nachbarschaften positiv zu bilanzieren. Trägt doch das Bewusstseinsgewerbe reichlich dazu bei, einen Prozess zu fördern, zu beschleunigen oder umzukehren, wie er sich im

Umdenken, Umfühlen, Umerziehung, Umorientierung der Gefühle oder Interessen darstellt. Nicht immer besteht die Absicht, Vorurteile durch Urteile abzulösen. Im Gegenteil.

Serbien muss sterbien

Erst recht, wenn ein Meister des Bewusstseinsgewerbes wie Karl Kraus Sprachphantasien mit Zynismus mischt: „Serbien muss sterbien." Was am Anfang des Jahrhunderts wortgewandt geprägt wurde, erweist sich am Ende des Jahrhunderts am Beispiel Kosovo als beständig. Immerhin ein semantischer Beweis. Alles schon einmal da gewesen. Mit seiner „Fackel" beleuchtete Kraus den Beginn des Ersten Weltkrieges, mit der unbegreiflichen Anfangseuphorie: „A jeder Russ a Genuss! An Schuss. A jeder Franzos? An Stoß. Jeder Brit? An Tritt." Was kabarettistisch mit Pathos oder Wortspiel rund um Weltkrieg I gelegentlich noch zu verharmlosen war, hat sich bei Weltkrieg II, dem Kalten Krieg I und Dutzenden anderen Konfrontationen stetig weiterentwickelt - keineswegs positiv. Dabei spielten Denkmoden eine gewisse Rolle. Bezeichnungen mögen wechseln, Inhalte bleiben.

Feindbilder als ständige Begleiter - wie erklärt sich dieses Spannungsfeld von Volk zu Volk? Psychologen machen eine Mischung aus Selbsthass und Fremdenhass aus. Indem man mit sich selbst nicht zurechtkommt, im Unterbewusstsein seine eigenen Schwächen, Fehler und Versäumnisse mit sich herumträgt, versucht man mit Stereotypen einen Schutzwall zu errichten. Flugs wird dabei der eine oder andere verleugnet. Witze und Anekdoten bieten sich als Transportmittel an. Anders lässt sich schwerer verkraften, eigene Fehler, ihre Ursachen und Wirkungen nicht bei sich selbst zu suchen, sondern bei anderen.

Europäer zum Beispiel betrachten es als unentbehrlichen Bestandteil ihrer Eigenart, Amerikanisches zu kritisieren, abzulehnen, zumindest zu verhöhnen. Deutsche machen keine Ausnahme, dennoch sind sie oft Vorreiter, etwa für die Jeanskultur. Junge

Leute pflegen über die gleichmachende Massenkultur der Amerikaner zu lästern und treten gleichzeitig in schöner Uniformität in Blue Jeans und Sneakers auf. Wer lässt sich schon gern überführen oder gar überzeugen, dass und was es mit den zivilisatorischen Unterschieden auf sich hat.

„American way of life, nein danke“, heißt es im Stakkato europäischer Vorurteile. Und mancher Antiamerikanismus gerät, geht es um wirtschaftliche Dominanz, zum Antigermanismus. Welche seltsame Metamorphose. Sendepause herrscht indessen, wenn es im transatlantischen Vergleich um Jobcreation dort und um Arbeitslosigkeit hier geht. Das Beschäftigungswunder Made in U.S.A. mit anhaltender Beinahe-Vollbeschäftigung und 300.000 neuen Arbeitsplätzen monatlich gegen peinliche 20 Millionen Arbeitslose in der übersozialisierten EU. Außer der Worthülse „Beschäftigungspolitik“ fehlt es auch im Exwirtschaftswunderland an Modellen, die falschen Strukturen zu kappen sowie neuen Mitteln und Wegen einige Durchschlagskraft zu verschaffen.

Zum Feindbild gehört, dass die Exporteure der Cola-Lebensart überwiegend toleranter agieren als die Empfänger in der Alten Welt. Diese Schizophrenie wird am Beispiel des Amerikanischen zu einer Massenerscheinung: Ablehnen, was man konsumiert, und sich keine Gedanken darüber machen, dass der zivilisatorische Schrittmacher – in diesem Fall die Amerikaner – durch Vorurteile verleumdet wird. Psychologisch macht man sich selbst also besser als den anderen. Eine Anmaßung findet statt durch Selbsterhöhung und Fremderniedrigung. Auch im deutschen Fall.

Mit dem Anspruch, besser zu sein als die anderen, entsteht der Stoff, aus dem Feindbilder sind. In der kleinen, in der überschaubaren Einheit wird schon Kindern und Schülern eingegeben, besser sein zu sollen. Überlegenheitstraining statt Kooperationsschulung. Gepaart mit autoritären Strukturen ergibt sich eine Erbmasse für Feindbilder, die sich vor allem in Europa sehen lassen kann. Auch die Identitätssuche, ein ständiger Prozess, wird durch feindselige Bilder wahrlich nicht erleichtert.

Ein Volk auf der Suche nach sich selbst

„Die deutsche Geschichte beginnt ohne Deutschland und ohne Deutsche. Nicht ein schon vorhandenes Volk trat in das Licht der Geschichte. Am Anfang der deutschen Geschichte steht vielmehr die Bildung und die Entstehung des deutschen Volkes selbst. Dieser Prozess ist bis zum heutigen Tage noch nicht abgeschlossen." Michael Freund, Historiker an der Universität Kiel in der Zeit nach dem Zweiten Weltkrieg, kommentiert diese Volkwerdung selbst als ein „mühseliges und nur halb gelungenes Beginnen". „Die vielfältigsten Elemente wurden in den Kessel geschüttet, aus dem das deutsche Volk hervorgehen sollte, ohne je ganz zusammenzuschmelzen. Die frevelnde Frage ist nie ganz verstummt, ob es dieses deutsche Volk überhaupt gibt." Antwort anno 1989.

„Wir sind das Volk", hieß es unter den Hunderten, die montags in der Leipziger Nikolaikirche zusammenkamen. Zuerst in Gedanken, dann in skandierten Aussprüchen liegt die Betonung auf „sind". Sie schwören dem Untertanengeist ab. Nach zwölf Jahren Nationalsozialismus und 40 Jahren Kommunismus ist es für diese Deutschen keine Frage: Sie wollen Geschichte neu schreiben, anders verstehen und mit ihr in einer helleren Zukunft unbefangen umgehen können. Selbstbefreiung greift um sich, nach Tausenden, Hunderttausenden und schließlich Millionen. Ade dem aufgezwungenen Teilungsstaat „Deutsche Demokratische Republik". Das Volksbekenntnis wird zum Begehren und damit zum Programm. „Wir sind durch Herkunft, Geschichte, Kultur und Sprache verbunden."

Was 1989/90 als epochaler Einschnitt begann, hat sich nicht gradlinig fortgesetzt. Was oberflächlich als „Ossis" und „Wessis" in den allgemeinen Sprachgebrauch eingegangen ist, lässt nur andeutungsweise erkennen, dass die Deutschen als Volk weiterhin auf der Suche nach sich selbst unterwegs sind. Vor der Wiedervereinigung und danach. Bestehen doch seit alters her jene gewisse Unterschiede in der Sprache, in der Mentalität und im Beziehungsgeflecht der Deutschen untereinander. Was haben Hamburger oder Münchner in ihrer Lebensart gemeinsam? Der Unterschied zwischen Norddeutschen und Süddeutschen – wie seit germanischen Zeiten durch einen unsichtbaren, irgendwie bis heute wirksamen Limes bestimmt – lebt und unterscheidet sich in seinem Tiefgang kaum von dem modisch aufgepäppelten Unterschied zwischen Ostdeutschen und Westdeutschen.

„Volk“, „Nation“ – was sonst?

Diesen Feinheiten gerecht zu werden, fällt Bundesbürgern gelegentlich schwer. Noch schwerer tun sich Ausländer. Mit flacher Deutschtümelei ist den Trennlinien in den Köpfen und in den Herzen nicht beizukommen. Dennoch werden Floskeln der Selbstverteidigung geboten. Als Deutscher sei man nicht besser oder schlechter als andere. Vielfalt in der Einheit rechtfertige noch lange nicht, von „den hässlichen Deutschen“ zu sprechen; im deutschen Geviert, etwa zwischen Rheinländern und Sachsen oder Brandenburgern und Schwaben, gehe es – alles in allem – nicht anders zu als zwischen Parisern und Korsen, zwischen Katalonen und Madridern, zwischen Schotten und Engländern.

Als Sonderfall deklariert, verfallen Deutsche vor allem in Krisensituationen oft in eine Mischung aus Trotz, Rechthaberei, Selbstmitleid oder Selbsthass. Wie, so sehen es viele, kann ernsthaft gefragt werden, ob es dieses deutsche Volk überhaupt gebe. Ratlos gar, wenn die Frage nach der Existenz eines Volks andere anders einstuft als die Deutschen.

Geht doch den Deutschen ab, was etwa die Franzosen jahrhundertelang geübt oder die Italiener jahrzehntelang geprobt haben – jene Gesamtheit aus Herkunft, Geschichte, Kultur, Sprache und Zentrum, was schließlich aus Gleichgesinnten so etwas wie eine Nation werden lassen kann.

„Volk“ oder „Nation“ schließen nicht aus, dass mit diesen Begriffen Schindluder getrieben wird. Bis in unsere Tage. Wie schwer fällt es doch, im deutschen Fall festzumachen, wer denn ein Deutscher sei. Für den internationalen Gebrauch und als geometrische Zeichnung für ein neues Heimatgefühl nach der Katastrophe des Zweiten Weltkrieges soll das deutsche Grundgesetz Auskunft geben. Deutscher ist danach, „wer die deutsche Staatsangehörigkeit besitzt oder als Flüchtling oder als Vertriebener deutscher Volkszugehörigkeit oder als dessen Ehegatte oder Abkömmling in dem Gebiete des Deutschen Reiches nach dem Stand vom 31. 12. 1937 Aufnahme gefunden hat". Gut gemeinter Bestimmungsversuch der Verfassungsgeber (die sich anno 1947 wenn schon keine Selbstbestimmung leisten, so doch in Herren-Chiemsee wie in einem Gnadenakt der Sieger Selbstbesinnung treiben durften) gebietet dieser Artikel 116, Absatz 1 Grundgesetz auch ein halbes Jahrhundert später noch einige Glaubwürdigkeit.

Wenn das Boot voll ist

Millionen von Flüchtlingen hofften schließlich, als Deutsche in Deutschland nicht nur willkommen zu sein, sondern gleichberechtigte Bürger. Tatsächlich schallte auch ihnen mehr als einmal der Ruf entgegen: „Das Boot ist voll!" Wenn Deutsche aus der babylonischen Sprachvielfalt der Alten Welt in Deutschland eine neue Heimat suchen, ohne die Sprache ihrer Vorfahren voll zu beherrschen, zeigt sich, wie schwierig es ist, heutzutage Grenzen der Volkszugehörigkeit zu ziehen. Zusammengehörigkeitsgefühle reichen nicht. Die gleiche, gemeinsame Sprache als Kriterium für „Volk" ist auch nicht zielführend, etwa für Deutsche und Österreicher oder Schweizer.

Russlanddeutsche, jahrzehntelang (von Stalin) getrieben, verfolgt, verdächtigt oder als Fleißige verunglimpft, haben es mit mehr oder weniger Deutschkenntnissen im Stammland ihrer Vorfahren oft schwerer als Einwanderer in der Neuen, der amerikanischen Welt. Hier wird gefragt nach Sprache, Herkunft, Kultur und anderen (oft altmodischen) Ingredienzien der Zugehörigkeit und Zurechenbarkeit. Dort zählt einfach die Bereitschaft zu neuer Loyalität, gemeinsamer, wenn auch oft unzulänglicher Sprache und einer Portion Zukunftsgläubigkeit (statt Geschichtsvertrauen) samt Qualifikation und Leistungswillen.

Im Spiegel der Mächtigen

Im Vergleich historischer Momentaufnahmen zeigen sich erstaunliche Parallelen am Beginn des zweiten Jahrtausends wie an seinem Ende – politisch, militärisch, wirtschaftlich, sozial, kulturell und in all den anderen Verästelungen, die das Spiel der Mächtigen bestimmen mag und die Völker in jedem Fall betrifft. Damals wie heute dienen „Germanen“ – freiwillig oder erzwungen – als Alliierte; Selbstbestimmung benötigt mehr als Attribute an den jeweiligen Zeitgeist; Macht, die Bestand haben will, braucht Ideen; Zivilisation erfordert Vorgaben und Normen; Import fremder Kulturen und Oberschichtensolidarität funktionieren nur bei Eigenleistung; ohne Visionen droht Verfall; Emigration aus der Mitte Europas findet ein ums andere Mal aus wirtschaftlichen, politischen und rassischen Gründen statt; Stämme und Völker suchen – ein Dauerzustand – nach gemeinsamen oder auch trennenden Rahmenbedingungen des Rechts, der Lebensart und der Zukunftsperspektiven; das Gefälle innerhalb eines Volkes oder jenes zwischen Stämmen sorgt für natürliche Rivalitäten, deren Regelung – friedlicher Wettbewerb oder gewaltsame Machtbestimmung – wird zum Messwert der Zivilisation.

Unter- oder überinformiert, werden Völker immer neuen Wechseln ausgesetzt. Damals Germanen und heute Deutsche, ergeht es ihnen dabei nicht besser als anderen Völkern. Die eigene Standortbestimmung fällt schon in der Zeiteinheit reichlich schwer, erst recht in Sog und Zug historisch-politischer Abläufe. Selbsteinschätzungen, die der Realität nahe kommen, haben Seltenheitswert und die Einordnung durch andere weist natürlich Fehler auf.

Andere Länder sammeln ihre Kräfte seit alters her. Hauptstädte entstehen als Kristallisationspunkte der Macht, der Kultur und später der Zivilisation. Aus vagen Einflussbereichen werden kantige Grenzen. In diesem Jahrhunderte währenden Prozess der Staatswerdung - etwa in Frankreich oder England - verlieren und verirren sich die Völker im (später deutschen) Zwischenreich, die sich selbst noch gar nicht als deutsches Volk empfinden. Kreuzzüge, Dauerfehden mit dem Papst, Selbstdemontage ihrer geistigen und religiösen Fähigkeiten bis zur Kirchenspaltung, Zwist hier - Konzentration dort. Mancher politische Konflikt unserer Tage hat Wurzeln, die mehr als ein halbes Jahrtausend vorher zu wachsen begannen. So frevelhaft oder unangebracht ist die Freund'sche Frage nicht, ob es dieses deutsche Volk in unserem heutigen Verständnis überhaupt gibt.

4.

Metternich und Bismarck – zwei Welten, ein Ziel

Herrscher und Beherrschte wurden in der neueren Geschichte der Deutschen wohl niemals derart beeinflusst und zeitweilig gegängelt wie von Metternich und Bismarck. Zwei ungleiche Gestalter mit vergleichbaren Zielen: die inneren und äußeren Kräfte zu kontrollieren, im Gleichgewicht zu halten, dem Zeitgeist seine revolutionäre Triebkraft zu nehmen und die überlieferte Staatsform der Monarchie ideologisch wetterfest zu machen. Was sie trennte, war nicht nur die Gestaltungsfrist – Metternich nach dem Ende des Römischen Reiches Deutscher Nation (1806) und Bismarck bis zum Aufbau des Deutschen Reiches samt Kaiser (1871).

Im Innenverhältnis, auf der Suche und später bei der Definition, was eigentlich Deutschland legitimerweise bedeutet, trennen sie indessen Welten. Mit dem System Metternich war ein Schutzwall gegen revolutionäre Bewegungen, gegen die Libertinage des Bürgertums und gegen die Zentrifugalkräfte eines erwachenden Nationalismus im Habsburgland gemeint. Bismarck misstraute zwar auch dem Mythos der neuen Klasse, der Arbeiter, wie er sich im Sozialismus darzustellen begann. Er glaubte jedoch, der Entwurzelung der Massen mit Hilfe einer leicht modernisierten Staatsidee entgegenwirken zu können – zuerst als norddeutsche und dann gesamtdeutsche Führungsmacht. Sie wirkt bis heute nach.

Beide misstrauten zwar der Levée en masse, dem Pöbel, der ideologischen Reservearmee mit ihren unkontrollierbaren Freiheitsverkündern. Auch dem liberalen Kapitalismus trauten Metternich und Bismarck nicht über den Weg. Bei aller Erhaltungsstrategie mit gewissen Ähnlichkeiten für regierende Herrscherhäuser unterschieden sich der Protestant und der Katholik, der Kaisertreue und der überzeugte Preuße in Taktik und Methode. Auch nach dem Wartburgfest national gesinnter Deutscher von 1817 vertraute Metternich den Karlsbader Beschlüssen von 1819: Zensur gegen demagogische Verbindungen wie Burschenschaften und Turnvereine; die Errichtung eines umfassenden Polizeiapparates mit der Zentraluntersuchungskommission in Mainz („allen umstürzlerischen Organisation ist unbedingt nachzuforschen“); eingeschränkte Meinungsfreiheit; kontrollierte Presse; und das Ganze jeweils zwecks politischem Alibi und polizeistaatlichem Vollzug abzusegnen durch einen Deutschen Bundestag – einem schwachen, dem aufgeklärten Absolutismus ergebenem Organ.

„Der Kutscher Europas“ und die Identitätssuche Bismarcks

Wenn Metternichs Weltbild konservativ, reaktionär und schließlich rechthaberisch in altmodischem Katholizismus erstarrt und in seiner ausgehöhlten Kaisertreue unzeitgemäß wirkt, so nimmt sich Bismarcks Regime mit seinen Anflügen von Liberalität geradezu modern aus. Beide wollten zwar ihre Fürsten als Träger der Souveränität erhalten, die oberhalb der Gesetze stehen und bestenfalls auf Religion und Prinzipien ausgerichtet sind. Selbst diese in ihrer Art begabten Macher mussten in ihrer Zeit auslaufenden Absolutismus und zerbröckelnder Monarchien schließlich ihre Grenzen erfahren. Unserer Tage ist das erst recht so: ein Zeitgenosse wie Helmut Kohl mit seinen absolutistischen Anwandlungen, die sich nachträglich als unverzeihliche Fehler entpuppen.

Metternich und Bismarck erstrebten mit ihren ungleichen Gleichgewichtsvorstellungen, einige der Privilegien von Klerus und Adel ad acta zu legen. Während es der Leihösterreicher Metternich für unmöglich hielt, im Inneren liberale Ideen so lange zu relativieren, bis sie mit überlieferten Staatsgrundgesetzen der Monarchie deckungsgleich gerieten, wagte Bismarck den großen Durchbruch. Gegenüber Kompromissen „zutiefst misstrauisch“, blieb Metternich nur das Vertrauen in die katholische Kirche als geistiger Rückhalt.

„Kutscher Europas“, wie der Kanzler des österreichischen Kaisers von kritischen Zeitgenossen genannt wurde, liefert außenpolitisch bleibende Beiträge österreichischer Diplomatie mit Restbeständen in Mittel- und Osteuropa, die heute sogar der EU-Osterweiterung nützen. Die Betonung liegt auf Österreich, denn partnerschaftliche Machtpolitik mit Preußen hielt der Wiener Herr für ebenso unmöglich wie weltanschauliche Kooperation mit dem Liberalismus.

Das System Metternich bescherte Europa zwar eine der längsten Friedensperioden der jüngeren Geschichte, im Inneren aber kamen die Völker nicht zur Ruhe. Im Gegenteil. Der „Fürst von Mitternacht“ sorgte für ein Kontrollsystem, das vor allem die heranwachsenden Eliten als Unterdrückung empfanden, das ein Klima entstehen lässt – nämlich der nächsten, einer demokratischen Revolution –, das er, der Vater der Restauration, eigentlich verhindern wollte.

Am System Metternich allein kann es nicht gelegen haben, dass Studenten und empörte Bürger auch anderswo auf die Straße gingen und die Herrschenden herausforderten. In Berlin etwa wurde der schwärmerisch unmilitärische König Friedrich Wilhelm IV. („Der elende Komödiant, der schlimmer ist als Nero und Caligula“) gedemütigt. Aufruhr auch andernorts. Köpferollen. Blutvergießen. Missbrauchter Idealismus. Elend für die Betroffenen und doch keine politische Aktion.

Als Revolutionäre wirken die Deutschen – hier wie dort – im Vergleich zu den routinierten Franzosen wie Stümper. Im 19. wie im 20. Jahrhundert fehlen revolutionären Bewegungen in deutschen Landen die Systematik, die Konsequenz, die Breitenwirkung und vor allem der Erfolg. Wenn die Garde, gegen Aufmüpfige eingesetzt, mit klingendem Spiel abmarschiert und die Revolutionäre applaudieren – wie 1848 in Berlin geschehen –, passt dies ebenso ins Bild bürgerlicher Untertanenmentalität wie die Tatsache, dass in unserem Jahrhundert deutsche Revolutionäre oder auch nur Demonstranten als gesetzestreue Bürger anhalten, wenn die Ampel auf Rot steht.

Mit „König“ Bismarck, ein Reich, keine Identität

Galant, einer Dame zuliebe war der Gesandte an seinem Dienstort Paris nicht anwesend, sondern vergnügte sich in Biarritz, als ihn, Otto von Bismarck, der Ruf seines Königs erreichte. Wilhelm I. erinnerte sich an einen gemeinsamen Spaziergang im Schloss von Babelsberg. Der Inbegriff des preußischen Junkers hatte – redegewandt, wie er war – dem ebenso zivilen wie zivilisierten Monarchen ausführlich dargestellt, was es mit einer ebenso gewagten wie imponierenden Doppelstrategie Preußens auf sich haben könnte: Reichseinigung auf kleindeutscher Basis, also unter Ausschluss Österreichs und Überwindung der liberalen Mehrheit im preußischen Landtag durch Lenkung treudeutscher Nationalbewegungen. Ein Rezept, gleichermaßen imperialistisch wie nationalistisch, das im auslaufenden 20. Jahrhundert den Deutschen mehrfach – wenn auch in verschiedenartigen Dosierungen – verschrieben wurde (Kriegsgrund und Kriegsschuld zwischen 1914 und 1918, Hitlers Kampf gegen den Versailler Vertrag, Marshallplan, Kalter Krieg, deutsche Einheit).

Für den König und für den Fürsten von damals sollten Liberalismus und Nationalismus nicht die beiden Seiten ein und derselben Medaille darstellen. „Mir ist der Mann manchmal unheimlich“, hatte der preußische König noch kurz vor der Berufung Bismarcks zum Regierungschef seinen Höflingen anvertraut. Aber die Hoffnung darauf, dass Bismarcks Doppelstrategie aufgehen könnte – auch um den Preis eines Zerwürfnisses mit dem habsburgischen Kaiser in Wien, dem verhinderten Großdeutschen –, überwog vor allem in der erwarteten Stilllegung der liberalen Mehrheit im preußischen Landtag.

Die „personifizierte Konterrevolution“ hatte den Hohenzollern noch als Diplomat am Hof des Zaren in Petersburg einen Beweis seiner ruppigen Eigenständigkeit geliefert. Bismarck kritisierte Friedrich den Großen, der bei Hochkirch seine ganze Monarchie aus Prahlsucht und Eitelkeit riskiert habe. Dem bodenständigen Herrn aus der Altmark war Friedrich II. zu spielerisch, zu literarisch, zu sprunghaft, zu ziellos. Deutscher gegen Deutschen.

Der Kleinstaaterei den Garaus

„König Bismarck“, wie der stramme Administrator preußischer Geschichtschancen bald genannt wurde, hat sein Stabilitätskonzept von Beginn an mit der ihm eigenen Sturheit verfolgt - gegen alle außerhäusigen Widerstände, ähnlich dem gegenwärtigen Kräftemessen um föderale Strukturen oder außenpolitische Kalkulierbarkeit der Deutschen. An Bismarck könnte sich mancher Akteur unserer Zeit ein Beispiel nehmen. Hielt doch der „Eiserne Kanzler“ von lautstarker Hochstimmung ebenso wenig wie davon, die Franzosen aus Gründen der Propaganda zu deklassieren. Patriotische Bewegung war für ihn bestenfalls Mittel zum Zweck und bedurfte auf die Dauer politischer Lenkung. Überzeugt davon, dass Europa von weiteren Revolutionsschüben nicht verschont bleiben würde, setzte Bismarck seinen Kampf mit vorauseilender eigener Liberalität ideologisch an. Seine Reformen, wie die erste staatliche Sozialversicherung, verstand er als dosierte Beruhigungsmittel für das Volk. Bestenfalls benützte er sie als Instrumente interner Ruhigstellung seiner Rivalen, um außenpolitische Handlungsfreiheit zu erhalten.

Zu seinem Konzept zählte, der Kleinstaaterei den Garaus zu machen, die er als „Souveränitätsschwindel deutscher Fürsten“ ansah. Als Landedelmann scheute Bismarck die Stadt mit der Explosion der Besitzlosen, Nichtshaber, Nichtskönner, Nichtswoller, die sich nihilistisch als Kommunisten oder Sozialisten zusammenzutun versuchten. Getreu seinem zutiefst autoritären Weltbild setzte Bismarck ursprünglich auf Repression. „Aus Arbeitern durch gesetzliche Maßnahmen zufriedene Menschen werden zu lassen, ist ein Hirngespinst, ein Phantom, das sich nicht greifen lässt, wenn man ihm naht. Was könnte es Unglückseligeres geben als ein totes Niveau des Wohlbefindens, ein tausendjähriges Reich allgemeiner Zufriedenheit, den Ehrgeiz ertötend, den Fortschritt lähmend und zu moralischer Stagnation führend." Bismarck als wortgewaltiger Prophet ist mehr als ein Jahrhundert später noch immer bedenkenswert. Darum ändert auch die Tatsache nichts, dass sein 1. (kleindeutscher) Identitätsversuch stecken geblieben ist.

Deutsche Sozialpolitik im Weltmassstab

Er selber, staatstragend vom Scheitel bis zur Sohle, zögerte nicht, in der linken Reichshälfte ideologisch umzurühren. Mit den Sozialistengesetzen wollte er einer ganzen Bewegung Einhalt gebieten, um gleichzeitig mit der Sozialversicherung einen großen Wurf zu wagen. Menschenfreundlichkeit, Alibi oder innenpolitisches Tagesgeschäft – mit Bismarcks Namen verbindet sich eine Großtat moderner Sozialpolitik im Weltmaßstab.

Bezeichnend für den Taktierer war, dass er, der der Revolution mit Marxismus keine Chance einräumen wollte, nicht zögerte, sich mit einem Vordenker zu treffen. Bismarck traf Ferdinand Lasalle, den radikalen Demokraten, Mitarbeiter bei der „Neuen Rheinischen Zeitung" (Herausgeber Karl Marx), Gründer der sozialdemokratischen Partei, Verfechter einer klassenlosen Gesellschaft.

Politisch verband sie offenkundig ein gleiches oder zumindest ähnliches Staatsverständnis und die Idee einer nationalen Einigungsbewegung auf kleindeutscher Basis. Das Gespräch fand am 11. Mai 1863 statt. Geheim. Erst fünfzehn Jahre später schildert Bismarck vor dem Reichstag: „Unsere Beziehungen konnten gar nicht die Natur einer politischen Verhandlung haben. Was hätte mir Lasalle bieten und geben können? Er hatte nichts hinter sich.

Er hatte eine sehr ausgeprägte nationale und monarchische Gesinnung. Seine Idee, der er zustrebte, war das deutsche Kaisertum. Ob das deutsche Kaisertum gerade mit der Dynastie Hohenzollern oder mit der Dynastie Lasalle abschließen sollte, war ihm vielleicht zweifelhaft.“

Wem das Herz links schlägt

120 Jahre später. Die Nachfolger Lasalles streiten über die Funktion des Staates. Gerhard Schröder, der 29. Kanzler Deutschlands, und Tony Blair, der unkonventionelle Premier Ihrer britischen Majestät, suchen gemeinsam auf dem „Dritten Weg“ (Blair) eine „neue Mitte“ (Schröder) als weitreichenden Wandlungsprozess: „Wir“, heißt es in einem britisch-deutschen Papier vom 8. Juni 1999, „müssen unsere Politik in einem neuen, auf den heutigen Stand gebrachten wirtschaftlichen Rahmen betreiben, innerhalb dessen der Staat die Wirtschaft nach Kräften fördert, sich aber nie als Ersatz für die Wirtschaft betrachtet. Die Steuerungsfunktion von Märkten muss durch die Politik ergänzt und verbessert, nicht aber behindert werden.“

Lasalle wollte zwar seinerzeit auch „eine Blüte der Sittlichkeit, der Kultur und Wissenschaft“ herbeiführen, setzt dabei aber vornehmlich auf den Vertreter des Common Sense, auf den Staat in seiner Totalität. Er sei es, „welcher die Funktion hat, diese Entwicklung der Freiheit, diese Entwicklung des Menschengeschlechts zur Freiheit zu vollbringen“. Wenn deutscher Idealismus mit linker Romantik gekreuzt wird, ist Nationalismus nicht weit.

„Das Herz schlägt links“, mit seinem Buchtitel greift Oskar Lafontaine, der verdrossene Genosse, auflagenbewusst in die Trickkiste seiner Ideologie. Wenn schon nicht mehr als Parteivorsitzender und Finanzminister, so doch als Citoyen Lafontaine, verschreibt er sich der wabbeligen Thematik links von der Mitte – wohl wissend, dass derlei die Geister heute wie damals scheidet. Historisch betrachtet mag es kein Zufall sein, dass einer der Urväter deutscher Gemeinsamkeit, nämlich Bismarck, mit einem widerwilligen Vollzugspolitiker der Einheit von 1989 wie synchron geschaltet erscheint. Bismarck wollte den Staat als Ordnungsfaktor für Rahmenbedingungen, Schröder/Blair als Gefäß für sozialen Fortschritt in der Mitte sehen, Lafontaine hingegen möchte „einen wild gewordenen Kapitalismus" bändigen und misstraut „vermeintlich ehernen Gesetzen der Wirtschaft".

Kontrastprogramm Schröder/Blair: „Die Ansicht, dass der Staat schädliches Marktversagen korrigieren müsse, führte allzu oft zur überproportionalen Ausweitung von Verwaltung und Bürokratie im Rahmen sozialdemokratischer Politik. Wir haben Werte, die den Bürgern wichtig sind, wie persönliche Leistung und Erfolg, Unternehmergeist, Eigenverantwortung und Gemeinsinn, zu häufig zurückgestellt hinter universelles Sicherungsstreben." Das Verständnis dessen, was links ist, dürfte nicht ideologisch eingeengt werden. Für Lafontaine ist der Ruf nach weniger Staat „allzu oft der Ruf nach weniger Demokratie. Die demokratischen Entscheidungen der Politik sollen durch die Märkte ersetzt werden und wie schon immer in der Geschichte, passen sich viele dem herrschenden Zeitgeist an."

Linke Antworten auf globale Fragen

Obwohl alte wie neue Sozialisten/Sozialdemokraten den Gemeinsinn beschwören, trennen sie die Regelmechanismen von Staat oder Wirtschaft. Schröder und Blair: „In einer Welt immer rascherer Globalisierung und wissenschaftlicher Veränderungen müssen wir Bedingungen schaffen, in denen bestehende Unternehmen prosperieren und sich entwickeln und neue Unternehmen entstehen und wachsen können."

Was Bismarck und Lasalle als deutsche Identitätsstiftung im politischen und staatlichen Sinn verstanden haben mögen, ist für Lafontaine heute „eine geistige, eine kulturelle Aufgabe. Der Markt kann das nicht. Gesellschaftsentwürfe, die in den Kategorien der

Betriebswirtschaft verfasst sind, widersprechen der abendländischen Kultur."

Der ehemalige SPD-Vorsitzende und Finanzminister, offenkundig Idol unter altmodischen Klassenkämpfern, sieht den Menschen ohne Freiheit und Würde als ein flexibles Objekt, das sich „den jeweiligen Kapitalverwertungsbedingungen anzupassen hat". (Schon den Gründungsvätern der sozialdemokratischen und sozialistischen Parteien schreibt Lafontaine die Erkenntnis zu, dass eine Gesellschaft dann nicht gerecht ist, „wenn die Gewinne privatisiert, die Verluste aber sozialisiert werden!".) Deshalb sei die zum „Dritten Weg" erklärte Anpassung der Politik an vermeintliche wirtschaftliche Zwänge ein Holzweg. Deutschland und die Welt erleben, was damals wie heute in der Formulierung Lasalles steckt: „Das imponierende Schauspiel eines weltgeschichtlichen Aufgangs der Sonne." Auf wen sie wohl morgen scheint?

Europas Mitte zu verpreussen

Wie sich die Bilder gleichen. Bismarck wollte, anders als die Liberalen und Nationalen seiner Zeit, die Machtverhältnisse in der Mitte Europas nicht aufheben, sondern verpreußen. Metternich träumte vom gesamteuropäischen Gleichgewicht, Bismarck spekulierte mit der reichsdeutschen Überlegenheit. Von Kopf bis Fuß ein Oligarch alten Stils, widerstand Bismarck auch der Versuchung, im Kampf um die Vormacht in einem neuen Deutschland sich mit der Nationalbewegung im eigenen, im preußischen Herrschaftsbereich gemein zu machen. Was ihn freilich nicht davon abhielt, im Bedarfsfall, etwa der Auseinandersetzung mit Dänemark anno 1864 auf den Düppeler Schanzen, militärisch vorübergehend mit dem Erzrivalen Österreich gemeinsame Sache zu machen, wie später Hitler mit Stalin zur Unterwerfung von Polen.

100.000 Tote in drei Stunden

Auf dem Weg zu einer zweiten deutschen Einheit nach dem Habsburgerreich lag der deutsch-deutsche Bürgerkrieg von Königgrätz. Mit fast 100.000 Toten innerhalb von drei Stunden hinterlässt er eine blutige, bis heute nicht verwischte Spur. Es war die größte Schlacht des Jahrhunderts, mit preußischer Waffenüberlegenheit und österreichischem Zögern.

In seinem zuletzt ebenso rücksichtslosen wie erfolgreichen Kampf um die Vorherrschaft in Deutschland veränderte Bismarck die Landkarte Mitteleuropas. Allezeit ein Preuße (der immer wieder zaudernde König Friedrich Wilhelm I. fragte seinen auf Interessen Preußens zu Lasten anderer Deutschländer bedachten Kanzler einmal: „Sind Sie nicht auch Deutscher?") und allezeit ein Edelmann (der dem „anderen" Kaiser in Wien zuletzt Respekt zollte), war für Bismarck die deutsche Einigung kein Selbstzweck.

Deshalb legte er es niemals auf ein Groß-Preußen an. Ein deutsches Identitätsmodell als Mittel zum Zweck, die Mitte Europas in preußischer Tradition langfristig zu konsolidieren. Dass die alte Vormacht Österreich durch bismarcksche Aggressivität aus Deutschland fürs Erste verdrängt wurde, zählte er zeitlebens als eine unvermeidliche, historisch gesehen fast bedauerliche „Begleiterscheinung". Mit seiner Bündnispolitik griff Bismarck ins nächste Jahrhundert. Es sollte 72 Jahre dauern, bis ein „Böhmischer Gefreiter" – Hindenburg über Hitler – vor der Geschichte glaubte, mit großdeutscher Einigungstat revidieren zu können, was ein Bismarck vollzogen hatte – die endgültige Teilung eines dahinsiechenden Reiches als Motivation für neudeutschen Machtanspruch.

Bevor der Lotse von Bord ging, musste die Welt erkennen, dass – Militarismus hin, Nationalismus her – mit dem neuen Deutschland eine junge Großmacht entstanden ist. Ungeduldig und unberechenbar gab sie mit Hoppla-jetzt-komm-ich-Methode auf der Bühne der Weltpolitik ein dröhnendes Debüt in der Rolle des zweiten Identitätsstifters.

Bis es freilich so weit war, mussten sich die Deutschen – auch der knurrende Bismarck – mit gesamtdeutschen Träumen und deutscher Demokratie in ihrer ersten, unbeholfenen Version auseinander setzen. Der Name: Paulskirche.

Paulskirche – Traum von Demokratie

Die Fressgass, seinerzeit kulinarische Verbindung zwischen Dom und Römer, ist überfüllt. Die Frankfurter, an Prominenz gewöhnt, wollten an diesem warmen Maitag des Jahres 1848 Demokratie schauen gehen. 568 Abgeordnete waren in die Stadt bewussten Bürgertums gekommen, um dabei zu sein, wenn, wie es pathetisch heißt, „eine neue Seite in der Geschichte der Deutschen“ aufgeschlagen wird. „Des Vaterlandes Größe, des Vaterlandes Glück, oh schaff' sie, oh bring sie dem Volke zurück.“ Zu lesen im Rund der Paulskirche, sollten sich die Deutschen anschicken, dem Traum der Einheit in Demokratie endlich so etwas wie staatliche Realität folgen zu lassen.

Vertreter des Volkes wurden erwartet, Honoratioren waren gekommen. 150 Richter und Staatsanwälte, 140 Kaufleute und Fabrikanten, 100 Professoren, 100 Verwaltungsbeamte, 80 Adlige, ein halbes Hundert Rechtsanwälte und ebenso viele Schriftsteller, ein drittel Hundert Geistliche, ein Dutzend Bauern und kein Arbeiter. Parteien im heutigen Sinn gab es nicht. In offener Formation traf man sich in Gasthäusern „hibderbach“ und „drübderbach“, diesseits und jenseits des Mains auf der erneuten Suche nach Identität.

VIPs ihrer Zeit sollten schaffen, was Generationen von Herrschern nicht erreichen konnten oder wollten – einen neuen deutschen Einheitsstaat Gleichberechtigter. Obwohl sich die Geister schon im Vorfeld schieden, was es denn werden sollte – Bundesstaat, Staatenbund oder was sonst –, sorgte romantische Schwärmerei dafür, die Erwartungen in die Paulskirche hoch und immer höher zu schrauben. Durch eine Germanisierung der Revolutionsideen wie der Kompromisse mit den Herrscherhäusern sollte das neue Deutschland ohne die blutige Spur der Revolution zustande gebracht werden. An eine Pariser Kommune dachte niemand in der Freien Reichsstadt, hatte doch die Regie parlamentarischer Romantiker Frankfurt als traditionsreichen Ort der Kaiserkrönung ausgesucht.

We are the people – wie, wann wo?

Schwärmerisches bestimmte den unbeholfenen, desorganisierten Versuch einer parlamentarischen Demokratie – allen politischen Fährnissen und Interessengegensätzen zum Trotz. „We are the people", das vorrevolutionäre Stichwort aus der Neuen Welt sollte mehr als ein halbes Jahrhundert später in der Alten Welt Schule machen. Was jenseits des Atlantiks an Ideen von Freiheit, Menschenrechten, Gleichheit und Selbstverwirklichung unter einem Monroe in die amerikanische Verfassung Eingang gefunden hat (was heute noch historisch sattelfeste Amerikaner daran erinnern lässt, ihre Revolution sei der Französischen vorangegangen), sollte eingedeutscht werden.

Der Sturm der Revolution auf Deutsch war noch nicht losgebrochen. Die ehrenwerte Gesellschaft der Paulskirche, ohne Vorbild, ohne Regeln, ohne innere Organisation und ohne klare staatspolitische Vorgaben, dilettierte sich irgendwie in Richtung Einheit. Ohne Verwaltung, ohne Heer, ohne Steuereinnahmen, ohne innere Struktur und äußere Ziele sorgte die Realität schnell dafür, die Paulskirche bestenfalls zu einem staatspolitischen Experiment vorrücken oder zu einer Quatschbude verkommen zu lassen. Die Herrscher schwankten in einer Mischung aus Misstrauen, Wohlwollen und Verachtung für die Frankfurter Versammlung von unorganisierten Interessen. Es ging darum, für den Vereinheitlichungsversuch eine Führung und eine Strategie zustande zu bringen (wichtig, wie sich eineinhalb Jahrhunderte später zeigt).

Gesamtdeutsche Schwärmerei ad acta

Als klar wurde, dass das Hoheitsprinzip der Einzelstaaten anno 1848 unangetastet bleiben sollte, verstand sich die Paulskirche-Versammlung nach monatelangem Tauziehen auf kaum mehr als einen protokollarischen Vormann. Erzherzog Johann, Sohn des letzten Habsburgers, der in Frankfurt gekrönt worden war, bot sich wohlerzogen als liebenswürdige Kompromissperson an. Scharfer Kritiker Metternichs, verheiratet mit einer steirischen Posthalterstochter, versprach „Johann ohne Land“ ein bisschen Einheit und genügend Einzelstaatlichkeit, um es mit einer Klammer für ein ganzes Deutschland von der Nordsee bis nach Ungarn zu versuchen.

Indem die Paulskirchenversammlung darauf verzichtete, an der Politordnung eines dezentralisierten Deutschland etwas zu ändern, waren die Träume von gesamtdeutscher Einheit bald verflogen. Gesamtdeutsche Schwärmereien wurden alsbald von den Realitäten der Macht ein- und überholt. Deutsche Integration von oben misslang.

Es dauerte ein Jahrhundert, bis mit dem Bonner Grundgesetz die durchgängige Konzeption einer freiheitlichen Verfassung umgesetzt werden konnte. Mitte des 19. Jahrhunderts war das liberale Bürgertum, von besten Vorsätzen und von naturrechtlichen Prinzipien motiviert, zu schwach, um die Herrschaftsverhältnisse wirklich zu demokratisieren. Unorganisiert und einfach wahrer Revolution abhold, wurde vom Bürgertum die Chance vertan, deutsche Einheit mit allen Ingredienzien des Staates zustande zu bringen. Die Frankfurter Paulskirche blieb eine Episode, ein unverbindliches Lehrstück für Übungen in Demokratie. Die Fürsten, die Straße und die europäischen Mächte gingen darüber hinweg. Es sollte noch Jahrzehnte dauern, großdeutsch, kleindeutsch oder undeutsch als Idee, Prinzip und Konzept herauszuarbeiten und im Sinne eigener Identität durchzuführen.

Tragisch, dass die Stätte eines selbsttragenden Demokratisierungsversuches und der Selbstbestimmung der Deutschen mit dem nächsten Reich unterging. Im Zweiten Weltkrieg zerstörten alliierte

Bomber die Paulskirche. Vernichtet ist damit die Erinnerung an einen ehrenwerten Versuch freilich nicht. Wie alles um die Frankfurter Hauptwache wurde das ehrwürdige Rund wieder aufgebaut.

Die Paulskirche als Tagungsort ist nicht nur eine Erinnerung an den Demokratieversuch, sondern auch eine Stätte geistiger Auseinandersetzung, zum Beispiel bei der Verleihung des Friedenspreises des deutschen Buchhandels. Während die Adresse „Paulskirche" für deutsche Geschichte steht, wirkt das Dichterwort, es sei genug der Vergangenheitsbewältigung, als Beweis für funktionierende Demokratie heute.

Heimat des Militarismus

Kaum ein Schlagwort taucht in antideutschen Auslassungen derart regelmäßig auf wie „Militarismus". Was unter Friedrich Wilhelm I., dem Soldatenkönig, im 18. Jahrhundert begann, prägt das Bild des Zwischenreichs bis zum Ende des 20. Jahrhunderts. Freunde der Militarisierung bewundern es, Gegner respektieren es, Feinde bekämpfen es und Zweifler verleumden es. In Friedenszeiten gefürchtet und in Kriegszeiten vom Ausgang des jeweiligen Waffenganges abhängig, hält sich von Generation zu Generation das Synonym von „preußisch" und „deutsch".

„Wir", der amerikanische Präsident Roosevelt, der englische Premier Churchill und der sowjetische Führer Stalin geben sich zu Potsdam im Februar 1945 „fest entschlossen, alle deutschen Streitkräfte zu entwaffnen und aufzulösen, den deutschen Generalstab für alle Zeiten zu beseitigen, der wiederholt das Aufleben des deutschen Militarismus in die Wege leitete, jegliche deutsche Ausrüstung fortzuschaffen oder zu vernichten, die gesamte deutsche für Rüstungsproduktion verwendbare Industrie zu beseitigen oder fortzuschaffen ..." Phänomenal, wie dieses Stichwort „Militarismus" zuerst das Bild der Preußen und dann der Deutschen prägt.

Was bescheiden begann, geriet zu einer Erfolgsstory. Söldnerheere kamen nach dem Dreißigjährigen Krieg außer Mode. Armeen sollten nicht mehr marodierende, disziplinlose, plündernde Haufen sein, sondern Ausdruck staatlicher Macht. Mit neuen Grundsätzen von Ehre, Pflichten, Rechten, Solidarität und Disziplin exerzierte Preußen vor, was Militarismus - im Guten wie im Bösen - heißt.

Wie andere Preußen sehen, beschreibt in einer Art Gegenzitat der Franzose Mirabeau: „Andere Staaten besitzen eine Armee, Preußen ist eine Armee, die einen Staat besitzt.“

Statt „Ausländer raus“, „Einwanderer rein“

Um die „Streusandbüchse des Reiches“ attraktiv genug zu gestalten, gab sich Preußen liberal, vor allem für Verfolgte, Vertriebene und Verzweifelte. Ähnlich dem Einwanderungsland Amerika wurde Preußen zum sicheren Hafen für Verfolgte, machte Freizügigkeit - etwa in Religionsfragen - zu einem Teil des staatlichen Verständnisses. Raison, Liberalität und Entwicklungschancen nicht nur für Oberschichten oder Aufsteiger, wie Scharnhorst, Gneisenau, Stein oder Hardenberg, sondern ein Angebot an jedermann - Königstreue vorausgesetzt. Der arme, karge, relativ menschenleere Norden betrieb also bewusst Einwanderungspolitik - etwa für 20.000 Salzburger, die vor der Gegenreformation oder als Nachgeborene auf kleinen Bauernhöfen nach Ostpreußen ausweichen durften, dorthin, wo die Pest gewütet hatte. Offene Grenzen und zur Schau gestellte Liberalität sehen die einen als Vorgriff auf die bürgerliche Revolution des 19. und 20. Jahrhunderts, die anderen als Beweis raffinierter Bevölkerungspolitik zwecks Soldatenproduktion für Machtspiele.

Das Testament des Grossen Friedrich

In seinem Testament schreibt Friedrich der Große 1752: „Ich wünschte, dass wir Provinzen genug besäßen, um 180.000 Mann, also 44 000 mehr als jetzt, zu unterhalten. Ich wünschte, dass nach Abzug aller Ausgaben ein jährlicher Überschuss von fünf Millionen erzielt würde. Diese fünf Millionen machen ungefähr die Kosten eines Feldzuges aus. Mit ihnen könnte man den Krieg aus eigenen Einkünften bestreiten, ohne in Geldverlegenheit zu geraten und irgendjemand zur Last zu fallen.“ Für Friedenszeiten rät der Alte Fritz zu „allen möglichen nützlichen Ausgaben für den Staat“.

Ein Preußenkönig, kein Eiserner Kanzler Bismarck, kein Diktator Adolf Hitler, jedoch ein Lehr- und Lernstück für Deutsche und die anderen. Eine Staatsdoktrin wie die preußische, aufgebaut auf der erstaunlichen Loyalität der oberen wie der unteren Schichten, macht es möglich, dass sich Preußen dem Imperialismus mehr nähert als dem Nationalismus. In jedem Fall genug, um den Militarismus zu verdächtigen. Selbst religiöse Toleranz und geordnete Menschenwürde gilt Zweiflern als Mittel zum Zweck, alle Lebensbereiche zu militarisieren, zivile Wertvorstellungen hintanzustellen und dem Bürger mit einer Dominanzidee das Joch von Gehorsam und Disziplin zu verpassen. Aber auch den Krieg verherrlichen? Seit mehr als zweihundert Jahren wird um eine Antwort gerungen, selbstbestimmt und fremdbestimmt geht es nach wie vor ums Eingemachte deutscher Identität.

Was des Deutschen Vaterland sei, wie es E. M. Arndt provokant fragt, wurde als Begriff – vage, wie er seinerzeit war – geraume Zeit einfach mit „Preußen“ gleichgesetzt. Dies geschah mehr im Ausland als im Inland – wenn diese Bezeichnung am Vorabend eines erneuten Reichs-Versuches mit Identitätsstiftung überhaupt angebracht ist. Phänomenal ist, wie sich Preußentum zum Deutschtum – und umgekehrt – verhielten, was es mit Begeisterung, was mit Ablehnung auf sich hat, und wie sich das Vokabular über bald zwei Jahrhunderte bis in die Gegenwart hält.

Selbsthass aufzustauen und bis an die Grenze der Selbstvernichtung oder darüber hinaus loszulassen ist nicht nur eine Erscheinung unserer Tage. Kaum einer kann Deutsches so in Frage stellen wie der Deutsche. Wie und wann dies geschieht, hängt von den Umständen ab, von den Rahmenbedingungen, die allein schon aus- und festzumachen vielen Deutschen schwer fällt. Organisation und Idee, Politordnung und Geschäft erweisen sich dabei als zwei Seiten derselben Medaille.

Deutschland – mehr als ein geographischer Begriff

Die erste deutsche Eisenbahn verkehrte seit 1835 zwischen Fürth und Nürnberg. Als sie schon im ersten Betriebsjahr zögernden Geldgebern 20 % Dividende brachte, war die neue Technik nicht mehr aufzuhalten. Von den Fürstenhäusern, mit Machterhalt, Heiratspolitik und Amouren (legendär der Kurfürst von Hessen-Kassel, der es mit seinen unzähligen Mätressen auf 74 Kinder brachte) absolutistisch beschäftigt, wurde verkannt, dass mit der neuen Technik „Eisenbahn“ nicht nur ein Instrument der Integration, sondern auch der Nationenwerdung geschaffen worden war.

Von Preußen heruntergespielt und von Bürokratien klein gehalten, sollte der Deutsche Zollverein – bewusst ohne Österreich angelegt – ein loses Gebilde ohne wirtschaftliche Durchschlagskraft – also ohne neue Identität – bleiben. Die Einzelstaaten und ihre Duodezfürsten beliebten in Ruhe gelassen zu werden. Souveränitätsverzicht, bitte nicht – hieß es regierungsamtlich. Provinzielle Gegenbildungen mitteldeutscher Fürstentümer vermochten sich nicht zu echten Alternativen zu entwickeln. Der Zeitgeist erwies sich mit seinem romantischen Vorgriff auf Demokratie und einen deutschen Nationalstaates als stärker.

Silvester 1833 war es mit dem mittelalterlichen System der Schlagbäume vorbei. Freier Handel brachte einen enormen wirtschaftlichen Aufschwung. Verdutzte Fürsten staunten und das Volk – kaum politisch aufgewacht – jubelte. Sie alle, ansonsten grundverschieden, wussten zwar nicht, wo und was ihr Vaterland ist, aber sie ahnten, dass die Zeit des Partikularismus abgelaufen war.

Zum ersten Mal wurde wirtschaftlich griffig, wenn auch sozial noch lange nicht umgesetzt, dass aus der geographischen Bezeichnung „Deutschland“ ein politisches Programm zu machen war.

Trotz Biedermeier sorgten unruhige Geister und die neu entstandenen Interessen dafür, an die erfolgreichen Freiheitskriege gegen das „Monstrum" Napoleon anzuknüpfen und an die Vision einer deutschen Nation zu denken.

Der Zeitgeist drehte auf national. Er wollte mehr sein als wissenschaftliche Denkweisen, mehr als Vernunftbezüge in einem politisch mathematisch konstruierten Schema von vorgestern. Romantik mischte sich mit nationalen Elementen. Carl Maria von Weber schrieb den „Freischütz", und es wurde eine deutsche Nationaloper daraus. In der Architektur wollte man es nicht beim Klassizismus eines Karl Friedrich Schinkel belassen. Im scheinbar unverbindlichen Vorfeld der Kunst wurde nach nationalen Symbolen Ausschau gehalten. Der Kölner Dom wurde (mit Geld aus Preußen) vollendet und als nationale Tat dargestellt. Die Marienburg erlaubte es, Preußentum in den größeren Zusammenhang der Geschichte einzuordnen. Und in der Malerei und Dichtung sollte es nicht bei verschwommenen Perspektiven des Gefühls bleiben. Grenzenlos zu denken und sich zu betätigen blieb nicht nur den Künstlern vorbehalten, sondern reizte das erwachte, sich von den überholten Zwängen der Zünfte selbst befreiende Bürgertum.

Der Zeitgeist hiess Biedermeier

Aber Europas Neuordnung begann im Rückwärtsgang. Der Zeitgeist hieß Biedermeier. Eine lange Friedensperiode begünstigte die erste Spießergeneration. Der deutsche Michel in Reinkultur – gemütlich, sparsam, auf überschaubare Idylle und intellektuelle Bescheidenheit bedacht, möglichst romantisch mit Märchen beschäftigt, intellektuell etwas verschlafen, jedoch beflissen.

Mit der überlieferten Staatsordnung sollte alles, jedenfalls möglichst viel, im alten Gleichgewicht gehalten werden. Damals schon wurde Ruhe zur ersten Bürgerpflicht erkoren. Das Volk sollte vergessen, dass sein politisches Seelenleben durch die Freiheitskriege gegen Napoleon aufgewühlt worden war. Auf der Suche nach Selbstverwirklichung machten sich selbst bürgerliche Demokraten verdächtig.

Freie Meinungsäußerung - bitte warten. Zwischen Revolution und Biedermeier wurde bestenfalls Romantik geduldet, so etwas wie bürgerliche Freiheit in kleinen Dosen erlaubt. In deutschen Landen war Aufbruch unerwünscht und wurde verdächtigt. Notfalls wurde polizeistaatlich durchgegriffen. Künstler, die es sich leisten konnten, engagierten sich für den Freiheitskampf - aus Zensurgründen thematisch nach außen hin mit Allegorien der Griechen gegen die Türken, in Wahrheit nach innen der Deutschen gegen die Deutschen. Amtliche Denkweise ließ an Lehren aus der Geschichte nur zu, was ins vorgeschriebene Biedermeier und seine (klein-)städtische Scheinidylle passte.

Dem Rhythmus der jungen Industrialisierung ließen derlei Beschränkungen - eine Saat, die noch heute gelegentlich aufgeht - kaum Raum. Zur deutschen Kleinstaaterei passte, dass diese zaghafte Wende, etwa symbolisiert durch die Eisenbahn und freieren Handel in einem Deutschland ohne Grenzen, der Scheinmacht der Fürsten mühsam abgehandelt werden musste.

Bescheiden, sparsam, romantisch

Es gehörte sich, bescheiden zu bleiben, sparsam und romantisch. Daniel Gottlob Moritz Schreber, ein Arzt aus Leipzig, setzte sich dafür ein, Bürgern aus übervölkerten Städten durch Kleingärten etwas Auslauf zu verschaffen. Schrebergärten wurden aber auch zu Versorgungseinrichtungen. Täuschte doch die Idylle des Biedermeier. Schmalhans war oft Küchenmeister. Karg wurde zur Lebensart, zu einer Tradition, die bis heute fortwirkt. Das Volk kam mit der Landflucht, der Attraktion der Städte und ganz allgemein den Folgen der Industrialisierung schon im Ansatz kaum zurecht: Nahrungsmittel waren oft knapp und teuer, Hunger und Not ständiger Gast. Die erste Welle des wissenschaftlichen und technischen Fortschrittes brach sich an alten Strukturen, überlieferten Gewohnheiten und hartnäckig verteidigten Privilegien.

Der ersten, der eigenen Bevölkerungsexplosion war die deutsche Mitte der Alten Welt nicht gewachsen. Massen strömten von Ost nach West. Als das Boot in deutschen Landen voll war oder schien – viele um Arbeit und Wohlergehen fürchteten – machten sich Aktive und Unternehmungslustige auf den Weg in das gelobte Land Amerika. In den ersten dreißig Jahren des 19. Jahrhunderts wurde etwa eine drittel Million deutscher Auswanderer gezählt.

In der Mitte des Jahrhunderts (von 1840 bis 1860) waren es 1,6 Millionen, von 1861 bis 1880 1,3 Millionen und in den letzten zwei Jahrzehnten fast zwei Millionen. Die meisten von ihnen hatten ihre Hoffnungen getäuscht gesehen, die nach der Französischen Revolution und einem scheinbar erfolgreichen Freiheitskampf der Deutschen gegen Napoleon gekeimt hatten. Als die europäischen Herrscher darangingen, das Rad der Geschichte zurückzudrehen, dem Freiheitsdrang des bürgerlichen Liberalismus kaum Raum zu gewähren, sammelte sich Protestpotential. Dazu die technische Entwicklung und die erstmals rasant zunehmenden Erkenntnisse der Naturwissenschaften, die das Althergebrachte durch wirtschaftliche und soziale Umwälzungen in Frage stellten.

Hausmachtgeschäfte und Reichsinteressen

Dass Ruhe die erste Bürgerpflicht sei, erwies sich zunächst als angenehmes Ruhekissen für die Habenden und Wissenden. Dem Sturm einer Zeitenwende war dieses Prinzip allerdings nicht gewachsen. Wie sich doch die Verhältnisse von damals und heute ähneln.

Die Franzosen hatten sich einer Nationswerdung verschrieben, als die Deutschen – mehr oder weniger angeführt von den Habsburgern – eher Hausmachtgeschäften folgten als Interessen des Reiches. Die Revolution des dritten Standes, der Freiheitswille des Bürgertums, richtete sich allerorten sowohl gegen die Privilegien der Herrscherhäuser und/oder des Adels als auch gegen deren aristokratische Weltläufigkeit und internationalistische Gruppendynamik. Neuer Bürgersinn ließ nach dem Vaterland als Bezugsgröße fragen. Ein militarisiertes Bürgertum begehrte schließlich nach der Bildung von Nationen. Ein Magister aus Halle namens Laukhard - in den napoleonischen Kriegen auf beiden Seiten der jungen Volksarmeen eingesetzt - sah in Vorwegnahme moderner Bewusstseinsbildung die militärischen Erfolge der Franzosen über alle anderen Europäer so: „Die Franzosen besitzen, was die edlen Verteidiger des alten Griechenlands auch an sich hatten, nämlich warme Liebe zu ihrem Vaterland, eine Liebe, die der Deutsche deswegen nicht kennt, weil er als Deutscher kein Vaterland hat.“

Wie vereinigte (möglichst unabhängige) Staaten unter einem (möglichst schwachen) Kaiser, tunlichst aus dem Hause Habsburg, wurde der deutsche Föderalismus in all seiner Unzulänglichkeit und Unergiebigkeit nicht nur durch die Französische Revolution gefordert. Die Kaiseridee, nach dem Sieg über Napoleon noch so barock und polizeistaatlich als Politbiedermeier durchgedrückt, hatte ihren realen Bezug längst verloren. Alternativen zogen herauf: Aufklärung, Industrialisierung, der dritte, der bürgerliche und der vierte, der Arbeiterstand. Deutsche wurden zu Vorkämpfern.

Europa freilich hatte Jahrhunderte gebraucht, um herauszufinden, wo seine existentiellen Schwergewichte, Interessen und vor allem Chancen liegen. In die Vergangenheit auszuweichen, um mit der Gegenwart fertig zu werden, reichte bestenfalls für ein poetisches Dasein, nicht jedoch für eine tragfähige Gegenströmung samt Aufklärung und Industrialisierung. Fortschritt erwies sich im 19. Jahrhundert als ebenso unaufhaltsam, wie seine Gesetzmäßigkeiten das zwanzigste bestimmten. Damals wie heute reichen nicht gefühlsschwangere Moden, um dem Wechsel mit seinen Härten, Zwangsläufigkeiten und vor allem Chancen gerecht zu werden.

5.

Ehre, Ehrenwort und die Freiheit der Jungen

Mit Verlaub, bei Beleidigung, vornehmlich nach galanten Abenteuern, die Ehre über alles. Wer sich gekränkt fühlte, schickte seinen Sekundanten. Der Mann vom Stande akzeptierte, sich am nächsten Morgen in aller Herrgottsfrühe am verabredeten Ort zu treffen – tunlichst Waldrand, Nebel nicht unerwünscht. Vorfahrt in Kaleschen, einspännig genügt. Der Herausforderer, der Geforderte, jeder mit seinem Sekundanten. Bedienstete haben sich abzuwenden. Keine Zeugen, bitte. Man grüßt durch Kopfnicken. Die Schatullen aus Saffianleder werden geöffnet, fein ziselierte Pistolen entnommen, geladen, überprüft, nach unten gehalten. Kehrtwendung. Dreißig Schritte, Kehrtwendung. Schuss. Der Überlebende kümmert sich um den Sterbenden, es gehört sich, ritterlich zu sein. Abtransport und Abmarsch. Der Staat schaut weg. Überlieferte Rituale sind stärker als fortschrittliche Paragraphen des Bürgerlichen Gesetzbuches.

Was geschieht, wenn eine ehrenhafte Sache höher bewertet wird als Verfassung, Recht und politische Wirklichkeit? Wann ist das Ehrenwort zu brechen, wenn zuvor oder gleichzeitig der Mächtige das Recht, auch das Menschenrecht, missachtet? Und welche Verhältnisse berechtigen, das Ehrenwort des Eides aufzulösen, wenn der Eidnehmer gegen die Spielregeln verstößt? Am Beispiel des versuchten Tyrannenmordes am 20. Juli 1944 lässt sich die ganze Wucht bei der Auflösung eines Ehrenwortes und eines Eides erkennen. Bis sie zum Attentat moralisch, politisch und praktisch bereit waren, gingen die Männer des 20. Juli durch ein Fegefeuer des eigenen Gewissens. Bis sie die Ehre ihres Vaterlandes und die Menschenrechte höher stellten als den Offizierseid auf „den Führer“, mussten sie alle jene Bindungen kappen, die ihnen Religion, Familientradition, Bürgersinn, Vaterlandsliebe und traditionelles Rechtsempfinden vorgegeben haben. Das Attentat auf den Diktator scheiterte, Tausende, die ihr Ehrenwort schließlich überwunden hatten, mussten ihr Leben lassen. Erst als die Diktatur vorbei und der Krieg beendet waren, schloss sich der Kreis. Ein Ehrenwort wurde gebrochen, um der Ehre Genüge zu tun.

Helmut Kohl, der Steher, liefert mit und nach der so genannten Parteispendenaffäre ein spätromantisches Beispiel für fragwürdige Verbürgerlichung des einst adeligen Ehrenkodex. Bis zur Selbstvernichtung seines legendären Rufes als verlässlicher Europäer und als Wiedervereinigungskanzler stellt er den sittlichen Begriff der Ehre über Verfassung und Recht. Ehrenwort vor Paragraphen. Er, Kohl, gibt zwar zu, Parteispenden zwischen 1,5 und zwei Millionen Mark in den Jahren 1992 bis 1998 entgegengenommen und damit gegen das Parteiengesetz (das keine Sanktionen kennt) verstoßen zu haben. Keine Straftat, jedoch ein Gesetzesbruch. Sein Ehrenwort gegenüber den Spendern stellt der Altkanzler über alles - auch über Verdächtigungen, es handele sich um düstere Quellen, um Geldwäsche, um verheimlichte Zinsen, um Schmiergeld oder um den Kauf von Regierungsentscheidungen beim Waffenexport oder Investitionen in der ehemaligen DDR.

Mit der ihm eigenen Beständigkeit, für kritische Geister Sturheit, verweigert Kohl die Herkunft der Millionenspende aufzuklären. Der Preis: Aberkennung des Ehrenvorsitzes der CDU, Machtkämpfe in der CDU-Führung, Dauerbombardement der Medien, Prestige- und Wählerschrumpfen in der Bevölkerung, weltweit Kopfschütteln über das Finanzierungssystem der Christdemokraten. Für Kohl ist sein eigenes Gewissen die letzte Instanz oberhalb von Rechtsnormen, Gebräuchen oder politischer Opportunität. Sein Ehrenwort betrachtet er als höheres Gut. Vorwürfe prallen an ihm ab, mit Ehrenwort arbeiteten Gangs wie in einem altmodischen, undemokratischen und gesetzeswidrigen Männerritual. Kohl, in einer Linie von Selbstherrlichkeit und Arroganz der Mächtigen, wie sie einst von Adligen gepflegt worden seien? Oder ein überzogener Ehrbegriff, der den Zugang zur Wahrheit versperrt und Ehre zu einem sittlichen Oberbegriff stilisiert wie einst Duelle?

Ein Kaiser verschreibt sich dem Imperialismus

Zurück zur Jahrhundertwende des 19. zum 20. Jahrhundert mit der Geisteshaltung und dem Standesethos von damals. Kaiser Wilhelm II., im schnarrenden Offizierskasinojargon KaWeZwo, hat – bewusst oder unbewusst – das Bild der Preußen und der Deutschen für lange Zeit geprägt und zugleich verfälscht. Sensibel, streng erzogen, auf Einfachheit getrimmt, an Haltung gewöhnt (auch, um seine körperliche Behinderung eines zurückgebliebenen linken Armes zu tarnen), stellt dieser Kaiser einen Problemfall dar. Dass er sich der Autorität eines Bismarck entledigte, um selber zu regieren, erscheint noch als harmloser, freilich folgenreicher Beitrag zum Thema Imperialismus und seiner Personifizierung.

Wilhelm II. ging es um das, was er Weltgeltung zu nennen pflegte, international um Gleichberechtigung seines Reiches, um Überwindung der Einkreisungsgefahren durch Frankreich und Russland, um Akzeptanz der wirtschaftlichen Dynamik seines jungen Reiches, um Paktfähigkeit im Ausland oder um sozialen Frieden – und um vielerlei andere gute, manchmal romantisierende Vorsätze.

Im Urteil der Welt jedoch erschien KaWeZwo als unkalkulierbar, arrogant, faul, ein Großmaul, Uniformnarr, militarisierter Angeber, unbedarfter Sprücheklopfer und allezeit ein Dilettant der Politik in neureicher Angebermanier. In England, von des Kaisers Flotten- und Kolonialplänen alarmiert, warf man diesem Herrscher Cäsarenwahn vor, in Frankreich nannten sie ihn wegen seiner Uniformsucht Karnevalskaiser, in Wien bezeichneten sie ihn wegen seiner Prunksucht als Nero, in St. Petersburg (wegen der Aufkündigung der bismarckschen Verträge) mit verächtlichem Unterton einen „typischen Preußen“ und in Konstantinopel, der Pforte des Osmanischen Reiches, einen unkalkulierbaren Imperialisten (wegen der deutschen Interessenwahrungen auf dem Balkan). Die Karriere antideutschen Vokabulars beginnt.

Wie dem auch sei, der ohne Zweifel begabte, wenn auch sprunghafte Monarch, um flotte Sprüche nicht verlegen („Könige und Bettler brauchen keine Empfehlungsbriefe“), wurde und wird vielfach zu Unrecht, zumindest voreilig, mit einem waffenstarrenden Deutschland und kriegerischen Ambitionen identifiziert. Wie selten ein verantwortlicher Machtinhaber hat er, von den Anfangserfolgen und einer schier unwiderstehlichen Dynamik seines Reiches geblendet, sein Umfeld und seine persönliche Umgebung so falsch oder gar nicht eingeschätzt. Fürst Eulenburg, ebenso umstrittener wie zeitweise gehätschelter Freund des Kaisers, als zynischer Höfling: „Beim Monarchen ist alle Tage Maskenball. Es ist nur merkwürdig, dass sie es niemals satt bekommen. Im Gegenteil.“

Zwei Kaiser, ein deutsches Schicksal

In etwas aufgelegter friderizianischer Tradition mag der Berliner Kaiser, beflissener Bildungsbürger, gelegentlich humanistischen Idealen angehängt haben. Tatsächlich hat er die Macht der Krone weitgehend militarisiert, im gesellschaftspolitischen Sinn jedoch nicht einmal andeutungsweise instrumentalisiert.

Wie anderen Führern vor und nach ihm war auch KaWeZwo entgangen, dass sein neues Deutschland von wahrer Einheit noch weit entfernt war. Der Westen, in Industrialisierungsprozessen ebenso eigenständig flott unterwegs und auf kleinbürgerliche Beschaulichkeit gleichsam abonniert, gegen einen vergangenheitsorientierten Osten mit großflächiger Landwirtschaft, vorgestriger, gelegentlich weltfremder Mentalität und limitierter Umstellungsbereitschaft.

Auch zu Zeiten Kaiser Wilhelms II. war der deutsche Bürgersinn eher narzisstisch als weltoffen einzuordnen, von Common Sense weit entfernt. Internationalität war etwas für Adel, Oligarchen und Kaiser. Das Volk, fand es nur sein Auskommen, genügte sich – wie so oft – selbst. Bürger gaben sich stolz auf das Erreichte. Die Schwachen setzten auf das Versprechen besserer Zeiten und erhofften sich eine Chance zum sozialen Aufstieg. Die Fortschrittsbereitschaft im Westen und die Fortschrittsverweigerung im Osten ergeben im Generationenwechsel jenes Gefälle, auf dem auch heutzutage – nach der Wiedervereinigung – viele Deutsche nur mühsam Halt finden.

Die sterbende Kaste preußischen Junkertums hat mit einem KaWeZwo an der Spitze ohne Zweifel dazu beigetragen, dieses Gefälle zu bewahren oder zeitweilig politisch zu verstärken. Mit wirtschaftlichen Interessen ostelbischen Großgrundbesitzes verbinden sich mehr als hundert Jahre lang soziale Unterschiede und – politisch mobilisierbare – Spannungen. Hier mag jenes Bewusstsein Wurzeln geschlagen haben, das sich heute in modischen Stichworten bemerkbar macht wie „Wessis“ und „Ossis“ von „wirtschaftlicher Überlegenheit“, von „Ellbogenmentalität“ einerseits und andererseits von verlorenen Gemeinsamkeiten wie überschaubarer Lebensart. Kälte aus dem Westen gegen Wärme aus dem Osten und auf beiden Seiten erkleckliche Defizite an Verständnis.

Natürlich bestimmen damals wie heute Interessengegensätze in derlei Wortschwall. Dahinter steckt – etwas vereinfacht – Industriementalität gegen Agrarmentalität. Die eine stellt auf Internationalität, Freihandel, Modernität, Leistung und Wettbewerb ab (also gewisse Individualität), die andere auf Schutz, Bewahrung, Einkommensgarantien und Obrigkeit (also gewissen Kollektivismus).

Nicht genug mit dem innerdeutschen Gefälle, mit dem Ende der Untertanenmentalität. Aus den herrschaftlichen Zeiten des Feudalismus wurden die Bauern einerseits befreit, andererseits brauchte die Wirtschaft, auch die Landwirtschaft, Arbeitskräfte. Verstädterung ließ im 19. Jahrhundert ein Vakuum entstehen. Für Polen wie für andere Völker im Osten ergab sich eine Art Westerweiterung. Bis in die Mitte des Reichs machten sich andere – heute würde man sagen „Ausländer“ – breit, die billiger und williger zu arbeiten bereit waren. Manch einer sprach von Polonisierung. Eine Völkerwanderung fand bis in die Herzkammer der neuen Staatlichkeit, ins aufstrebende Ruhrgebiet, statt. Deutsche Siedlungspolitik war gefragt.

Deutsche Menschen für deutschen Boden

Organisierte Abwehr wie der Ostmarkenverein sagte nicht nur Saisonarbeitern, sondern bald allem Fremden den Kampf an. Gezielt stemmte man sich gegen diesen Zug der Zeit: Deutsche Menschen für deutschen Boden – längst vor Hitler, Rosenberg und Genossen ging man gegen Ende des Jahrhunderts ans Umsiedeln in der Gegenrichtung: Aus Süd- und Westdeutschland, aus Russland oder (enttäuschte Rückwanderer) aus der Neuen Welt wurden als Bauern in die Regermanisierung Ostelbiens eingespannt. Mehrere zehntausend Bauern besorgten, was später unter „völkisch“ lief. In beiden Richtungen. Denn Polen, die ihren Agrarbesitz an Deutsche verkauften, wurden ihrerseits von ihren Landsleuten verfolgt. Westerweiterung (Polens), Osterweiterung (Deutschlands), Blut und Boden – Stoff für Propaganda, die unter verschiedenen Herrschaften bis in unsere Tage auf Emotion und Missbrauch der Gefühle setzt.

Die dilettierende, teils rücksichtslose Großmannssucht des Wilhelminischen Zeitalters sollte und wollte sich von altpreußischen, spartanisch angehauchten Tugenden abheben. Ein Reich voll Saft und Kraft, ein Staat, der auf der Welle der Industrialisierung vorwärts drängelte, die Wissenschaft hochzwiebelte und der Kultur laut Respekt zollte. Wie schön. Wie deutsch? Theodor Fontane, der Anhänger überlieferter Gediegenheit und Schlichtheit, spöttelte um die Jahrhundertwende: „In unserer Oberschicht herrscht eine naive Neigung, alles Preußische für eine höhere Kulturform zu halten.“

„Vor dem Sturm“ war nicht nur der Titel eines Fontane-Romanes. Seine (dekadenten) Vorahnungen leiteten sich aus den Schattenseiten der politischen und wirtschaftlichen Dynamik des neuen, neureichen Deutschland ab. Der selbstbewusste Lärm in der Manier des Gardeleutnants, alles besser machen zu können (oder zumindest zu wollen), sollte auch schon zu Kaisers Zeiten tiefe Misstöne gesellschaftlichen und ideologischen Streits übertönen. Auftrumpfender Nationalismus nach außen stand jedenfalls im

Gegensatz zu Unzulänglichkeiten des deutschen Obrigkeitsstaates nach innen. Zwar sorgte ein raffinierter Beamtenstaat dafür, die Schutzbefohlenen von der Wiege bis zur Bahre zu betreuen – in Wahrheit und getreu kollektivem Bewusstsein zu kontrollieren und gefügig zu halten. Notfalls mit Kasernenhofmethoden glaubte die Elite des Wilhelminischen Deutschland der sozialen Frage irgendwie Herr werden zu können. Was das Regime überforderte, waren Kinderarbeit, 70-Stunden-Woche, Schinderlöhne, betriebliche Willkür sowie Not und Hunger in den Städten, die freilich von einer wahren Bevölkerungsexplosion übermannt wurden.

Ein neuer Start für neue Menschen sollte es sein. Leistung über alles. Wer nicht mitkam, sozial oder menschlich auf der Strecke blieb, war selber schuld. Gab es doch Möglichkeiten sonder Zahl. In einem halben Jahrhundert stieg etwa die Zahl der Studenten an deutschen Hochschulen von kaum mehr als 10.000 auf mehr als 100.000. Etwas für Bildungsbürger und die Neuhabenden. Wer es auf der Universität schaffte, hatte eine sichere Karriere vor sich. Auf den Universitäten und in der Wirtschaft. Spitzenleistungen der Wissenschaft waren gefragt, wurden erbracht und belohnt: In zwei Jahrzehnten fünf Nobelpreise an Deutsche, für Albert Einstein, Emil Fischer, Fritz Haber, Max von Laue und Max Planck. Die von der Dynamik nicht erfasst, übersehen oder vernachlässigt wurden, der Kunstbegeisterung fernbleiben mussten, fielen auch ideologisch in ein Loch.

Eine neue Armut gab es schon damals. Der Bettgänger war in den überfüllten Primitivquartieren der Großstädte gang und gäbe. Ein Bett irgendwo für irgendwen, die gleiche Schlafstatt, für einen tags, für den anderen nachts. Das Milieu war nicht nur in Berlin von der Kaste der Armen und Unterprivilegierten dominiert.

Entsprechend der Zustrom Unzufriedener, Enttäuschter und Hilfloser zur Sozialdemokratischen Partei. Der soziale Druck und die Fratze des Elends wurden auch in Deutschland zum Alptraum, hatte man doch darauf gesetzt, die Unebenheiten und Ungerechtigkeiten des Frühkapitalismus dank Wachstum und wissenschaftlichen, vor allem technischen Fortschritts hinter sich lassen zu können: Dampfmaschine, elektrischer Strom, Straßenbahn, Untergrundbahn, Automobil, Telefon und eine nicht enden wollende Serie von Erfindungen wie Otto- und Dieselmotor - sollte das nicht reichen? „Die Natur gibt dem Menschengeschlechte ein Gastmahl, dazu jeweils nur eine beschränkte Anzahl von Gedecken aufliegt“, schreibt Hans Grimm in „Volk ohne Raum“. Der weit gereiste Schriftsteller hat mit diesem Buchtitel dem Nationalismus einige Nahrung und dem Hitlerregime einen Slogan verschafft. „Von Tag zu Tag und Stunde zu Stunde stürzt sich aber mehr Menschheit an die Tafel des Lebens, um mitzuessen.“

Vor hundert Jahren wurde schon die Munition für den Kampf um Besitz und Raum in Übersee geliefert. Für einen KaWeZwo war es offensichtlich ein schier unerträglicher Gedanke, dass sein Deutsches Reich in Afrika oder Asien leer ausgeht, während sich nach den Portugiesen, Spaniern oder Belgiern die Franzosen und Engländer bedienten.

Im Geflecht nationaler und imperialer Interessen

Maria Theresia mag für (auslaufenden) Monarchismus stehen, Friedrich der Große für (ewigen) Militarismus, Metternich für (einen erneuerbaren) Konservativismus, Bismarck für Imperialismus, Kaiser Franz Joseph für (überforderten) Nationalismus und Kaiser Wilhelm für (anmaßenden) Internationalismus - mit diesen und ähnlichen Ismen lassen sich Geschichte und Politik der Deutschen mit ebenso verhängnisvoller wie unausweichlicher Automatik verbinden. „Ismen“ dieser und ähnlicher Art sind es jedenfalls, die in zwei Weltkriegen und deren Folgen ihren eigentlichen Höhepunkt erreichen. Warum es zu diesen Verknüpfungen und Verkettungen kommt, lässt sich zwar äußerlich an historischen Daten ablesen. Es bedurfte jedoch zusätzlicher Ingredienzien der Macht und der Mächtigen, bis die Szene zum Tribunal wurde, zur diabolischen Vereinigung unter einem Adolf Hitler und bis zur Katharsis unserer Tage.

Das Geflecht nationaler und imperialer Interessen (und gegenseitiger Fallstricke), undurchdringlich, wie es ursprünglich von Bismarck angelegt war, zeigte schon Jahre vor Beginn des Ersten Weltkrieges explosionsverdächtige Spannungen. Einfluss Ost gegen Einfluss West – in Europa wahrlich nichts Neues. Untergegangen sind das Deutsche Reich, Österreich-Ungarn sowie das Osmanische Reich, alles Monarchien, was nicht dem Zufall angerechnet werden kann.

Geblieben ist der Balkan als sui generis, als jene Schwachstelle Europas, wo sich die Mächtigen einmischen, blamieren und resignieren. Damals die Kaiser, heute die Vereinten Nationen oder die NATO. Gleichermaßen handelt es sich um Bosnien, Herzegowina oder Kosovo. Und immer stellt sich die Frage „Sterbien für Serbien", wie es der Oberzyniker Karl Kraus in seiner „Fackel" entlarvend formuliert hat.

Deutsches war und ist an dieser Militärgrenze, wie sie sich heute noch darstellt, vielfältig (und nicht nur mit habsburgischer Hausmachtpolitik) engagiert. Dass deutsche Soldaten im Auftrag der Vereinten Nationen in Bosnien, Herzegowina und im Kosovo eingreifen, steht also in der Konsequenz einer langen Geschichte. Zumindest in den Zwangsläufigkeiten des auslaufenden Jahrhunderts. Was Bismarck mit dem Berliner Kongress von 1878 mit einem machtpolitischen Balanceakt Einfluss auch im balkanesischen Europa abzustecken versuchte (wie es ein halbes Jahrhundert zuvor Metternich in Wien mit einer Monsterveranstaltung nämlicher Bezeichnung gelungen war), wurde von den Nationalitätenkämpfen der Habsburgermonarchie unterlaufen. Mit der Ermordung des ungeliebten Thronfolgers Franz Ferdinand wurde ein 31jähriger Krieg alle gegen alle (1914 bis 1945) eingeläutet. Die Alte Welt und ihre Scheinordnung stürzten ins Verderben.

Keine Parteien mehr, nur noch Deutsche

Die Nibelungentreue des Berliner Kaisers mit dem sterbenden Österreich trieb auch das Deutsche Reich nach anfänglich zähnefletschender Kriegsbegeisterung schließlich in die Selbstvernichtung. War dies politisch für Berlin zunächst nicht zwangsläufig, so handelte es sich für Wien um die letzte Zuckung monarchischen Denkens. Die beiden Kaiserreiche waren dem Untergang geweiht.

Weil die Kaiser in Berlin und in Wien – übrigens auch der Zar in St. Petersburg – monarchischen Normen gemäß glaubten, europäische Händel, nationale Konflikte und Interessen wie Familienkrachs erledigen zu können, stolperten sie – und mit ihnen ihre Völker – ins Unglück. Mit der Systematik griechischer Tragödien ging die Politik über monarchisches Gehabe hinweg. Wo Dekadenz Tatkraft verhinderte oder reduzierte, sorgten Berater und die Unzulänglichkeiten des Krisenmanagements dafür, dass das Undenkbare geschah – ein Weltbrand unvorstellbaren Ausmaßes.

„In Europa werden die Lichter ausgehen“, mit seinem oft zitierten Sager hatte der britische Außenminister Edward Grey bitter recht. Großfürstin Anastasia schreibt in ihr Tagebuch: „Der Krieg wird ausbrechen. Von Österreich wird nichts mehr übrig bleiben. Unsere Armeen werden sich in Berlin vereinigen. Deutschland wird vernichtet werden.“ Es sollte nicht vier, sondern 31 Jahre dauern, bis aus der Vision Wirklichkeit wird.

„Ich kenne keine Parteien mehr, ich kenne nur noch Deutsche.“ Kaiser Wilhelm II. eröffnet am 4. August 1914 den Reichstag, wie es sich für den Uniformnarren gehört, in grauer Felduniform. Begeisterung allerorten. Die Massen glauben an einen Blitzkrieg. Ein harmloser Feldzug sollte es sein, auch um die Herrscherhäuser noch einmal zu profilieren. Für Nachdenkliche ist keine Zeit. Der Zeitgeist vertraut einem kurzen Waffengang. „Des Lebens Unrast war vorbei“, schreibt Winston Churchill, damals Erster Sekretär britischen Admiralität, „nun folgt die Stille des Todes. Im Reiche aller bösen Geister sollen wir erwachen. Eine riesige Menschenmenge singt ‚God save the King‘. In die hohen Wogen der Begeisterung hinein klingt das Glockenspiel von Big Ben.“

1:2 gegen Deutschland und Österreich-Ungarn

Es stand 1:2. Deutschland und Österreich-Ungarn waren nicht nur in der Bevölkerungszahl, sondern auch militärisch von vornherein unterlegen. Mehr als die Hälfte der Lebensmittel der ökonomisch kaum formierten Mittelmächte musste importiert werden. Deutschland und Österreich besaßen kaum kriegswichtige Rohstoffe, wenig Öl. Militärisch blieb der Plan des preußischen Generals Schlieffen stecken – kühner Vorstoß durch das neutrale Belgien und in einer großen Zangenbewegung die Einschließung von Paris aus Westen und Süden –, verfingen sich die Kämpfe im Westen in einem erbarmungslosen, jahrelangen Stellungskrieg. Im Osten marschierten die Russen schneller und konsequenter auf, als die Verfechter von Präventivschlägen im deutschen und österreichischen Generalstab angenommen hatten. Millionen Soldaten mussten sterben, vor allem in zermürbenden Stellungskriegen im Westen, etwa um Prestigepositionen, wie die Festung von Verdun, mit ungeheueren Verlusten auf beiden Seiten.

Kriegsentscheidende Schläge teilte jedoch General „Hunger" aus. Mit über einer viertel Million Zivilisten, die allein im Jahr 1917 in Deutschland an Hunger oder Hungerfolgen starben, entsprach dies fast der Hälfte der gefallenen Soldaten an der Front.

Dolchstoss- und andere Legenden

Politiker, von den kriegführenden Generalen in der zweiten Phase des Ersten Weltkrieges kaltschnäuzig beiseite geräumt, werden auf beiden Seiten durch den aufreibenden Stellungskrieg zuerst ernüchtert. Angesichts der millionenfachen Verluste eines Massakers ohnegleichen, wurden sie in einen schier ausweglosen Zustand aus Alarm und Blamage versetzt. Mitten in dieser Katastrophe erfolgt die böse Saat, die erst im Zweiten Weltkrieg so recht aufgehen sollte – eine doppelte Dolchstoßlegende entsteht: Die Heimat sei der Front in den Rücken gefallen und die Linken hätten mit ihrem Revolutionsversuch den bürgerlichen Staat und damit die deutsche Seele verraten. Ludendorff, ein Mentalitätsschleifer mit ungebändigtem Ehrgeiz, bot sich - da relativ populär - als Galionsfigur an für so etwas wie eine nationale Selbstbehauptung. Verwirrte Geister, meist aus dem völkischen Dunstkreis, verehrten ihn. Ludendorff und seinesgleichen verpassten größeren Teilen der Deutschen jenen nationalen bis nationalistischen Mentalitätsschub, der noch Jahrzehnte nachwirken sollte: Zwei Begriffe - Militarismus und Nationalismus - machten Furore.

Die deutsche Heeresspitze wollte bis zuletzt nicht wahrhaben, was dem von ihr gestürzten Reichskanzler von Bethmann-Hollweg mitten im Krieg bewusst geworden war, dass eine derart totale Vernichtungsaktion wie der Erste Weltkrieg im Volk mehr und mehr gleichgesetzt wurde mit verzichtbar gewordenem Kaisertum. KaWeZwo, von revolutionären Ansätzen gegen Kriegsende alarmiert, wird zwar die Bemerkung nachgesagt, „Deutsche schießen nicht auf Deutsche“, aber ein Gesamtkriegsführer wie General Ludendorff ließ sich durch das Stahlgewitter nicht beirren.

In Umkehr der Clausewitz'schen These bleibt Ludendorff auch nach Kriegsende stur bei der militaristischen Version, Frieden werde nur von schwächlichen Zivilisten herbeigeführt, die mit untauglichen Mitteln versuchten, den Krieg zu unterbrechen. Um dies zu verhindern, so Ludendorff, gehörten politische und militärische Führung in eine Hand.

Nach dem mörderischen Gemetzel auf den Schlachtfeldern trug Ludendorff wie seinesgleichen dazu bei, den Krieg zu Hause fortzusetzen und dort der Diktatur den Weg zu weisen. Die Legende, die deutsche Armee sei „von der Zivilbevölkerung von hinten erdolcht worden“, wie es sich die Neue Zürcher Zeitung am 17. 12. 1918 berichten lässt, wird im nachfolgenden Bürgerkrieg der Worte zu einer Waffe erheblicher, von Adolf Hitler geschätzter Schärfe.

Zuerst zog die politische Rechte gegen die Linke ins Feld verworrener Politik nach dem verlorenen Waffengang. Eigentlich habe man den Krieg nicht verloren und verdanke das schmähliche

Diktat von Versailles „Verrätern im eigenen Land“. Viele Deutsche, vor allem solche, die auf Redlichkeit abonniert und bedacht waren und sind, benützen seit Jahrzehnten, also seit Verkennung der wahren Machtverhältnisse in und um Deutschland, die Dolchstoßlegende als Hausmittel zur Stärkung ihrer nationalen Gene.

Für einen Populisten wie Adolf Hitler erwies sich die Politlegende als willkommenes Propagandaelement. Biedere Entkräftungsversuche eines parlamentarischen Untersuchungsausschusses blieben an der Oberfläche des Bewusstseins vieler Deutscher. Sie wollten den Untergang des Deutschen Reiches preußischer Prägung nicht wahrhaben und der Demokratie eigentlich keine Chance geben. Zu dieser Realitätsferne ganzer Generationen enttäuschter, verwirrter oder politisch heimatlos gebliebener Bürger tragen der Verlauf der Konferenz von Versailles mit ihren Demütigungen ebenso bei wie die Dauerwirkung der so genannten Pariser Vororteverträge mit ihrem Knebelkonzept.

Ein Zwischenreich unter deutscher Führung

Vorbei, endgültig vertan, was zwei Kaiser, der alternde KaWeZwo und der junge Karl, noch im Mai 1918 glaubten angehen zu können: Bei einer der letzten Zusammenkünfte im deutschen Hauptquartier, dem belgischen Badeort Spa, griffen die Monarchen Organisationsvorschläge auf, wie sie ausgerechnet von dem deutschen Liberalen Friedrich Naumann zur Diskussion gestellt worden waren. Ein Mitteleuropa, von Deutschen geführt, sollte als neues europäisches Zwischenreich unter Einschluss ethnischer Minderheiten – wie der Tschechen – eingerichtet werden.

Diese krausen Ideen waren kaum nach außen gedrungen, und schon fühlte sich die Entente in ihrer Forderung bestärkt, den beiden Herrschern der beiden Deutschländer existentiell möglichst den Garaus zu machen. Paris bestand auf der Radikalforderung „Détruisez l’Autriche-Hongry“ und die tschechischen Emigranten in Washington bestürmten das Weiße Haus und den Kongress, bei einem Friedensschluss alle traditionelle Ritterlichkeit zu vernachlässigen. Die Mitte Europas sollte auf möglichst viele selbständige Staaten aufgeteilt und damit geschwächt werden. Im französischen Generalstab kursierte die Forderung, Gesamtdeutschland überhaupt von der Landkarte zu löschen und im napoleonischen Stil nur noch selbständige Kleinstaaten zuzulassen – Föderalismus als Selbstfesselung der Deutschen.

Solche Ideen machten am Ende von Weltkrieg I mehr zufällig und zusammenhanglos die Runde. Weder im Ansatz noch im Vollzug existierte eine Siegerstrategie vergleichbar den Alliierten Planungen von 1943–45 (mit der Forderung nach bedingungsloser Kapitulation Hitlerdeutschlands wie in Casablanca oder der Teilung Europas in zwei Einflussbereiche wie in Jalta oder der Totalbesetzung Deutschlands und Österreichs mit Entnazifizierung usw.)

Wie von Buchhaltern der Macht wurde anno 1918/19 nach dem mörderischen Gemetzel – das Berlin und Wien regierungsamtlich zunächst nur als abgebrochen betrachteten – bilanziert: Weltkrieg I kostete mindestens 1.300 Milliarden Goldmark, davon die Hälfte für militärische Ausgaben. Die Mittelmächte hatten insgesamt 24,3 Millionen Soldaten mobilisiert, die Entente 43 Millionen. Die Verluste beliefen sich auf über 9 Millionen Tote und annähernd 21 Millionen Verwundete (während im Deutsch-Französischen Krieg von 1870/71 etwa 43.000 Soldaten das Leben lassen mussten). Die Seekriegsverluste beliefern sich auf 37 Schlachtschiffe, 59 Kreuzer, 231 Torpedoboote, 289 U-Boote. Durch deutsche U-Boote allein wurden Schiffe mit 18,7 Millionen Bruttoregistertonnen versenkt, von 343 deutschen U-Booten gingen 178 verloren.

Ende nach tausend Jahren

Zwei Kaiser, ein Schicksal. Kaiser Wilhelm II. verlässt am 18. November 1918 in seinem Sonderzug Deutschland. Kaiser Karl von Habsburg-Lothringen gibt am Tag danach auf. Die beiden Herrscher ohne Fortune werden zum Symbol eines ruhmlosen Untergangs. Politisch verlassen, militärisch geschlagen, ihre Länder darniederliegend, mit über 20 Millionen Toten eine blutige Spur hinter sich lassend, von ihren Höflingen fehlgeleitet, von ihren Kritikern vorverurteilt, selbst von Monarchisten allein gelassen und missdeutet - ab in die Geschichte.

Dass der Untergang von zwei Reichen (nicht des Abendlandes, um Verwechslungen zuvorzukommen), dass das Ende einer ganzen Epoche und der Beginn eines neuen Abschnittes der Weltgeschichte für den Balkan ebenso gilt wie für ganz Europa, kann nicht wundernehmen.

Wie mit dem Herzog der Mantel, fielen mit dem Reich seine Grenzen. Für Österreich-Ungarn gilt das mehr als für Deutschland. Indem Ungarn ein Drittel seines Territoriums, ein Viertel seiner Bevölkerung und ein Fünftel seiner ökonomischen Ressourcen verlor, wurde auch das deutsche Element auf dem Balkan dem Untergang geweiht.

In Siebenbürgen und Banat, in Slowenien, Kroatien oder Bosnien - überall wurden Deutsche, teils Mehrheit, teils Minderheit, auf dem Altar einer so genannten Friedensordnung geopfert. Mehr als eine viertel Million Angehörige der deutschen Volksgruppe, die sich jahrhundertelang der Magyarisierung wiedersetzt hatten, wurde Rumänien zugeschlagen. Ihres kulturellen Rückhalts beraubt, gefiel es einem Adolf Hitler 1944 mit einem 2. Wiener Schiedsspruch die Siebenbürger Sachsen aufzuteilen und zu evakuieren.

Nach dem Krieg wurden Siebenbürger, die die Bodenreform überstanden hatten, vertrieben oder später zur Zwangsarbeit in die Sowjetunion verschickt. Splittergruppen siedelten sich später in Oberösterreich und im Ruhrgebiet an und halten, allem zum Trotz, ihr Brauchtum bis heute aufrecht. Ein Beispiel für viele Brutalitäten, wie mit Deutschen umgegangen wurde.

Integration auf kommunistisch

Im deutschen Namen geschah freilich ebenfalls Raffiniertes, Unbegreifliches und Ungeheuerliches. Balkanpakt und Dreimächtepakt, Instrumente deutscher und dann auch italienischer Machtpolitik, waren nur ein, zwei Jahre alt, als einer der vielen Umstürze in Belgrad Hitler veranlasste, in den ersten Apriltagen 1941 einzuschreiten und bei seinen ursprünglichen Angriffsplänen auf Griechenland das führungslos dahintreibende Jugoslawien gleichsam mitzunehmen. Ohne Kriegserklärung griff die deutsche Luftwaffe eines Tages Belgrad an. Was Tausenden, die völlig unvorbereitet waren, das Leben kostete, hat nach 1945 den verantwortlichen Luftwaffengeneral, den gebürtigen Österreicher Löhr – der sich freiwillig stellte –, an den Galgen gebracht.

Die deutsche Besatzung sah sich von Beginn an jugoslawischem Widerstand gegenüber, zuerst in Westserbien und nach dem Beginn des Russlandfeldzuges der deutschen Wehrmacht intensiven Partisanenkämpfen, hauptsächlich unter dem Befehl des einstigen k. und k. Unteroffiziers Broz Tito.

Was dieser Führer, eigenwillig, ehrgeizig, eitel und kenntnisreich, an (kommunistisch angehauchter) Integrationsfähigkeit aufgebracht hat, sollte sich erst in den achtziger und neunziger Jahren herausstellen, als der Vielvölkerstaat Jugoslawien wieder in seine ethnischen Teile zerfiel. Auch hier scheint sich Geschichte zu wiederholen – zwischen Serben und Kroaten, Serben und Ungarn, Serben und Albanern. Und wieder wird der Balkan zum Pulverfass und wieder sind Deutsche involviert.

Nur noch akademisch und bestenfalls historisch bleibt anzumerken, dass mit der unbewältigten Vergangenheit in dieser Balkanregion am Beispiel von Jugoslawien und auch der früheren Tschechoslowakei aller Welt – nicht zuletzt den Amerikanern – drastisch vor Augen geführt wird, dass und wie hier in dieser windigen Ecke der Alten Welt die Uhren anders gehen. War es doch der US-Präsident Woodrow Wilson, der aus einer Mischung von Naivität und Visionärtum mit seinen 14 Punkten am Ende des Ersten Weltkrieges die Rolle des Friedensstifters spielen wollte: „Selbstbestimmung für alle Völker aus dem Völkerkerker Österreich-Ungarn“. Tschechische Emigranten wie Masaryk und Beneš erwiesen sich, unterstützt von tschechischer Lobby in Chicago, in ihrem Demontageplan deutscher Einflusssphären zielstrebiger und erfolgreicher als die etwas ungeschickten Verfechter gesamtjugoslawischer Selbstbestimmung. Der Kampf der Partisanen gegen die Hitlerarmee erwies sich zunächst als politisches Amalgam und ermöglichte über vier Jahrzehnte Kommunismus auf dem Balkan.

Germans to the Front

Deutsches kam erst wieder ins Spiel, als die Selbstauflösung des jugoslawischen Vielvölkerstaates und der Anspruch Serbiens auf ein eigenes Großreich zum offenen Krieg führte. In den neunziger Jahren, als fünf Waffengänge in Slowenien, Kroatien, Bosnien, Herzegowina und schließlich im Kosovo stattfanden, wiederholte sich zunächst ein Phänomen: Demokratien reagieren auf Diktaturen und deren griffige Machtausübung zögernd, unentschlossen und ohne klare politische Linie. Fürs Erste jedenfalls. Und Demokratien verleiten ihre Widersacher zu Fehleinschätzungen - vorübergehend. So auch die Belgrader Vordenker und Macher bei ihrem regionalen Imperialismus der neunziger Jahre.

Mit einer gehörigen Portion Nationalismus glaubten sie, der Welt und ihren Nachbarn Großserbien abluchsen oder abtrotzen zu können. In ihren Methoden wie seinerzeit nicht zimperlich, bei Menschenrechten nicht wählerisch und demokratiepolitisch hinterwäldlerisch reizte Belgrad im alten Stil - zuerst besorgte Europäer, dann verwirrte Politiker in der Alten Welt und schließlich die westliche Supermacht und die Vereinten Nationen.

Germans to the front. Im Stil der britischen Generalität bei der Bekämpfung des Boxeraufstandes in China um die Jahrhundertwende wurde nach langwierigen und selbstquälerischen Prozessen ein Stadium erreicht, das seinesgleichen sucht. Zum ersten

Mal seit Ende des Zweiten Weltkrieges zogen deutsche Soldaten in den Krieg. Genauer – von dem italienischen Stützpunkt Aviano aus griffen deutsche Kampfflieger in die Auseinandersetzung der westlichen Verteidigungsallianz, der NATO, mit dem Belgrader Regime Milosevics im Kosovo ein.

Was dies für das Polit- und Moralsystem des heutigen Deutschland bedeutet, will erst noch voll und ganz aufgearbeitet sein. Als Eckwert steht nicht nur fest, dass sich dieser deutsche Balkaneinsatz militärisch gut gemacht hat. Politisch, genauer parteipolitisch, geht in die Annalen ein, dass dieser Kriegsbeschluss von einer sozialdemokratisch geführten Regierung unter Einschluss der Grünen Partei gefasst und mit deutscher Gründlichkeit durchgezogen wurde. Die Bevölkerung zog mehrheitlich mit.

Bundeswehr auf dem Balkan

Deutschland als Militärmacht, wenn auch „nur“ im Verband und Verbund der westlichen Allianz der NATO, daran kann sich die Welt nach allem, was geschehen ist, am Ende dieses tragödienreichen Jahrhunderts nur langsam gewöhnen. Jenseits der deutschen Grenze hatte man seinerzeit die Rückkehr der Deutschen auf wirtschaftlichem Gebiet erstaunlich gelassen hingenommen. Die europäische Integration von der Montanunion bis zum Euro versprach neben vielerlei Freizügigkeit für alle auch manche Kontrollmöglichkeit über die Deutschen. Politische Akzeptanz unter einem Konrad Adenauer und seinem Politenkel Helmut Kohl oder unter einem Willy Brandt sprengt schon den traditionellen Rahmen des Umgangs mit einem besiegten, dann besetzten und schließlich in die Selbständigkeit entlassenen Land. Erst recht jedoch gilt dies militärisch, wo die Integration zwar generalstabsmäßig mit Bindungen und Verpflichtungen auch Kontrolle mit sich bringt. Deutsche Soldaten auf dem Balkan – das Phänomen bleibt, auch wenn neben der schwarz-rot-goldenen Fahne jene der Vereinten Nationen, der NATO oder der Europäischen Union wehen.

Was für die einen als selbstverständlicher Beitrag Deutschlands zur Loyalität im westlichen Bündnissystem gilt, empfinden andere als endgültige Vervollständigung deutscher Souveränität. Partnerschaft hin, Selbstverwirklichung her – mit dem Einsatz auf dem Balkan wird im Pflichtenheft der Deutschen eine neue Seite aufgeschlagen. Nach allgemeiner Meinung gewiss ein Fortschritt. Dennoch bleibt für die, die genauer hinhören, hinschauen oder auch hineininterpretieren, mancherlei Unbehagen. Der Balkan hat Europa im ausgehenden Jahrhundert reichlich Katastrophen beschert. Gelingt die Befriedung diesmal durch die Mitwirkung junger, unbelasteter Bundeswehrsoldaten?

Generationenbruch auf Deutsch

„Die Jungen sind anders." Ausländer, die Deutschland regelmäßig besuchen, und Politologen sowie Soziologen, die die Bewusstseinslage der Durchschnittsdeutschen regelmäßig sezieren, stimmen dieser Pauschalierung zu. Kenner sprechen gar von einem Generationenbruch zwischen Alten und Jungen. Typisch deutsch? Die meisten Untersuchungen gehen davon aus, dass mehrere Tatsachen und Entwicklungen von einem Sonderfall sprechen lassen: zwei Weltkriege, Hitler, Besatzung, Wirtschaftswunder, Wunderzweifel, Wunderfehler, Kalter Krieg und kein Ende, Wiedervereinigung und unbeantwortete Zukunftsfragen. Die ältere und alte Generation kann sich bei allem Wohlergehen auch im deutschen Fall von den Vorgaben der eigenen Vergangenheit und jener des Landes nicht lösen. Aus dieser Nichtlösung ergibt sich unter Deutschen allerdings ein ernstes, ein spezielles Spannungsfeld.

Die Jungen fragen die Alten – bezogen auf das Dritte Reich, den Krieg, den Holocaust und die Katastrophe von 1945 wieder und wieder: „Wie konnte es geschehen?" Bei allem Jugendkult und allem eigenen Bemühen um eine gewisse Unbefangenheit bleiben die Antworten der Älteren unter den Durchschnittsdeutschen wie auch den Durchschnittsösterreichern meist im Vorhof der Geschichte und im Unverbindlichen der Verantwortung stecken.

Mehr Fragen als Antworten

„Warum seid ihr hingegangen?“, fragt die nächste Generation, bezogen etwa auf den Kriegseinsatz. „Warum habt Ihr gegen den Unrechtsstaat nichts unternommen? Gegen die Reichskristallnacht nicht aufbegehrt? Bei der Partei gar mitgemacht?“ – „Dem rassistischen Völkermord nicht von vornherein entgegengewirkt und Unrecht nicht aktiver bekämpft, wie etwa in der Euthanasie-Problematik?“ – „Was war mit dem Widerstand gegen Hitler?“ – „Wenn der Krieg mit der Vernichtungsschlacht in Stalingrad schon 1942 für das Deutsche Reich verloren war, warum habt ihr weitergekämpft?“

„Wieso habt ihr die Vertreibung Millionen Deutscher aus Ost- und Südosteuropa und aus der Tschechoslowakei hingenommen?“ – „Was ist mit den Nazis nach 1945 wirklich geschehen – wurden sie erfasst und bestraft?“ – „Wieso wurde die Spaltung Deutschlands mehr oder weniger stillschweigend hingenommen?“ – „Welche Rolle haben die beiden Deutschländer eigentlich im Kalten Krieg gespielt?“ – „Was wurde gegen die Schüsse an der Mauer oder die Verfolgung politisch Andersdenkender in der DDR unternommen?“ – „Ist über Licht und Schatten des Wirtschaftswunders ausreichend geforscht, diskutiert und im Sinne von Rang- und Reihenfolgen früh- und rechtzeitig entschieden worden?“

Typisch deutsch, zu fragen, zu bohren, zu beckmessern, mag mancher Unvoreingenommene festhalten. Ohne Zweifel prägt das, was gemeinhin Schicksal der Deutschen heißt, das Polit-Seelenleben ihrer nächsten Generationen, mehr und andersartig als Fragen junger Franzosen, Engländer oder Schweizer, ein. Die Deutschen haben es nicht nur schwerer, sie machen es sich auch schwerer mit ihrer diktatorischen Vergangenheit.

Ungeduldig, wie es der Jugend gebührt, ist dieser Fragenkatalog zwar nicht vollständig, jedoch einigermaßen aussagekräftig. Die Antworten füllen an sich Bücher. Vor allem in Westdeutschland ist der Zugang frei zu Tatsachen, Psychogrammen und politischen sowie gesellschaftlichen Hintergründen. Selbst in Ostdeutschland öffnen sich nach dem Kollaps der DDR allmählich die Archive. Antworten fallen dennoch nicht leicht. Den natürlichen Generationenkonflikt überhöht im deutschen Fall nicht nur die so genannte Vergangenheitsbewältigung. Vielmehr zeigen sich auch am Beispiel des Jugendkults speziellere Erscheinungen. Das Verhältnis zur Gesellschaft und damit zum Staat wirkt bei den Jugendlichen und der nächsten Generation einerseits selbstbewusst, andererseits kritisch bis den Verweigerungen der so genannten Me-Generation, zum Beispiel bei den 68ern und ihren Vätern.

Genug zu essen, eigenes Heim, Arbeit, etwas Glück

Sie kommen aus dem Krieg. Abgemagert, auf der Suche nach so etwas wie Heimat, die Uniformhosen der deutschen Wehrmacht abgeschnitten, mit Tinte oder Farbe auf Zivil getarnt, die einen mit einem Entlassungsschein, die anderen mit gefälschten Papieren, viele auf der Suche nach ihrer Familie, ohne Wohnung irgendwie zusammengepfercht, oft in einem Zimmer. Irgendwo warten sie darauf, irgendwen irgendwann zu treffen. Alle haben nichts – außer Erleichterung, dass nicht mehr geschossen und nicht mehr gestorben wird, und die Hoffnung, dass es aufwärts geht. Niemand, fast niemand weiß, wie. Ganze Jahrgänge stolpern in die Zukunft, wollen einfach leben, möglichst besser. Deutsche Jugend 1945. Die Politik geht an ihnen vorbei. Trotz Knappheit ringsum träumen sie von gutem Essen, vom eigenen Heim, von regelmäßiger Arbeit, von einem bisschen Glück und von Reisen in die große, weite Welt.

Anders die nächsten Jahrgänge. Sie trampen durch Europa. Heruntergerissene Kleidung, fahle Gesichter, ungepflegte Haare, bei den Mädchen keinerlei Make-up, Burschen mit Goldkettchen da oder dort. Zittrige Hände. Tagsüber wird geschlafen, nachts ist man unterwegs. Perfekt in zwei oder drei Fremdsprachen, belesen in klassischer Literatur und beschlagen in den schriftlichen Ausbringungen von Herbert Marcuse, Ernst Bloch oder Helmut Gollwitzer. Ein Zitat von Rosa Luxemburg jederzeit parat, sind sie gerüstet zum Kampf gegen eine Wirklichkeit, die sie als miserabel, weil ungerecht, empfinden. Sie liebäugeln mit den Ideen des realen oder lieber noch des wahren Sozialismus. Der außerparlamentarischen Opposition, der APO, zugetan, ideologisch abonniert auf die Entfesselung des Menschen von den Zwängen einer satt gewordenen Wohlstandsgesellschaft, setzen sie auf freie Liebe, gegen den kalten Kapitalismus unterwegs zu einer Revolution mit menschlichem Antlitz, jederzeit antiautoritär (mit dem doppelsinnigen APO-Witzchen: „Wann müssen wir spielen, was wir wollen.") – studentische Jugend Ende der sechziger Jahre.

Von der APO zu den Plattenbauten

Szenewechsel. Drei Jahrzehnte später. Sie betreiben eine gute Ausbildung und hoffen auf einen modernen Beruf. Sie wünschen sich ein abwechslungsreiches Leben mit einem großen, netten Freundeskreis, die meisten bevorzugen eine feste Bindung, möchten im Beruf erfolgreich sein, einmal viel Geld verdienen und ein Auto sowie eine tolle Wohnung ihr Eigen nennen. Politisch glauben sie, dass sie sich als junge Deutsche für die nationalsozialistischen Verbrechen nicht schuldig zu fühlen brauchen. Sie wünschen effektivere Bekämpfung der Arbeitslosigkeit und hoffen auf Jobcreation sowie auf sichere Renten. Sie bekritteln die deutsche Wiedervereinigung, sind gegen die Geschwindigkeitsbeschränkungen auf Autobahnen, möchten, dass unheilbar Kranken Sterbehilfe geleistet wird, wollen teilweise dafür sorgen, dass das deutsche Ansehen in der Welt steigt. Ein Viertel der Jugend Ende der neunziger Jahre tritt für längere Ladenöffnungszeiten ein. Generationensprünge, ausgedrückt im Wandel der Prioritäten.

Weiter: Die Platte ist ihr Schicksal. Sie stammen aus den Plattenbauten, aus der 150-prozentigen Betreuung einer uniformen Beamtenhierarchie mit ideologischem – nämlich sozialistischem – Anspruch. Sie hatten sich mit der Herrschaftsgier ihrer Betreuer abgefunden, sich dem roten Gleichschritt innerlich widerstrebend, aber äußerlich konformistisch angepasst, die Autorität ihrer Eltern weggewischt und insgeheim für westliche Kleidung, westliches Essen, westliche Musik und vor allem westliche Reiseziele geschwärmt. Einen objektiven Freiheitsraum kannten sie nicht und nahmen sie als eine unverbindliche Träumerei des Fernsehbildimports aus Westdeutschland.

Die Nestwärme des Kollektivs

Es war ihnen eingeredet worden, ihr Lebensgefühl sei in der Nestwärme eines Kollektivs ausreichend erfüllt, das Drama der sozialen Ungerechtigkeit in der BRD werde ihnen erspart, die Versorgungsvorteile der DDR seien offenkundig, selbständiges Denken infolgedessen überflüssig. Staat und Partei, so die Funktionärserklärungen, betrieben keine Bevormundung, sondern geplante Beglückung jenseits des kalten Leistungsprinzips und der Ausbeutung des Kapitalismus. Staat und Partei seien bereit und allezeit fähig, für alle alles zu regeln und versprächen der Jugend eine sorglose (wenn auch total abhängige) Zukunft. Dem zu widersprechen und es zu hinterfragen, wurde mit ideologischem Verrat und aufmüpfiger Undankbarkeit oder unerbetener Verwestlichung gleichgesetzt. Unbotmäßige wurden gemaßregelt, bestraft und notfalls eingesperrt. Das DDR-Regime redete sich ein, die eigene Jugend sei besser, angepasst, ideologisch zuverlässig und ohne antiautoritären Rückstau.

Nach der 89er-Wende passte sich zwar die große Mehrheit der DDR-Jugend schnell und unproblematisch an, wiewohl vom Konsumrausch zeitweilig überwältigt. McDonald's statt Indoktrination. Gleichzeitig zeigten sich radikalisierte Randgruppen bereit, die neue Freiheit – ähnlich dem harten Kern der 68er-Generation –

gewalttätig und integrationsverweigernd zu nützen. Vor brutalen Jugendlichen fürchten sich Ostdeutsche fast doppelt so intensiv wie Westdeutsche. Im Osten macht man sich – bezogen auf Jugendliche – offenkundig mehr Sorgen über den Konsum von Drogen und Alkohol als in der alten Bundesrepublik.

Das Sicherheitsgefühl zeigt ebenfalls ein problemreiches West-Ost-Gefälle, verstärkt durch deutlichere kriminelle Energien in den neuen Bundesländern. Die Totalbetreuung von früher, nach der Wende meist aus Geldmangel abrupt beendet und organisatorisch nur unzulänglich – etwa von kirchlichen oder gesellschaftlichen Organisationen – kompensiert, spiegelt sich in der Verbrechensskala. Junge Leute aus schwierigen Familienverhältnissen oder jene, die sich überhaupt selbst überlassen sind, fallen wesentlich häufiger auf als junge Leute aus geordneten bürgerlichen Verhältnissen.

Warum sich Jugend-Gewaltdelikte verdoppeln

Gewalt nimmt zu. Wie jugendliche (nicht nur von Nazigruppen) Brutalität auf beängstigende Weise um sich greift, lehrt sowohl die Aktenlage der Polizei, die allgemeine Statistik, die vermutete Dunkelziffer einschließlich Meldescheu. Jugendgewalt ist es, die in mehrfacher Weise alarmiert – und dies nicht nur in Deutschland. In deutschen Landen freilich stellt sich die Frage nach Ursache und Wirkung. Das Phänomen, wie die nächsten Generationen mit einer inzwischen weit verbreiteten Looser-Winner-Gesellschaft fertig werden, zeigt freilich eine spezielle Schlagseite. Andere Länder haben eine andere oder eine weniger belastende Geschichte der Gewalt aufzuweisen.

Des Risikos, das in der Jugend-Gewalttätigkeit steckt, sind sich deutsche Experten sehr wohl bewusst. Wenn innerfamiliäre Gewalt, soziale Benachteiligung und getrübte Zukunftschancen zusammentreffen, ergibt sich offenkundig ein Neigungspotential zur Gewalt. In Hannover beispielsweise haben sich in den neunziger

Jahren die Gewalttaten durch Jugendliche und Heranwachsende statistisch gesehen fast verdoppelt.

Das Übergewicht männlicher Täter hat seit den achtziger Jahren erheblich zugenommen. Schülerbefragungen ergeben, dass Gewalthandlungen von Mädchen Eltern wesentlich deutlicher suspekt sind als solche von Jungen. Außerdem werden Mädchen zu Hause eher zur konstruktiven Konfliktregelung angehalten. Bei ethnischen Gruppen überwiegt die männliche Jugendgewalt noch ausgeprägter, wo die Kultur von Dominanz des Mannes (wie unter Türken) geprägt ist.

Bei der Ursachenerforschung zum Thema Gewalt ergaben Schülerbefragungen in Hannover, Stuttgart, Berlin und Dresden gewisse Einblicke in das Familienleben. Auf die Frage nach elterlicher physischer Gewalt antworteten fast die Hälfte der Jugendlichen, in ihrer Kindheit bis zum 12. Lebensjahr von ihren Eltern nicht geschlagen worden zu sein, ein Fünftel erlebten leichte körperlich Züchtigungen, ein Siebtel wurden schwer gezüchtigt und immerhin 10 % waren Opfer elterlicher Misshandlungen. Innerfamiliäre Gewalt gegen Kinder und Jugendliche steht offenkundig in direktem Zusammenhang zur sozialen Lage der Familie. Familien, die Sozialhilfe erhalten oder wo Eltern arbeitslos sind, misshandeln ihre Kinder doppelt so oft wie „normale" Familien. Die Opferraten für Jugendliche aus türkischen und südeuropäischen Ländern sind überdurchschnittlich hoch, während sie bei einheimischen Deutschen mit 8 % bei Züchtigungen und 6 % bei Misshandlungen gravierend niedriger liegen.

14JÄHRIGE PLANEN EIN BLUTBAD

Mord lässt sich in diesem makabren Zahlenwerk wenn nicht regional so psychologisch und in besonderen Bewusstseinssituationen mehr oder weniger erhellen. Ein 16jähriger beispielsweise, der zu Allerheiligen von 1999 vier Menschen getötet und sich anschließend selbst umgebracht hat, mag einen Sonderfall darstellen. Der Vater, ein Waffennarr, und die Eltern zumindest national gesinnt, ergeben jenseits der Tragik und der Kriminalität psychologisch-politische Motivationen. Was muss in 14jährigen Schülern vorgehen, die ihre Lehrer derartig hassen, dass sie ein Blutbad geradezu generalstabsmäßig vorbereiten? Wie es aus Gewalt- und Sexvideos bei einer gewissen Empfänglichkeit abzuleiten ist, hat das Trio dieser Jugendlichen einen Banküberfall geplant. Sie wollten an Geld für den Kauf von Minen und Handgranaten herankommen, um dann jenes Mordkomplott zu vollziehen, das schließlich eine verunsicherte Schülerin „verraten“ hat.

Was früher angebahnt oder geduldet wurde, um dem Abenteuerbedürfnis, Tatendrang und Freiheitstrieb der Jugendlichen gerecht zu werden - Jugendorganisationen wie Falken, Wandervögel, Pfadfinder einschließlich Hitlerjugend oder spielerische Selbstorganisation in Banden -, trifft heute auf ein gesellschaftliches Vakuum. Es lässt sich zwar mit Autoritätsverfall der Familien, der Schulen, der Kirchen, der Parteien und auch des Staates theoretisch halbwegs erklären. Zu begründen jedoch oder zu verstehen ist dieses gesellschaftliche Defizit nicht. Auch reicht nicht aus, darauf zu vertrauen oder zu spekulieren, dass das Fernsehen nicht nur die Funktion des Babysitters übernimmt, sondern auch jene der Jugenderziehung. Im Umkehrschluss heißt es oft fälschlicherweise, die „Glotze“ sei an allem „schuld“.

Was ist von den guten alten Prinzipien übrig geblieben, dass Erziehung von Liebe und Vorbild bestimmt sein sollte? Nirgends wirkt der Werteverfall, wie er unsere Gegenwart bestimmt, derart demoralisierend wie in der Frage der Jugenderziehung. Vorbilder verfallen. Auch dies keine deutsche Erscheinung. Wenn Heranwachsende jedoch nach der eigenen Vorgeschichte fragen, nach dem, was hinter den Katastrophen des Jahrhunderts steckt und was für die Zukunft bleibt, vergrößert sich das deutsche Defizit. Sind „die“ Deutschen mit ihrem Zugewinn an Verhaltensfreiheit nicht fertig geworden? Erliegen die Jungen, die scheinbar in (relativem) Wohlstand und in Freiheit ohne Begrenzungen heranwachsen, schon wieder der Magie einer Macht - jener der Zügellosigkeit? Oder handelt es sich „nun" um Randerscheinungen? Um Mini-Minderheiten, vernachlässigenswert?

Freiheit, die sie meinen

Wenn 17jährige Campingplätze überfallen und mit Eisenstangen Gleichaltrige attackieren – wie 1996 in Mecklenburg-Vorpommern mehrfach geschehen, breitet sich – natürlich – allgemeine Entrüstung aus. Was die Angreifer in ihrer Brutalität bewegt, veranlasst und motiviert, offenbart jedoch auch Jahrzehnte psychologischer Verbiegungen. Zwölf Jahre Nationalsozialismus und 40 Jahre Kommunismus ergeben offenkundig ein Gemisch aus Beeinflussung, Überlieferung und Verklemmung, das sich vielfach erst in der Generation der Kinder und Enkel – einmal positiv, einmal negativ – bemerkbar macht. Werden diese Jahrgänge normalen Lebensbedingungen einer auch nur halbwegs funktionierenden Demokratie mit ihren Freiräumen ausgesetzt, stellt sich heraus: Die herbeigesehnte Freiheit erweist sich nur als zweckdienlich, wenn sie klar und eindeutig abgegrenzt und abgesteckt ist. Ohne Grenzen droht Verfall.

Von Heine stammt zwar die zynische Bemerkung, der Engländer liebe die Freiheit wie sein rechtmäßiges Weib, der Franzose wie seine Braut und der Deutsche wie seine alte Großmutter. Tatsächlich aber liegen die gesellschaftlichen Verhältnisse unserer Zeit komplizierter. Der Aufarbeitungsbedarf im Grenzbereich von Freiheit und Unfreiheit, von Laufenlassen und Zwang, von Weite und Enge ist enorm und liegt oft jenseits so hausbackener Aktionen wie Entnazifizierung oder Vergangenheitsbewältigung samt Stasi. Allzu oft bleiben die älteren Jahrgänge den jüngeren akzeptable Vorbilder und schlüssige Antworten schuldig. Mancher hat Hemmungen, Ursachen und Wirkungen ungeschützt darzulegen, die Gegenwart unbefangen zu belobigen und für die Zukunft mehr zu bieten als Sprechblasen und allgemeine Phrasen.

Gutes Benehmen, Arbeit, Sparsamkeit

Jugend sieht sich bei Erziehungszielen zudem unausgegorenen und widerspruchsvollen Vorgaben gegenüber. Während in anderen Ländern oft Transparenz, Weltoffenheit, Leistungen und Selbstverwirklichung an der Spitze der Ziele stehen, zeigt sich im deutschen Fall beklemmender Konservativismus. Über vier Fünftel der Bevölkerung nennt als Erziehungsziele Höflichkeit und gutes Benehmen, gefolgt von ordentlicher Arbeit und der Fähigkeit, sich nicht unterkriegen zu lassen. Erst mit Abstand folgt das Toleranzbegehren gegenüber Andersdenkenden, Sparsamkeit, Menschenkenntnis, gesunde Lebensweise und Wissensdurst. Gar auf ein Drittel ist die Ordnungsliebe in den deutschen Erziehungszielen abgerutscht, ebenso Bücherlesen, Technikverständnis und Interesse für Politik. Bescheidenheit und Zurückhaltung liegen abgeschlagen bei einem Viertel der Erziehungsziele.

In einigen Kategorien liegt Ostdeutschland interessanterweise vor Westdeutschland, etwa bei ordentlicher Arbeit, Durchsetzungsvermögen, Toleranz, Menschenkenntnis und gesunder Lebensweise. Westdeutschland führt allgemein, also nicht nur bei Jugendlichen, beim Verständnis für politische Zusammenhänge und bei der religiösen Bindung, die - ein Menetekel - in Ostdeutschland halb so ausgeprägt ist wie in der alten Bundesrepublik.

Vor diesem Hintergrund schafft die deutsche Einheit neue, unbearbeitete Probleme psychologischer Trennung. Am deutlichsten: die Zahl der Jugendweihen, ein atheistischer Restbestand der DDR-Staatsideologie, hat sich seit der Wende fast verdoppelt - ein Phänomen, das sich zwar mit weiterhin gewährten Staatszuschüssen erklären, jedoch mit dem Betreuungsanspruch der Kirchen wohl kaum in Einklang bringen lässt.

Wenn die Nation übel gelaunt ist

Derartige Versäumnisse drohen den kommenden Generationen eine „Mauer in den Köpfen“ als Phänomen zu hinterlassen. Der

Mythos Jugend erscheint jedenfalls in einem anderen, in einem gedämpften Licht. Für eine überzeugende Emanzipation vom Gestern ist wohl mehr notwendig als glatte, nichtssagende Sonntagsreden. Jahrzehntelange Propaganda will modern entlarvend und mit Mut zum Widerspruch aufgearbeitet sein.

Fürs Erste zeigt sich dabei deutlich ein Generationenkonflikt anderer Art: hier die Alten, die sich zwischen Scham und „jetzt erst recht" mit dem Erbe und ihrer eigenen Vergangenheit herumplagen, dazwischen die mittlere Generation, die den Wohlstand erarbeitet, konsumiert und mit wachsenden Selbstzweifeln relativiert, dort die Jungen, die auf eine Zukunft ohne Zwang, ohne innere und äußere Gewalt hinstreben und um Fairness bemüht sind.

Als gelernte Mitte-Europäer haben sie in West und Ost immerhin eines gemeinsam: Gegenwartsliebe. In gutbürgerlichem Aufbegehren gegen die These, die (deutsche) Nation sei übel gelaunt, geben sie sich mit der Gegenwart persönlich zufrieden. Dabei wird reichlich, von den Heranwachsenden überreichlich, die Betonung auf das Persönliche gelegt. Lebensplanungen, soweit überhaupt vorhanden, werden individualistisch abgesteckt (und mehr dem Zufall und der Laune überlassen, als manchem Alten lieb ist).

Zukunftsentwürfe ohne Pessimismus sind gefragt, ohne Fremdeinwirkung, ohne verordnete oder gar indoktrinierte Dominanz „der da oben" – Postmoderne mit einer lockeren Gesellschaft im Umbruch. Von anstrengendem Strukturwandel möchte man, bitte, verschont bleiben. Lebensqualität stellt auch in Deutschland überwiegend auf Annehmlichkeiten ab. Naturgegeben setzen Junge auf Zukunftstechnologien, ihren Erwerb, ihre Handhabung und ihre Beherrschung im Sinne von Phantasie, Wissensdurst, Jobs und personifizierter Entfaltungsmöglichkeit, weit weniger Wert legt die kommende Generation Deutscher auf Tempo, auf Druck, auf Leistung, auf sportiven Wettbewerb oder gar objektivierende Vergleiche.

Ihre Vorsätze sind egozentrisch auf die eigene Person und darauf zentriert, der Gegenwart möglichst viel Positives abzugewinnen. Im Forderungskatalog stehen jene Teile der Lebensqualität, die für die unmittelbare Zukunft dieser neuen Ich-Generationen taugen: Gesundheit, Fortkommen und Anerkennung der eigenen Person, geordnete Partnerschaftsverhältnisse mit oder ohne Familie, solide Finanzen, einen auskömmlichen, jedoch nicht überfordernden Beruf. Höhere Werte - wie Umwelt oder Politik - bleiben bei den Jungen Randerscheinungen.

Man integriert in sich selbst, bestenfalls mit persönlich Gleichgesinnten auf der Suche nach Glück, nach Sorgenfreiheit, Spaß, Ausgeglichenheit, weniger Stress und mehr Zeit für sich selbst - für Hobbys, für Sport und mit gebührendem Abstand auch für (anwendbare) Weiterbildung. Also eine Absage an die Interessen der Allgemeinheit, an Organisationen von Kirche bis Gewerkschaften, von politischen Parteien bis Bürgerinitiativen? Individualität um jeden Preis, auch jenen der bewussten oder hingenommenen Selbstzerstörung im Rahmen einer allzu aufgelockerten, dem Chaos keineswegs abholden Wohlstandsgesellschaft?

Trendwende des Millenniums

Mit dem Millennium zeichnet sich eine Trendwende ab. Der Wertewandel, jahrzehntelang von Libertinage und Verweigerungstendenzen bestimmt, beginnt sich wieder nach bürgerlichen Traditionswerten zu orientieren. Leistung ist nicht mehr verpönt. Lebensgenuss allein befriedigt nicht mehr - zumal er eine Wohlstandsgesellschaft in seiner ganzen Breite erfasst hat. Angst, den Job zu verlieren, diszipliniert mit aller Härte. Gleichzeitig beginnt Armut als gesellschaftliches Phänomen amerikanisiert zu werden. Der Tüchtige wird nicht krank. Einfach wie brutal.

Dass Konsequenzen dieser Art in den neuen Bundesländern - und keineswegs nur dort - als unerbittlich und sozial kalt empfunden werden, kann nicht überraschen. Handelt es sich im Osten doch um eine Gesellschaft, die blindlings auf eine 150prozentige

Betreuung durch die Obrigkeit aus Staat, Partei, Gewerkschaften und anderen Massenorganisationen, brav kollektivistisch, vertraut hat. Die Jungen hegen angesichts diverser Unwägbarkeiten vielfach eine gehörige Portion Kapitalismuskritik. Gemildert und oft optimistisch eingestimmt wirken die mittleren Generationen, die sich mit der Leistungsgesellschaft abgefunden und ihre Entfaltungsmöglichkeiten nüchtern erfasst (und bereits honoriert erhalten) haben.

Unter den Alten dagegen lehnen sich viele selbstzufrieden zurück und meinen – dem Sozial- bzw. Wohlfahrtsstaat blindlings, treuherzig oder in Untertanenmentalität vertrauend – wesentliche Lebensziele erreicht zu haben: Freunde, Besitz eines Hauses oder einer Wohnung, eigene Familie, persönlicher Beitrag zum Umweltschutz, den richtigen Platz im Leben, anderen Menschen, wenn nötig, helfen zu können, das eigene Dasein frei gestalten zu können, für die Zukunft vorgesorgt und beruflichen Erfolg gehabt zu haben sowie gesundheitsbewusst zu leben.

Nach dem Rückzug ins Privatleben

Die im Großen und Ganzen freundliche Gefühlslage des Wohlstandsbürgers, auch des Deutschen, gründet sich auf seine eigenen Lebensumstände. Geht es um die Allgemeinheit, um den Staat, gerät das Bild grau und düster. Wie nach einem Rückzug ins Privatleben, beliebt man den öffentlichen Angelegenheiten den Rücken zuzudrehen. Nach zwölf Jahren Nationalsozialismus und vierzig Jahren Kommunismus bringen die Ostdeutschen reichlich Rückzugserfahrungen ein. Dies nicht ohne Spannung und Enttäuschungen. Waren doch vor der Wende und kurz danach die Erwartungen hochgesteckt in Demokratie, Marktwirtschaft, Reisefreiheit und einigen anderen Attraktiönchen der westlichen Fernsehwerbung. Vor allem die Jungen gaben sich gern dem hin, was mit intellektueller, westlicher Klassifikation unter „Konsumrausch" läuft. Ohne es zu ahnen, zu wissen oder zu realisieren, waren die Deutschen im Wettkampf der Systeme jahrzehntelang Täter und Opfer zugleich.

Wenn zehn Jahre nach der Trennmauer, nach der historischen Wende, nach dem Triumph westlicher Lebensart in teutonischer Selbsthäme von der „Mauer in den Köpfen“ schwadroniert wird, passt es zur Oberflächenbehandlung am Boulevard. Wer zu gründlicheren Analysen neigt, kann nach der Vorgeschichte, den Vorurteilen und den Vorgaben nicht überrascht sein. Jahrzehnte währende Propagandaaktionen hinterlassen ihre Spuren bis heute - ob es Deutschen genehm ist oder nicht.

Getreu der Einheit ist allen gemeinsam, durch die Spenden-, Reisen- und Korruptionsaffären einem starken Schub von Demokratieverdrossenheit ausgesetzt zu sein. Damit gerät die bisher integere Staats- und Regierungsform „Demokratie“ überraschend durch eine Vertrauenskrise in eine gefährliche, kaum kontrollierbare Schieflage. Was mit Versäumnissen und Gesetzesverstößen der Parteien begann, erschüttert die deutsche Gewaltenteilung in ihren Grundfesten - denn ohne Parteien, die funktionieren, keine Demokratie. Was ehern wirkte an Verlässlichkeit, Seriosität und Glaubwürdigkeit, ist erstmals seit Jahrzehnten in dieser Häufung durch Instabilität abgelöst worden. Das Ergebnis der Regionalwahlen, oberflächlich von allen Parteien „gewonnen“, übertüncht nur die innere Unruhe staatstreuer Bürger: Mit ihrem Urnengang nehmen sie die Parteien in die Pflicht. Fehlen Konzepte, steigt das Unbehagen. Deutschland ist weniger kalkulierbar.

6.

Wer zahlt die Berliner Philharmoniker?

Furtwängler und Hitler liefern ein Beispiel dafür, dass sich der Begriff Freiheit keineswegs nur wirtschaftlich ausdeuten lässt. Der alle überragende Dirigent nahm sich am Beginn der Hitlerzeit die Freiheit, gegen angewandten Rassismus offen anzukämpfen. Am 12. April 1933 schrieb er an Reichsminister Dr. Josef Goebbels: „Sehr geehrter Herr Reichsminister! Angesichts meines langen Wirkens in der deutschen Öffentlichkeit und meiner inneren Verbundenheit mit der deutschen Musik erlaube ich mir, Ihre Aufmerksamkeit auf Vorkommnisse innerhalb des Musiklebens zu lenken, die meiner Meinung nach nicht unbedingt mit der Wiederherstellung unserer nationalen Würde, die wir alle so dankbar und freudig begrüßen, verbunden sein müssen. Kunst", so Furtwängler, sei dazu da, zu verbinden und nicht zu trennen. An Goebbels schreibt Furtwängler, ein Mann von geradezu magischer Ausstrahlung, weiter:„Nur einen Trennungsstrich erkenne ich letzten Endes an: Den zwischen guter und schlechter Kunst. Es muß deshalb klar ausgesprochen werden, daß Männer wie Walter, Klemperer, Reinhardt usw. auch in Zukunft in Deutschland mit ihrer Kunst zu Wort kommen müssen."

Der Generalmusikdirektor beließ es in seiner Art, für künstlerische Freiheit einzutreten, nicht bei einem Brief an den damals schon mächtigen und gefürchteten Reichspropagandaminister. Als die Berliner Philharmoniker mitten in der Gleichschalterei, die der Machtergreifung der Nationalsozialisten in allen, nicht zuletzt künstlerischen Bereichen folgte, in echte Finanzschwierigkeiten gerieten, sagte sich Furtwängler schließlich bei Hitler an. Furtwänglers langjährige Sekretärin Berta Geissmar berichtet: Auch die Berliner Philharmoniker sollten gleichgeschaltet, also dem so genannten Arierparagraphen unterworfen und gezwungen werden, jüdische Orchestermitglieder zu entlassen. Gleichzeitig begann die neue Naziführung, wirtschaftlichen Druck auszuüben. Sie ließ die Finanzierung des weltberühmten Orchesters lange Zeit in der Schwebe.

Wer zahlt für die Berliner Philharmoniker?

Furtwängler reiste zu Hitler auf den Obersalzberg, ausgestattet mit Memoranden, Forderungen nach künstlerischer und personeller Unabhängigkeit sowie finanziellen Garantien für das Orchester. „Hitler und Furtwängler gerieten sich bereits während ihrer Auseinandersetzung über allgemeine Fragen in die Haare“, schreibt Berta Geissmar in ihrem Buch „Musik im Schatten der Politik“. Sie schrieen sich etwa zwei Stunden lang gegenseitig an. Sodass Furtwängler fast vergaß, sein Hauptobjekt, das Orchester, überhaupt zu erwähnen. Von München aus habe Furtwängler sie angerufen: „Er sagte, daß ihm jetzt erst klar sei, was hinter Hitlers bornierter Einstellung stehe. Es sei nicht die Judenfrage allein, es sei seine feindliche Einstellung zu allen geistigen Dingen. Dieses Telefongespräch wurde, wie wir bald erfahren sollten, von den Nazis abgehört.“ Hitler sorgte dafür, die Gehälter und Pensionen der Musiker sicherzustellen. „Der Arierparagraph sollte auf sie nicht angewendet werden. Das Büro wurde zunächst nicht angetastet.“

Für Furtwänglers Sekretärin nur eine Galgenfrist. Als Jüdin musste sie im November 1935 ihre Heimat verlassen. Für immer. Furtwänglers Fürsprachen blieben zum Schluss erfolglos. Bei seiner engsten Mitarbeiterin musste er erleben, was es heißt, aus ideologischen und rassistischen Gründen verfolgt und vertrieben zu werden. Ein Beispiel für Freiheit in Deutschland.

Wie viel Freiheit dem Einzelnen in einem ideologisierten Polizeistaat wie dem Dritten Reich geblieben ist, lässt sich pauschal nicht beantworten. Im Fall der Berliner Philharmoniker ergab sich nach dem Ende der Hitlerzeit, dass von 110 Orchestermitgliedern lediglich acht Parteimitglieder, jedoch mehrere Halb- und Vierteljuden waren – ohne Zweifel eine Folge der schützenden Hand Furtwänglers.

NS-Verbrechen – schuldig oder nicht schuldig?

Müssen sich junge Deutsche für die Verbrechen unter den Nationalsozialisten schuldig oder nicht schuldig fühlen? Zwei Drittel plädieren für nicht schuldig, wie das Allensbacher Institut für Demoskopie Ende der neunziger Jahre feststellt. In der Wertung der Fährnisse folgen bezeichnenderweise Themenmosaike wie Ausländerkriminalität, Probleme der Einheit, Autobahngeschwindigkeit und Sterbehilfe. Als heikle Themen gelten Asylanten, Juden, Hitler, Aussiedler, Neonazis und Türken. Über 80 Prozent betrachten das nationalsozialistische Regime als einen Unrechtsstaat. „Wäre Hitler ohne Krieg einer der größten Staatsmänner gewesen?“, fragten die Demoskopen im Jahrzehntevergleich – Ergebnis: Fast die Hälfte bejahten diese Frage noch zehn Jahre nach Kriegsende, während diese Hitler-Wertung Ende der neunziger Jahre knapp 20 Prozent ergibt. Im zwischenmenschlichen Kontakt jedoch zeigen die Untersuchungen, dass zwei Drittel der Befragten Rechtsextremisten, Alkoholiker und Drogenabhängige als unbeliebt betrachten, während am Ende der Beliebtheitsskala mit fünf bis sechs Prozent Juden, Spanier und Italiener rangieren.

Trotz dieser aussagekräftigen Zahlenreihen hat man sich auch hier vor Pauschalurteilen zu hüten. Auf der Suche nach dem Besonderen der deutschen Geschichte und den Unterschieden Deutschlands zu anderen Ländern stellt sich die Frage der Verantwortlichkeiten. Jeder zweite Westdeutsche sieht das Dritte Reich, den Nationalsozialismus und Hitler als markante und äußerst negative Zeichen der jüngeren Geschichte.

Dass die Verbrechen, die „im deutschen Namen“ begangen wurden, das deutsche Ansehen bis in die Gegenwart belasten, ist unter den Westdeutschen unbestritten. Anders unter den Ostdeutschen. Ihre Antworten lesen sich wie Nachrichten aus einem anderen Land. Lediglich vier Prozent der Ostdeutschen betrachten das Dritte Reich, Hitler und die Verbrechen des Nationalsozialismus als Besonderheit der deutschen Geschichte. Ein Bewusstseinsunterschied von zehn zu eins.

Es passt zu dieser Bewusstseinsmauer in den Köpfen und in den Seelen, dass West und Ost den Sieg über Hitler-Deutschland unterschiedlich bewerten. Fast zwei Drittel der Westdeutschen meinen, die USA spielten die entscheidende Rolle, mehr als vier Fünftel der Ostdeutschen glauben, es sei die Sowjetunion. Was Propaganda, Massenbeeinflussung, Opportunismus und Ignoranz auf der einen und Meinungsvielfalt sowie bemühte Information auf der anderen Seite zu bewirken vermögen, zeigt sich nicht nur am Beispiel des offenkundig gespaltenen Geschichtsbewusstseins der Deutschen.

Bis heute wirken unterschiedliche Sensibilitäten zwischen Ostdeutschen und Westdeutschen ebenso wie zwischen Deutschen und anderen Völkern. Dabei zeigen sich nicht nur Unterschiede im Denkansatz, in der Emotion, sondern naturgegeben auch in den Reaktionen.

Am Beispiel der Schweiz, also einem unverdächtigen und von den Verirrungen Deutschlands verschonten Land, lässt sich ablesen, was es mit Vergangenheitsbewältigung in der Gegenwart auf sich hat. Nach Jahrzehnten des großen Schweigens über die Rolle der von den Achsenmächten Großdeutschland und Italien schließlich belagerten Eidgenossenschaft folgte innerer Erkenntnis der äußere Druck. Nach Geschäften mit den Diktatoren Hitler und Mussolini – seinerzeit eine Frage des Überlebens im politischen wie gegenständlichen Sinn (Schweizer froren beispielsweise, während sie laufend Kohlezüge von Deutschland nach Italien abfertigen mussten) – wurde mit jahrzehntelanger Verspätung eine Katharsis eingeleitet. Nicht nur moralisch, sondern auch finanziell.

Seitdem geht es um Forderungen, Entgelt für „Sklavenarbeit“ und die Behandlung jüdischer Flüchtlinge durch Körperschaften und Firmen der Schweiz. Unter der Drohung, Schweizer Banken die Lizenz auf dem auch für sie lebenswichtigen Finanzplatz New

York zu entziehen, kam es zu einem Vergleich zwischen interessierten amerikanischen Anwälten und Schweizer Großbanken. UBS und die Credit Suisse-Gruppe erklärten sich bereit, 1,25 Milliarden Dollar zu Gunsten der Holocaust-Opfer auf ein Sperrkonto in New York zu überweisen. Jeweils im November, beginnend im Jahre 1999, überweisen die Schweizer Großbanken in vier etwa gleichen Tranchen 330 Millionen Dollar auf ein Sperrkonto in New York. Ohne Rechtsansprüche anzuerkennen, beteiligen sich die Schweizer Kreditinstitute an einem Benachrichtigungsprogramm in 108 Staaten, das allein über 20 Millionen Dollar kostet.

Moral gegen Geschäft

Moral gegen Geschäft, menschliches Verständnis gegen juristische Spitzfindigkeiten. Am allermeisten trifft dies ein weiteres Mal Deutschland, und zwar mit einer oft unterschätzten Langzeitwirkung. Wie weggewischt wirkt die bisherige Geschichte der so genannten Wiedergutmachung, kann doch das Grauen aus Vertreibung und Tod niemals wieder gutgemacht, vielleicht relativiert werden. Die Wiedergutmachung beginnt vor bald fünfzig Jahren. Am 10. September 1952 unterzeichneten Bundeskanzler Konrad Adenauer und der israelische Ministerpräsident M. Sharett einen Vertrag – ein spezielles Wiedergutmachungsabkommen. Als Westdeutschland wirtschaftlich die Kriegsfolgen noch kaum überwunden hatte, zahlte es 3,45 Mrd. D-Mark – damals ein außerordentlich hoher Betrag – als „globale Erstattung" von Eingliederungskosten größtenteils an Israel und etwa zehn Prozent an die „Conference on Jewish Material Claims against Germany" für individuelle Entschädigungen.

Nach Rückgabe jüdischen Eigentums in Westdeutschland verständigten sich die beiden Regierungschefs Adenauer und Ben Gurion darauf, dass in voller Anerkennung der Grausamkeiten bei der Verfolgung der Juden nach dem Zweiten Weltkrieg die Fehler des Ersten unbedingt zu vermeiden sind – überzogene Reparationen, die es einem Hitler ermöglicht hatten, politisch daraus Kapital zu schlagen. Zuvor war es zu deutschen Reparationsleistungen durch Demontagen, Entzug der Auslandsvermögen, Wegnahme der Handelsflotte in der Größenordnung von einer halben Milliarde Dollar in Westdeutschland und von über 13 Milliarden Dollar (vor allem durch exterritoriale Lieferungen aus laufender Produktion) aus der sowjetrussischen Besatzungszone gekommen. Zwischen Wiedergutmachung und Reparationen sollte mit den Pariser Verträgen von 1954 ein Schlussstrich gezogen werden, die weitere Ansprüche und Leistungen bis zum Abschluss eines Friedensvertrages (den es bis heute nicht gibt) ausschließen sollten.

Schuld bleibt Schuld

Wie mit weltweitem Trommelwirbel die Verhältnisse des Kalten Krieges und der ersten Wiederaufbauphase bereits Geschichte geworden sind, jedoch heute wieder aufleben, zeigt das Beispiel der Entschädigung von Zwangsarbeitern aus der Zeit des Zweiten Weltkrieges. Ungestüm und für viele überraschend wird eine unselige Vergangenheit mit weltweitem Trommelwirbel ein weiteres Mal aufgearbeitet und soll finanziell gleichsam abgegolten werden. Dies macht einen Blick in die düsteren Details deutscher Vergangenheit unumgänglich. Schon aus der andeutungsweisen Darstellung dieser Arbeit ergibt sich: Menschliche Verpflichtungen lassen sich nicht materiell aufwiegen. Schuld bleibt Schuld. Auch die Adenauer'sche Wiedergutmachung war als Zeichen, jedoch nicht als Kompensation der ganzen Ungeheuerlichkeit angelegt. Dennoch besteht das menschliche Problem der Entschädigung auch Ende der neunziger Jahre. Anspruchsberechtigte sind 70 Jahre und älter. Viele von ihnen leben in Not, in bescheidenen Verhältnissen, in einem unauflöslichen Spannungsverhältnis – entweder zu ihrer alten Heimat, soweit es sich um Deutsche handelt, oder im Unverständnis, dass ihnen, die irgendwo in Mittel- oder Osteuropa alt geworden sind, das reiche Deutschland nicht helfen will. Verständlich, dass der Einzelne überfordert, überfragt ist und sich übergangen fühlt.

Es geht um eine Million Betroffene und Opfer nach deutscher Rechnung, um mehr als 2,2 Millionen nach Hochrechnungen amerikanischer Anwälte. Sie forderten zunächst bis zu 30 Milliarden Mark als Entschädigung für Zwangsarbeiter. Auch wenn diese und ähnliche Zahlen im Laufe der Begebenheiten zu relativieren sind, bleibt formalrechtlich ein Novum: Mit Sammelklagen amerikanischer Rechtstradition wird ein Instrument eingesetzt, das der europäischen, vor allem der deutschen Juristerei fremd ist. Bei Prinzipienstreitereien konnte und will man sich mit einem Jahre währenden Klärungsprozess nicht aufhalten. Nach den Erfahrungen der Schweizer Banken wollte es die deutsche Industrie auf eine repressive, unkontrollierbare Entwicklung gar nicht erst ankommen lassen. Sie fürchtete um das Ansehen Deutschlands und den Ruf der deutschen Industrie. Es ging und geht also darum, den virulenten Sammelklagen zu begegnen und die internationale Rechtssicherheit für deutsche Unternehmen – vor allem in den USA – zu wahren und weiter unbefangen investieren, produzieren, verkaufen und technologisch voll mitmachen zu können.

Antisemitismus: Vergessen? Vergeben?

Völker und Nationen lassen sich in Phasen ihres Triumphes oder ihrer Niederlage einigermaßen verlässlich einordnen. Als ein Messwert, freilich nicht der einzige, erweist sich dabei der Antisemitismus in all seinen Verästelungen. Deutsche und Österreicher sind in besonderer Weise betroffen.

Weder erklären noch entschuldigen lässt sich die Grausamkeit der Endlösung der Judenfrage. Dennoch gebietet die historische Wahrheit, nicht zu verschweigen, dass es Juden-Pogrome seit Menschengedenken gegeben hat. Seit Christus baut sich jene verhängnisvolle Spannung auf – in Rom, in Byzanz, in Frankreich, in England, in Spanien und in Russland. Unterschiedliche Ursachen, verschiedene Abläufe und auseinander strebende Konsequenzen. In jedem Fall lassen sich Völker und Nationen auch daran messen, wie sie im Falle des Triumphes oder der Niederlage mit dem Phänomen des Antisemitismus in allen seinen Verästelungen umgehen. Deutschen und Österreichern stellt sich unausweichlich die Frage: Wie war es möglich, dass mitten unter Deutschen - nach Charles Dickens das „moralische Gewissen der Welt“ - durch ein verbrecherisches Regime staatlich organisierter Völkermord geschehen konnte?

Ein Schreckensregime ohnegleichen, das sich mit einem Vernichtungsfeldzug gegen „rassische Minderwertigkeit“ auch durch Antisemitismus in eine ungeahnte, unvorstellbare und bis heute unbegreifbare Gewaltorgie steigerte. Geht es um diesen Teil großdeutscher Vergangenheit, um das ideologisierte Hasssystem des Nationalsozialismus und um die Verstaatlichung des Todes in den Konzentrationslagern, fehlen überzeugende Antworten. Bis in unsere Tage. Wo der Tod ein totales Schreckensregime errichten konnte, hatten alle moralischen Kontrollmechanismen versagt. Die Tyrannei tobte sich an einem Volk, am jüdischen Volk, mit einer Systematik und Bestialität aus, wie sie in der Geschichte ihresgleichen sucht. Dass der Zivilisation der totale Kampf angesagt wurde, vermochten nicht einmal die Todgeweihten vor den Gaskammern für möglich zu halten.

Und für die Frage fehlen nicht zuletzt schlüssige Antworten, wer was wusste, wie viele direkt und wie viele indirekt am Holocaust beteiligt waren und dafür verantwortlich zu machen sind. Jenseits von Routine, politischer Zweckmäßigkeit und entlastendem Selbstbetrug oder echter Unkenntnis steht: Die moralische Hypothek auf dem deutschen Namen ist auch nach Jahrzehnten nicht abzutragen und nicht vergessen zu machen. Sippenhaftung im nationalsozialistischen Sinn gibt es am Ende des Jahrhunderts zwar nicht. Aber offensichtlich besteht weiterhin Volkshaftung. Finanzforderungen der Opfer aus den Konzentrationslagern und aus der Zwangsarbeit, wie sie Ende der neunziger Jahre vorgebracht werden, zeigten nicht weltweite Wirkung ohne den düsteren Hintergrund des Antisemitismus. Erklärungsversuche, Ausreden, Analysen und Entlastungsoffensiven erhellen zwar Details, verdrängen aber nicht das Makabere.

Miteinander wieder leben lernen

Völkermord, grausam und unverzeihlich, wie er ist und bleibt, noch nach Jahrzehnten immer wieder in den Mittelpunkt eines Sühnerituals zu rücken, muss die Deutschen, in deren Namen das Unfassbare geschehen ist, belasten und verunsichern - nicht nur sie, sondern einmal die Schweizer, ein anderes Mal die Schweden unter unvergleichbaren Umständen von damals und moralischem Aufarbeitungsbedarf von heute. Antisemitismus ist es, der im einen wie im anderen Zusammenhang den dominierenden Hintergrund abgibt. Nicht nur die Größe des Verbrechens am jüdischen Volk, sondern eine selbstkritische Ursachenerforschung schließt dummdreiste oder gar rassistische Selbstverteidigungen aus, es seien in der Geschichte immer wieder Pogrome zu verzeichnen gewesen, nur im Zeichen der Shoa, der geplanten „ethnischen Säuberung", handele es sich um eine andere, von der Mehrheit der Bevölkerung nicht gewollte oder gewusste Dimension.

Jenseits der Moral und dem Anspruch, eine Wiederholung des Grauens unmöglich zu machen, sprechen Tatsachen und Zahlen der Entwicklung jüdischer Gemeinden in Deutschland eine andere, eine positive Sprache: Die Zahl der in Deutschland lebenden Juden hat sich gegen Ende des 20. Jahrhunderts verdreifacht. Bald werden es hunderttausend Juden sein, die in Deutschland leben und damit in Europa eine der größten und am schnellsten wachsenden Gemeinden darstellen.

Zeichen des Vergessens? Beweis des Vergebens? Die meisten jüdischen Zuwanderer sind aus Osteuropa, vorrangig der ehemaligen Sowjetunion. Sie halten sich bei der Vergangenheitsbewältigung nicht lange auf. Sie vertrauen in die demokratische Funktionsfähigkeit Deutschlands und setzen auf eine Zukunft der

Normalität. Auch unterscheiden sie sich von Glaubensgenossen anderswo, die sich schwer vorstellen können, in einem Teil der Welt zu leben, zu arbeiten und eine persönliche Zukunft aufzubauen, in dem einst ein Hitler geherrscht hat, die nicht wahrhaben wollen oder können, dass sich mehr als die Hälfte der Deutschen vorstellen können, Juden zu ihren Freunden zu rechnen. Dennoch zählt das Verhältnis zu jüdischen Mitbürgern zu heiklen Themen. Anders freilich als anderswo. Mit der geographischen und damit auch psychologischen Entfernung von Deutschland halten sich, was verständlich ist, die alten, regenierbaren Vorurteile. Bei aller Zuwanderung, Sesshaftigkeit und Integrationsbereitschaft in Deutschland - draußen lässt sich mit Klischees arbeiten. Manche stellen darauf ab, die Deutschen kollektiv in Anklagezustand zu versetzen und im Bedarfsfall den drohenden Schaden am deutschen Ansehen umzumünzen.

Design, Leistung, Zwangsarbeit

Wie versucht wird, die ganze Vergangenheit der schmählichen Hitlerzeit über das Millennium hinweg zu tragen, zeigten sich wiederholende Anzeigenkampagnen der jüdischen und polnischen Opferorganisationen in US-Printmedien. Zum Mercedes-Stern hieß es unterstellend: „Design, Leistung, Zwangsarbeit“, im Fall von Bayer wurde ein Foto des KZ-Arztes Joseph Mengele mit dem Spruch versehen: „Bayers größter Kopfschmerz“, und Ford wurde, Bezug nehmend auf das Kölner Zweigwerk, mit Bildern von Zwangsarbeitern und dem Spruch angegangen: „Das Montageband, das Ford gerne vergessen würde.“

Billige Stimmungsmache und eisenharter Geschäftssinn einerseits und redliches Bemühen andererseits sowie menschliches Verständnis machten es nicht leicht, das Geschäft mit der Moral zu kanalisieren. Eine Momentaufnahme der Unterhändler zeigt es. Stuart Eizenstat, der Jurist summa cum laude, Staatssekretär unter Präsident Clinton und seit langem in jüdischen Agenden tätig,

Jahrgang 1943, also geboren, als der Holocaust bereits angelaufen war, und Otto Graf Lambsdorff, Jahrgang 1926, im Krieg schwer verletzt, Parteivorsitzender, Bundeswirtschaftsminister und auf der Washingtoner Szene ebenso geschätzt wie erfahren, investierten beide ihr ganzes Prestige. Mit Erfolg zwar, aber eigentlich unbedankt, jedenfalls gemessen an den stolzen Honoraren für die Anwälte und ihren aufwendigen Recherchen von 11 % der Entschädigungssumme mit einer Obergrenze von 90 Millionen Dollar.

Noch einmal Nürnberger Kriegsverbrecherprozess?

Auch auf der Seite der Geschädigten blieb die Vorgangsweise der US-Anwälte, angeführt von Ed Fagan, freilich nicht ohne Kritik. „Der Jüdische Weltkongress und einige mit ihm verbundene Rechtsanwälte haben die Schweizer Banken schlicht und einfach erpresst." Der angesehene Holocaust-Forscher Raoul Hilberg macht aus seinem Verdruss auch öffentlich kein Hehl: „Erstmals in ihrer Geschichte bedienen sich die Juden einer Waffe, die man nur als Erpressung bezeichnen kann."

Ed Fagan, der rührige New Yorker Anwalt der Opfer, hat sich in der teilweise dramatischen Auseinandersetzung auch nicht zurückgehalten: „Ein Prozess bedeutet für die Deutschen noch einmal die Nürnberger Prozesse, noch einmal 1945, die deutsche Industrie steht dann vor dem Richter." Und in einer Anzeige der jüdischen Loge B'nai B'rith stand in der New York Times unter Anspielung auf die deutsche Wirtschafts- und Exportkraft zu lesen: „Eine halbe Billion jährlich durch Verkäufe … aber nur Pfennige für die Sklavenarbeit des Zweiten Weltkrieges." Wieder und wieder holt die Vergangenheit die Gegenwart ein.

Der deutschen Wirtschaft, die um ihr vielfältiges Engagement in den USA ernstlich fürchten musste, ging es darum, dem Druck einerseits standzuhalten, andererseits künftig nicht mehr erpressbar zu sein. Unter dem Titel „Stiftungsinitiative deutscher Unternehmen: Erinnerung, Verantwortung und Zukunft“ kamen über 10 Milliarden DM zusammen, nachdem Berlin aus Steuergeldern 5 Milliarden Mark beigesteuert hatte.

Eine Idee von Adenauer und Ben Gurion

Deutsche Unternehmen und der deutsche Steuerzahler versuchen seitdem – nicht ganz freiwillig – ein weiteres Mal mit der Vergangenheit fertig zu werden. Man zeigt Verständnis für die alten Zwangsarbeiter im mehrfachen Sinn und lässt sich dabei nicht entmutigen, dass und wie Anwälte – gelegentlich jenseits der guten Sitten ihres Standes – im Entschädigungspoker aufzuspielen beliebten. Was nach fünf Jahrzehnten an Erpressung, Druck und antideutscher Medienhatz kaum noch für möglich gehalten wurde, könnte schließlich auch noch Stoff für Szenarien der nächsten Jahrzehnte liefern. Bei der Entschädigungsformel von 10.000 D-Mark pro Anspruchsberechtigten ist es zwar im Großen und Ganzen geblieben, aber Liste steht gegen Liste. Die Liste von Unternehmen mit Zwangsarbeitern aus der Hitlerzeit gegen Schindlers Liste geretteter Juden vor dem sicheren Tod im Holocaust.

Von der ursprünglichen Idee eines Adenauer und eines Ben Gurion ist wenig übrig geblieben, dem Antisemitismus keine Chance zu geben. Zum Ende eines Jahrhunderts voll von Blutspuren und Fehlern auf allen Seiten lassen sich Symptome der Schuldzuweisungen nicht löschen. Der Gefühlsschwang von mangelnder Gerechtigkeit, Verstoß gegen die Menschenrechte, von Kriegsschuld und Kriegssühne ließ sich nach Jahrzehnten ein weiteres Mal nicht vom kalten, rein rechenhaften Reparationssystem trennen – von einem würdigen und allseits akzeptierten Abschluss konnte auch zum Millennium keine Rede sein. In Ermangelung eines Friedensvertrages und angesichts der deutschen Einheit und des deutschen Wirtschaftserfolges wird die Frage nach Reparationen freilich nicht nur von einer Seite, nämlich von den Siegern, den Verfolgten, den Gedemütigten aufgebracht. Und wieder wird aufgerechnet: sieben Millionen ermordete Juden gegen eineinhalb Millionen Deutsche, die am Ende des Zweiten Weltkrieges getötet wurden.

Millionen Opfer klagen an – auch heute noch

Millionen weitere Opfer, die die Amputation des deutschen Volkstums in Mittel- und Osteuropa nicht überstanden haben. Dazu Deutsche als Zwangsarbeiter im Sowjetreich. Über zehn Millionen Deutsche wurden aus ihrer Heimat vertrieben, davon über zwei Millionen Sudetendeutsche nach den sogenannten Beneš-Dekreten und hunderttausende Deutsche aus dem damaligen Jugoslawien – vor allem aus Slowenien – nach den Jajce-Dekreten. Verfolgung nach Verfolgung, Demütigung nach Demütigung, Enteignung nach Enteignung, Erniedrigung nach Erniedrigung, Tod nach Tod.

Seitdem Wunden, kaum verheilt, von einer neuen Generation zum Millennium wieder aufgerissen werden, erhält die Wertung von Historikern wie Michael Freund erneut einen bitteren Klang, wenn die Rede auf die Austreibung kommt: „Ein Jahrtausend deutscher Geschichte im deutschen Osten war damit versunken."

Wieder, wieder und wieder Wiedergutmachung

Die neue Welle von Forderungen der Wiedergutmachung und der Entschädigung von Zwangsarbeitern gegen die Rechtsnachfolgerin des Deutschen Reiches, die Bundesrepublik, rund um das Millennium belastet bis heute – weil sich die Deutschen nicht leicht rechtfertigen können – die Weltgeltung Deutschlands.

Beständig, wie es viele der Beteiligten und vor allem Unbeteiligten kaum mehr für möglich gehalten oder – in des Wortes wahrster Bedeutung – verdrängt haben, scheint eine unselige Vergangenheit ein weiteres Mal Deutsche einzuholen. Und wieder genügt es bei weitem nicht, beflissen zu versichern, die Brutalität von damals zu erkennen und zu missbilligen, die menschlichen Tragödien in das eigene Gewissen zu versenken, und materiell irgendwie zu kompensieren, was nach Verfolgung und Tod eigentlich nicht wieder gutzumachen ist. Nach der pauschalen Wiedergutmachung an Israel und nach Einzelzahlungen über die Claims Conference in New York und vor einer neuen Entschädigungswelle an NS-Zwangsarbeiter in der Größenordnung von zehn Milliarden Mark bleibt jenseits des humanitären Faktors zu bilanzieren: Auf Reparationen oder ähnliche Zahlungen wurde im Zusammenhang mit dem Londoner Schuldenabkommen aus dem Jahre 1953 verzichtet.

Damals entstanden Entschädigungsgesetze für verfolgte Juden in Deutschland und in Österreich. Damals waren die Sieger an raschen Schuldenregelungen und Barzahlungen interessiert und billigten ausdrücklich die Endgültigkeit der Anfangsregelung. Danach wurde an Zwangsarbeiter und KZ-Häftlinge im Laufe der Zeit von Bonn mehr als eine Milliarde an Entschädigungen gezahlt. Außerdem erhielt Polen einen zinsgünstigen Kredit von einer weiteren Milliarde. 1,5 Milliarden DM entfallen auf Stiftungen, die nach Ende des Kalten Krieges in mehreren osteuropäischen Staaten in deutschem Namen errichtet wurden. Rein rechtlich und moralisch stehen Entschädigungswünschen von KZ-Häftlingen und Zwangsarbeitern nach wie vor Forderungen deutscher Flüchtlinge und Verfolgter entgegen. So hat auch Willy Brandt als Bundeskanzler juristisch den Standpunkt vertreten, im Falle einer allumfassenden Reparationsregelung müssten die Verluste an Leben, Gut und Eigentum einbezogen werden, die beispielsweise durch die Westverlagerung Polens bis an die Oder-Neiße-Linie zu veranschlagen sind.

Bleiben zwischen Deutschen und Tschechen alte und neue Rechnungen offen? Seit Jahren wogt der Kampf um die so genannten Beneš-Dekrete von Kaschau, um das Vertreibungspostulat für bald drei Millionen Deutsche im Jahre 1945 bis zum Millennium hin und her. Noch fehlt ein Abschluss, der allseits befriedigt für das, was Bundeskanzler Helmut Kohl und der damalige tschechische Ministerpräsident Vaclav Klaus einzuleiten versuchten – mit einer deutsch-tschechischen Erklärung eine Art Schlussstrich zu versuchen, ohne die Vergangenheit zu leugnen. So erklärt die deutsche Bundesregierung: „Sie bedauert das Leid und das Unrecht, das dem tschechischen Volk durch die nationalsozialistischen Verbrechen von Deutschen angetan worden ist." Auf der anderen Seite bedauert die tschechische Regierung, „dass durch die nach dem Kriege erfolgte Vertreibung sowie zwangsweise Austreibung der Sudetendeutschen aus der Tschechoslowakei, die Enteignung und Ausbürgerung unschuldigen Menschen viel Leid und Unrecht zugefügt wurde". Ein Millionenfonds – von Berlin und Prag gespeist – soll durch gemeinsame Projekte der Jugend, der Altenfürsorge und der Minderheitenförderung den Weg in eine bessere Zukunft weisen.

Innerdeutsch spielt dies naturgegeben auf anderer Ebene. Ostflüchtlingen, auch jenen aus der DDR, wurde in den fünfziger Jahren und danach durch den Lastenausgleich eine pauschale Entschädigung zuteil – in Höhe von 65 Mrd. DM, um die Kriegsfolgen gleichmäßiger zu verteilen.

Auch Firmen, die im Krieg Zwangsarbeiter beschäftigten, haben von sich aus zu verschiedenen Zeiten und unter unterschiedlichen Titeln Entschädigungen individuell gezahlt. Daimler-Benz überwies an die Claims Conference beispielsweise 20 Millionen D-Mark, Feldmühle Nobel fünf Millionen, und insgesamt 50 Millionen entrichteten AEG, Krupp, Rheinmetall und Siemens. Versicherungsgesellschaften zahlten individuell. Liquidationsfirmen wie IG-Farben, die in der damaligen Form als aktive Unternehmen gar nicht mehr existieren, beteiligten sich.

Was bleibt, ist die Hoffnung auf einen Schlussstrich, eine moralische Einordnung, menschliche Fairness, Rechtsfrieden und auf ein weiteres Stück Normalität sowie ein Ende mit Vernunft. So warnt auch Bundeskanzler Gerhard Schröder vor einer Wiederaufnahme der Debatte.

In „Wohltaten“ schreibt Seneca: „Undankbar ist, wer eine Wohltat empfangen zu haben leugnet; undankbar ist, wer den Empfang verhehlt; undankbar, wer sie nicht erstattet. Der Undankbarste unter allen aber, wer sie vergessen hat.“

7.

„Deutschland wird sich nie wieder erheben“

Von alters her schwankt das deutsche Bild. Und es sind die Deutschen selber, die einmal in Siegerlaune, einmal in Zerknirschtheit an seiner Aufhängung arbeiten (oder rütteln lassen). Wer sich zur Kaste der so genannten Intellektuellen zählt, allen voran in den meist aufgeregten Medien, benimmt sich wie bei einem anationalen Befähigungsnachweis. Lustvoll wird möglichst alles in Frage gestellt, was unter Tradition, Bürgersinn, Lebensart und Werten läuft. Zum Instrumentarium der Herunterreißer zählt dabei, bis zur Selbstvernichtung und darüber hinaus Länge mal Breite Mythen und Ähnliches in Frage zu stellen, wo andere Länder, andere Völker - Hand aufs Herz - ihrem (unbeschädigten?) Nationalstolz freien Lauf lassen.

Neigungen zur intellektuellen Häme

Spätestens seitdem der Deutsche mit einem tölpelhaften Michel gleichgesetzt wird - bieder, fleißig, selbstzufrieden, romantisch und etwas spießig -, steht er im Wechselwind. Einmal von der einen, ein anderes Mal von der anderen Seite angeblasen, überrascht und oft überfordert, fragen sich Nachdenkliche: Handelt es sich bei diesen Bewertungsmargen um einen Sonderfall oder um normale Anpassungsprozesse, um die Folge eines Wechselrahmens äußerer Bedingungen mit inneren Konsequenzen?

So schwer Antworten zu finden sind, eine Erklärhilfe liefern die Mythen. Was assoziiert man anderswo mit Deutsch? Mit Hitler auf Taiwan, mit German Kitchen im mittleren Westen der USA, Volkswagen in den europäischen Nachbarländern, Richard Wagner in Frankreich, Goethe in Italien, Wernher von Braun in Russland, mit Schäferhund in der Schweiz, mit Einstein in Brasilien, mit Derrick in Südafrika, mit Faust in Spanien, mit Technik in Japan, mit Herrenmode in den Niederlanden. Ein total anderes Bild liefern die Deutschen von sich selbst.

Reich an Widersprüchen, nahezu unergründlich an Tiefen, jederzeit von breiter Selbstgefälligkeit und im Bedarfsfall gut für intellektualisierende Häme produzieren die Deutschen nahezu unablässig ihre Kultur des Selbstzweifels: Was der Durchschnittsdeutsche an Gerüchten wie an Tatsachen von sich gibt – am Stammtisch, auf dem Fußballplatz, im heimischen Autostau oder auf fernen Teutonengrillen einmal genussfreudig, einmal selbstkritisch, ein anderes Mal polternd oder in Untertanenmanier. Nicht selten erweisen sie sich dabei auch als Gefangene der eigenen Vorurteile, als Opfer hausgemachter Gerüchte.

Wer in Massen auftritt, in und mit Massen lebt und nötigenfalls Masse einsetzt, braucht sich nicht zu wundern, dass das Gewicht seiner Spezies Wirkungen zeitigt, Mythen und Legenden zu bestätigen scheint und zu harten Vorurteilen führt.

Wie, so lautet dann die Frage von außen, soll man einem Volk trauen, das sich rund um die Uhr in intellektueller Selbstverachtung übt. Im Gegensatz zum Durchschnittsbürger summieren Intellektuelle, die sich für zeitgeistig halten, ihre Meinung aus Zweifeln und Selbsthass. Mit beachtlicher Selbstgerechtigkeit und nicht ohne Eitelkeit belieben sie, die Deutschen und Deutsches abzuqualifizieren.

„... über alles in der Welt“

Dichter, Revolutionär, Demokrat, überzeugter Deutscher, Professor: Wegen seiner freiheitlichen Gesinnung, niedergeschrieben in „unpolitischen Liedern“, wurde er entlassen, des Landes (Preußen) verwiesen – August Heinrich Hoffmann, wegen seines Geburtsortes Hoffmann von Fallersleben genannt. Als überzeugter Verfechter der Gewaltenteilung wollte er mit seinem Gedicht auf

Deutschland dessen Nationalstolz – den die Obrigkeit autoritär und absolutistisch gepachtet zu haben schien – verbürgerlichen, gleichsam demokratisieren. Mit der samtenen Melodie von Joseph Haydn wollte Hoffmann von Fallersleben – im heutigen Sprachgebrauch ein Linker – einem liberalisierten Deutschland das nötige Freiheitsbewusstsein verschaffen. Der Vorwurf des Imperialismus, des Nationalismus, der teutonischen Dominanz geht an dem unruhigen Geist Hoffmann von Fallerslebens vorbei.

Dennoch hat kaum ein anderer Mythos der Deutschen derartig tiefe Spuren hinterlassen. Überwiegend negativ wird die erste Strophe des Deutschlandliedes gleichsam zum Berufungsfall für unterstellte Anmaßung. Schon in der Vor-Hitler-Zeit machte der Text Furore. Es half nichts, auf den Idealismus eines politisch Verfolgten zu verweisen oder darauf, dass Hoffmann von Fallersleben sich an Walther von der Vogelweide und dessen Preislied „Deutschlands Ehre“ orientiert hatte. „‚Deutschland über alles‘ – die blödsinnigste Parole, die je gegeben worden ist“, ketzerte Friedrich Nietzsche. Deutsche stehen gegen Deutsche am Beispiel der Nationalhymne. Als der Erste Weltkrieg losgetreten worden war, hielt sich George Bernard Shaw nicht mehr zurück: „Das Lied ‚Deutschland, Deutschland über alles‘ ist der Beweis für deutsche Überheblichkeit und Herrschgier, es ist eine imperialistische Eroberungshymne und die wortgetreue Aussage, dass Deutschland sich zum Herrn über alles in der Welt macht.“ Wie falsch (verstanden).

Eine „imperialistische Eroberungshymne“ als Mythos

Der soziale Demokrat Friedrich Ebert, unter umstrittenen Bedingungen zum Reichspräsidenten gewählt, aber dennoch nach der demütigenden Niederlage in einer revolutionären Lage geschätzter Reichspräsident, wählte das Deutschlandlied gar als republikanischen Vaterlandsbeweis. Seine Begründung aus dem Jahr 1922: „Einigkeit und Recht und Freiheit! Dieser Dreiklang aus dem

Liede des Dichters gab im Zeichen innerer Zersplitterung und Unterdrückung der Sehnsucht aller Deutschen Ausdruck, er soll auch jetzt unseren harten Weg zu einer besseren Zukunft begleiten. Sein Lied, gesungen gegen Zwietracht und Willkür, soll nicht Mißbrauch finden im Parteikampf, es soll nicht der Kampfgesang derer werden, gegen die es gerichtet war; es soll auch nicht dienen als Ausdruck nationalistischer Überhebung. Aber so wie einst der Dichter, so lieben wir heute Deutschland über alles.“ Mit einer Konsequenz, die viele dem biederen Arbeitersohn nicht zugetraut hatten, sorgte er für ein anderes Symbol für den zweiten Versuch einer deutschen Demokratie. Die Fahne Schwarz-Rot-Gold wurde aus der Requisitenkammer liberaler Bürgerrevolution hervorgeholt.

„Die Fahne hoch, die Reihen dicht geschlossen ...“

Gekonnt ketzerisch hält Kurt Tucholsky der Entscheidung Eberts entgegen: „Deutschland, Deutschland über alles, jene Zeilen aus einem wirklich schlechten Gedicht, das eine von allen guten Geistern verlassene Republik zu ihrer Nationalhymne erkor ... jenen törichten Vers eines großmäuligen Gedichts. Nein, Deutschland steht nicht über allem – niemals.“ Vorgriff auf Hitlers Wahn oder intellektualisierender Selbsthass? Unbegründet war dieser literarische Untergriff freilich nicht. Hitler-Deutschland legt bei der Nationalhymne noch einiges nach. Ihm war Hoffmann von Fallersleben zu wenig. Aus dem Gedröhne der SA-Schaftstiefel wurde – getreu dem Größenwahnsinn – mit dem so genannten Horst-Wessel-Lied (genannt nach einem verblendeten Studenten, der umkam und so zum Nazimärtyrer wurde) ein Doppelmythos verordnet: „Die Fahne hoch, die Reihen dicht geschlossen ...“

Nach dem Zweiten Weltkrieg, als es um eine Hymne für die junge Bundesrepublik ging, stritten wieder Deutsche unter sich. Der erste Bundespräsident, Theodor Heuss: „Viele Versuche bedrängen mich, das Hoffmann'sche Deutschlandlied wieder zu wählen, aber ich war von Anbeginn dazu entschlossen, es nicht zu tun, denn die erste Strophe paßt nicht mehr in die geschichtliche Landschaft, die zweite ist trivial und immer trivial gewesen, die dritte allein für sich zu wenig.“ Deutlicher der Publizist Axel Eggebrecht: „Im KZ mußten wir die heiligen Worte Recht und Freiheit nach Kommando herausbrüllen. Wächter mit Knüppeln umstanden uns. Und das sollen wir wieder singen, als sei nichts gewesen.“ Konrad Adenauer nennt in einem Brief an Bundespräsident Heuss die Entscheidung Eberts „staatsmännisch. Daher die erneute Bitte der Bundesregierung, das Hoffmann-Haydn'sche Lied als Nationalhymne anzuerkennen. Bei staatlichen Veranstaltungen soll die dritte Strophe gesungen werden.“ Bis heute ist es dabei (zum Verdruss mancher Österreicher, die um die Melodie ihrer Kaiser-Hymne trauern) geblieben. Jahrzehnte später, als sich die Aufregung um diesen Vers immer noch nicht vollständig gelegt hat, meint die Wochenzeitschrift „Die Zeit“: „Neben Flagge und Feiertag gehört zu den unentbehrlichen Elementen des nationalen Mumpitz auch die Hymne.“

Identitätsstiftung – altväterisch, martialisch

Ein Vergleich der Nationalhymnen ergibt nicht nur ein schier unstillbares Bedürfnis der Völker nach Symbolen und identitätsstiftendem Zusammengehörigkeitsgefühl. Martialisches kommt auch nicht gerade zu kurz. So steht in der britischen Hymne zu lesen, „wollet ihr Sieg verleihen, lass sie in Ruhm gedeihen“. Im siebenfachen Refrain der Marseillaise heißt es: „Zu den Waffen Brüder! Schließt die Reihen, vorwärts, marschieren wir! Das unreine Blut tränke unsere Äckerfurchen.“ Auch in der niederländischen Nationalhymne geht es ähnlich zu: „Wilhelmus von Nassaue, bin ich von teutschem Blut, dem Vaterland getreue, bleib ich bis in den Todt.“ Zum Rissorgimento gegen Österreich passt „Fratelli d'Itali“ mit dem fünffachen Refrain: „Fest geschlossen die Reihen, woll'n wir dem Tod uns weihen, Italien erwacht.“ Verklärende Worte mit wehrhaftem Schluss in der norwegischen Hymne: „Wie in Not den Sieg errungen, unserer Väter Heer, steh'n wir für des Landes Ehre, wenn es gilt zur Wehr.“ Die polnische Hymne, zum Schlagwort geworden, erreicht einen hohen Verbreitungsgrad: „Noch ist Polen nicht verloren, so lange wir noch leben. Was das Schwert uns tückisch raubte, wird das Schwert uns wieder geben.“

„Der Text des Liedes der Deutschen ist verglichen mit der nordamerikanischen oder der französischen Hymne reinste Lyrik. Sie wird verklärt durch die Haydn'sche Melodie“, resümiert der Historiker Golo Mann.

Todestrieb und/oder Jugendkult

Hand aufs Herz, stehen sie wie eine Eins, Kopf hoch, Blick geradeaus, die Hacken zusammengeschlagen, ergriffen. Welcher Europäer würde sich nicht wundern, wenn Amerikaner ihren Staatssymbolen Fahne oder Hymne Reverenz erweisen. Sonst locker, unprotokollarisch und disziplinfremd, wirken sie plötzlich wie verpreußt. Patriotismus pur. Man ist stolz auf sein Land und zeigt seinen Nationalstolz unbefangen und nötigenfalls aggressiv. Jedenfalls sind fast zwei Drittel aller Amerikaner bereit, für ihr Land zu kämpfen. Die deutsche Kampfbereitschaft liegt mit einem Drittel wesentlich niedriger – was im Angesicht der eigenen Vergangenheit nicht überrascht.

Zu groß sind die Unterschiede der Erinnerungen, der Gefühle, des Selbstwertes, der Fremdbestimmung und nicht zuletzt der Visionen vom Sinn des eigenen Lebens sowie der Aufgabe und der Funktion des eigenen Staates. Zweierlei Vergangenheit, zweierlei Gegenwart, zweierlei Mythos.

Unverbogene und vergleichsweise unbelastete Naivität der Bewohner der Neuen Welt stehen auch mythologisch in unübersehbarem Gegensatz zu der Erfahrungslast der Alten Welt. Im transatlantischen Vergleich hat sich das Bewusstsein grundverschieden entwickelt. So leicht sich die Amerikaner – oft dem Schein nach –

in patriotischen Belangen tun, so schwer fällt es den Deutschen – nach allem, was geschehen ist –, mit den eigenen Mythen zurechtzukommen. Jenseits des Alltages plagen sich die Deutschen mit dem einen oder dem anderen Symbolgehalt herum, der normalerweise verborgen oder versteckt ist, in psychologischer Umkehr zum Beispiel der Todestrieb. Ernst Jünger, der hochdekorierte Offizier des Ersten Weltkrieges, der Wanderer zwischen den Welten, stahlharter, spät geläuterter Tatzeuge für Massenpsychosen, sieht Patriotismus erst durch den Tod vollendet. Umgesetzte Religiosität lässt ihn in quälender Erinnerung an die Schlachtfelder zweier Weltkriege für den Todesmythos der Deutschen gleichsam werben. „Nur dort, im Angesicht des Todes war es möglich, daß die germanische Unschuld sich in den Herzen der Besten erhielt. Denn tief stieg der deutsche Mensch in die Zone des Chaos hinab.“ Wie wahr.

Am Ende einer Erbfeindschaft

Als Junger pries Jünger den Krieg als sittliches Phänomen, als unvermeidlichen Pendelschlag von Untergang und Auferstehung, um als Alter dem eigenen Jugendkult abzuschwören und Gewalt den Kampf anzusagen. Während er der Nachwelt überlässt zu entscheiden, wer der Stärkere und der Zukunftsfähigere ist – der junge Jünger oder der alte Jünger –, bleibt: Durch schreiberische Überhöhung verschafft er Deutschen, die für die Selbstverwirklichung einschließlich Todestrieb ansprechbar sind, jenes Alibi, das bis in unsere Tage fortwirkt.

Leben, das des Todes bedarf, um einen letzten Sinn zu erhalten. Mut zu sich selbst im „Stahlgewitter“. „Da reißt Begeisterung die Männer so über sich hinaus, daß das Blut kochend gegen die Adern springt und glühend das Herz durchschäumt. Das ist ein Rausch über allen Räuschen, Entfesselung, die alle Bande sprengt. Es ist eine Raserei ohne Rücksicht und Grenzen, nur den Gewalten der Natur vergleichbar. Das ist der Mensch wie der brausende

Sturm, das tosende Meer und der brüllende Donner. Dann ist er verschmolzen ins All, er rast den dunklen Toren des Todes zu wie ein Geschoß dem Ziel."

Wie solche und ähnliche Thesen und literarische Auslassungen auf einen Adolf Hitler wirkten, lässt sich im Rückblick nur ahnen. Mit seinem eigenen Ende hat der Diktator mit einer Konsequenz, die ihm selbst seine eigene Umgebung nicht zugetraut hat, die Spur mit seinem eigenen Blut vervollständigt. Geblieben ist für manchen Deutschen neben dem Respekt vor einem Jahrhundertdenker wie Jünger der Zweifel, ob es beim angewandten Todestrieb im Zweifelsfall sein Bewenden haben kann. Einiges mehr, was an Gedanken, Visionen und Realisierungen geboten ist, begleitet nicht nur die Deutschen durch die jüngste Geschichte Europas.

Auch die nächsten Nachbarn, die Franzosen, sehen sich in einem ähnlichen Spannungsfeld im Sinn des Lebens. Politiker stellen sich – wen wundert es? – diesen Grundfragen nur selten. Helmut Kohl und François Mitterrand, der deutsche Christdemokrat und der französische Sozialist, setzten ihr politisches Engagement nicht nur in der Alltagspolitik ein. In einer großen Geste des Respekts, der Versöhnung und der Hoffnung auf die Endgültigkeit, eine Erbfeindschaft zwischen Deutschen und Franzosen überwunden zu haben, pilgerten die beiden Staatsmänner zu dem greisen Ernst Jünger in den Schwarzwald. Der Mann, der den Tod so drastisch und wortreich beschrieben hat, wollte mit dem Präsidenten der französischen Republik und mit dem deutschen Kanzler im Spätherbst seines Lebens zu Protokoll geben: Europäer, die wollen, vermögen den Todestrieb zu überwinden.

Von Versailles zum Marshallplan

In München nannten sie ihn Seppl, in Washington Joe. Als der Zweite Weltkrieg vor seinem Höhepunkt steht, bietet sich ihm die Chance seines Lebens: Für die Zeit nach dem Waffengang ein System parat zu haben, das verspricht, die Fehler nach dem Ersten

Weltkrieg wenn nicht zu vermeiden, so doch zu relativieren. Joe Berolzheimer, als Schüler von Max Weber gelernter Nationalökonom und Soziologe alter Schule, sitzt 1943–1945 in einem nüchternen Ausweichbüro des State Department. Hofblick. Seine Perspektive einer soliden Weltfinanzordnung reicht freilich weit – weiter als die phantasievollen Projekte von One World, wie sie im benachbarten Herrensitz Dumberton Oaks in dem Washingtoner Stadtteil Georgetown von ein paar Dutzend Diplomaten hin und her gewälzt wurden. Joe entwickelt ein Finanzsystem amerikanischer Hilfe zur Selbsthilfe der Europäer.

Was später, ein 13-Milliarden-Dollar-Ding, als Wiederaufbauleistung der US-Steuerzahler Marshallplan hieß, spielt für Joe Berolzheimer freilich vor einem weiten Horizont. Wie sollte mit Deutschen umgegangen werden, die für zwei Weltkriege verantwortlich gemacht werden? Siegermanier oder Partnerschaft? Für Seppl Berolzheimer, den Juden aus einer angesehenen Münchner Familie, war es als junger Mann selbstverständlich, 1914 zu den Waffen zu eilen. Man war national und loyal. Sein Leben lang konnte er sich an das Gefühl der Schande erinnern, den Krieg verloren, einer 25fachen Übermacht erlegen und von einer am Ende unverantwortlichen Führung ins Verderben gestürzt worden zu sein.

Er erinnerte sich, dass der Zusammenbruch des Reiches für viele Deutsche unverständlich, unbegreiflich, aber auch unverzeihlich war – auch wenn die Kriegsgegner von damals schließlich über eine mehr als erdrückende Übermacht verfügten.

Unvergessen ist Berolzheimer die Stimmungslage der Jahre nach dem Ersten Weltkrieg, das Gefühl, für eine Sache eingespannt, anfänglich begeistert und schließlich genötigt worden zu sein, die von der wissenden Welt ringsum als imperiales Gehabe verächtlich gemacht worden war. Der Jude Berolzheimer, von dessen Glaubensbrüdern 1914–1918 über 12.000 als Offiziere gefallen waren, tut sich noch Jahrzehnte später schwer, dem Seelenleben des Durchschnittsdeutschen gerecht zu werden, den Missbrauch eines ganzen Volkes richtig einzuordnen, das Scheitern eines Regimes bewusst und unbestreitbar zu machen und dennoch mit den Europäern auch den Deutschen einen neuen Geist der Kooperation näher zu bringen.

Grand Design widerstandsfähiger Zukunft

Joe Berolzheimer hatte die bedrückenden Erfahrungen von Seppl Berolzheimer nicht vergessen. Er, überzeugter Demokrat und loyaler Amerikaner, setzte alles daran, eine Wiederholung der satanischen Konsequenzen des Vertrages von Versailles zu unterbinden. Als Sachverständiger des State Department stellte er seine Finanzidee einer Einmalzahlung der USA in ein revolvierendes Erneuerungssystem der Europäer vor. Ein Grand Design einer besseren, weil solideren Zukunft der Alten Welt. Die Neue Welt suchte für die Zeit nach dem Zweiten Weltkrieg einen Partner, wie die auslaufende Sowjetunion unter Michail Gorbatschow nach dem imponierendsten Volksbegehren des Jahrhunderts, nach 1989, unter umgekehrten Vorzeichen auf Kooperation und Hilfe Westeuropas beim Um- und Aufbau Mittel- und Osteuropas setzte.

Wie wichtig es war, am Ende des 31jährigen Krieges auch den Deutschen eine Aufbauperspektive namens Demokratie und Marktwirtschaft zu eröffnen, war mit Berolzheimer einer Führungscrew in der Administration Roosevelt wohl bewusst. Hatte sie sich doch mehrheitlich dagegen entschieden, dem dämonischen Rachegeist von Versailles auch nur die Chance zu geben, nach dem Ende des Hitlerregimes erneut aufzutreten. Verworfen waren die Pläne des US-Finanzministers Morgenthau, nach dem System Versailles das Restreich zu entindustrialisieren und daraus ein Agrarland zu machen. Zwar zielte ein mehrstufiges System, wie es Mitte der vierziger Jahre systematisch entwickelt worden war, darauf ab, die kleinen, aber auch die großen Täter des Regimes zur Verantwortung zu ziehen (wie dann in den Nürnberger Prozessen geschehen).

Deutschland sollte – anders als nach der militärischen Schlusslage von Weltkrieg I – besetzt, jedoch nicht gespalten, sondern in die Lage eines gedrosselten Wiederaufbaues gesetzt werden. Beim übrigen Europa wollten die Amerikaner mit ihrer Milliardenspritze großzügiger sein. Gegen den Hunger indessen sollte gleichförmig vorgegangen werden, was dann auch mit Hilfe der Vereinten Nationen (UNRRA) geschah. Noch war einigen gegenständlich, wie die britische Massenpresse, nationalistischer Hysterie freien Lauf lassend, zu den Berliner Lockerungswünschen nach 1918 geschrieben hatte: „Die Hunnen winseln nach Brot."

Im Dreifachschock des Jahrhunderts

Für die Massen der Deutschen sollte es in dem Dreifachschock dieses Jahrhunderts nicht nur um Brot gehen, sondern um die Empfindlichkeit und Empfänglichkeit für Massenströmungen. Euphorie am Anfang, Glaube an die Überlegenheit, es trotz Unterlegenheit aller Welt zu zeigen, auf dem Feld der Ehre mit Tapferkeit vor sich und den andern zu bestehen und die Ränke der Verantwortlichen entweder nicht zu durchschauen oder gottgegeben hinzunehmen. Als Bürger wie du und ich wollte man nachträglich nicht in die Pflicht für Fehler oder gar Untaten genommen werden. Generation für Generation wurde auf die Probe der moralischen Integrität, der politischen Vernunft und der persönlichen Verantwortung gestellt – ein Prozess, der zum Erstaunen vieler Deutscher noch nach Jahrzehnten fortdauert.

Wer ist schuld am Krieg?

Was in der Stunde der Kapitulation von 1918/19 in Deutschland und Österreich-Ungarn an Mindestritterlichkeit (und Hungerhilfe) erwartet wurde, erwies sich bald als Chimäre. Die beiden Reiche wurden in der weitestgehenden Bedeutung des Begriffes demontiert. Mit dem Versailler Friedensvertrag verlor Deutschland mit 6,476 Mill. km^2 13 % seiner Fläche, 10 % seiner Bevölkerung, sämtliche Kolonien mit mehr als 2,5 Millionen km^2 und an die 10 Millionen Einwohner. 6 % des deutschen Gebietes wurden besetzt. Wirtschaftlich aufgegeben werden mussten 50 % der Produktion an Eisenerz, 25 % an Steinkohle, 80 % an Zink, 15 % an Roggen, 13 % an Weizen. Ursprünglich wurden die finanziellen Reparationsforderungen auf 223 Mrd. Goldmark, zu zahlen bis zum Jahr 1963, beziffert. Nach Besetzung von Düsseldorf und später des Ruhrgebiets reduzierte sich dieser Betrag angesichts der heraufziehenden Weltwirtschaftskrise auf 123 Mrd. Goldmark, schließlich auf 3 Mrd. Reichsmark. Tatsächlich gezahlt wurden je nach Berechnung zwischen 20 und 70 Mrd. Goldmark.

Neben der Dolchstoßlegende und der Demobilisierung hat nichts so sehr zur anhaltenden Vergiftung der deutschen Politszene geführt wie die Kriegsschuldfrage: Wer und was den Ersten Weltkrieg zu verantworten hat – alles andere als monokausal. Jenseits der Automatismen von Verträgen, Geheimabsprachen und dem eigentlichen Auslösefaktor – wie dem Attentat von Sarajevo – wirkte die „Kriegsschuldlüge“ – Deutschland sei allein verantwortlich – ähnlich wie die Entnazifizierung nach 1945 oder der verletzte Stolz der Ossis nach der Wende von 1989.

Reichspräsident von Hindenburg, immerhin ein Beteiligter, meinte 1927 bei der Einweihung des Tannenbergdenkmals zu den Forderungen, die Kriegsschuld von Deutschland aus zu widerrufen, im Pathos seiner Zeit: „Die Anklage, dass Deutschland schuld sei an diesem größten aller Kriege, weisen wir, weist das deutsche Volk in allen seinen Schichten einmütig zurück. Reinen Herzens sind wir zur Verteidigung des Vaterlandes ausgezogen und mit reinen Händen hat das deutsche Heer das Schwert geführt. Deutschland ist jederzeit bereit, dies vor unparteiischen Richtern nachzuweisen.“

72 Jahre später argumentiert Egon Krenz auf ähnliche Weise zur Selbstverteidigung. Des sechsfachen Mordes an der Berliner Mauer angeklagt, wird der Ziehsohn und Nachfolger des DDR-

Staatsratsvorsitzen Honecker nach sechs Jahren und juristischen Verrenkungen in letzter Instanz zu sechs Jahren Gefängnis verurteilt. Die Grenze zwischen Verantwortung und Jurisdiktion, zwischen Tat im Ablauf und seriöser Beurteilung in der jeweiligen Zeit, stellt nicht nur ein deutsches Problem dar.

Worum es im Spiel der Mächtigen ging und geht, beschreibt Winston Churchill im Zusammenhang mit der ersten deutschen Katastrophe meisterhaft: „Ich, der ich in den Zeiten der europäischen Unruhen gelebt habe, bin der Meinung, dass es keinen Hitler gegeben hätte, wenn die Alliierten bei den Friedensverhandlungen von Versailles nicht von der Idee besessen gewesen wären, es diene dem Fortschritt, die alten Dynastien wegzufegen und den Hohenzollern, Wittelsbachern und Habsburgern die Rückkehr auf ihre Throne zu verwehren. In Deutschland hätten die militärischen Schichten ein Symbol gefunden, um das sie sich in Treue hätten scharen können, und ein mit den siegreichen Alliierten Fühlung haltendes gekröntes Weimar hätte vielleicht die demokratische Gesellschaftsform bewahrt ... Der Zweite Weltkrieg wäre nie ausgebrochen, wenn wir nicht unter dem Druck der Amerikaner und moderner Gedankengänge die Habsburger aus Österreich-Ungarn und die Hohenzollern aus Deutschland vertrieben hätten. Indem wir in diesen Ländern ein Vakuum schufen, gaben wir dem Ungeheuer Hitler die Möglichkeit, aus der Tiefe der Gosse zum leeren Thron zu kriechen.“

„Deutschland wird sich nie wieder erheben“

Im Siegesrausch wollten sie nicht hören, nicht sehen. Sie wollten eigentlich nicht einmal denken. „Deutschland ist besiegt und niedergeworfen“, hieß die Formel, wie sie der amerikanische Präsident Woodrow Wilson und der französische Präsident Clemenceau, genannt der Tiger, als Losung für die Friedenskonferenz von Versailles (1919) ausgaben. „Deutschland wird sich nie wieder erheben“ (Clemenceau).

Nach dem Ersten Weltkrieg stolperten die Deutschen unversehens in ihre erste große Selbstfindungskrise. Verflogen war die Euphorie von 1914, weithin verdammt der Kaiser und sein Hof, verwundet der Nationalstolz, verdächtigt die Demokratie als Feinddiktat und ideologische Besetzung. Extremisten von links und von rechts wurden nicht müde, die zaghaften Rettungsversuche engagierter Demokraten als „Verräterei“ zu verunglimpfen.

400 Milliarden für ein Kilo Brot

Führungslos trieb das deutsche Bewusstsein dahin. Nicht genug mit Dolchstoßlegende, Kriegsschuld, internationaler Acht und Bann, Reparationslast samt Besetzung des Ruhrgebietes durch Frankreich. Ein schwacher Staat folgte, wurde von seinen weltanschaulichen Widersachern zur Machtübernahme geradezu reif geschossen. Was diese Berliner Republik auszeichnete, war Instabilität. Schon in ihrer Anfangszeit mit Zweifeln, Vorurteilen und Unzulänglichkeiten geplagt, erlebt die Identitätssuche der Deutschen mit der Inflation einen schweren und bis heute unvergessenen Rückschlag. Die Entwertung des Geldes traf vor allem das Bürgertum. Wer Kriegsanleihen als Beweis der Kaiser- und Staatstreue gezeichnet hatte, verlor ebenso wie die gesamte Volkswirtschaft. Ganze Schichten verarmten, während Spekulanten auftrumpften.

Nur die Besitzer von Grund und Boden und materiellem Vermögen kamen (in den zwanziger wie in den vierziger Jahren) einigermaßen ungeschoren davon. Anders der deutsche Konsument. Er zahlte für ein Kilo Brot nach Kriegsende kaum eine Mark. 1921 waren es 4 Mark, ein Jahr später über 160 Mark. Am Beginn der galoppierenden Inflation (Anfang 1923) 300 Mark, drei Monate später über 3.000 Mark, im August 1923 69.000 Mark, wiederum einen Monat später 150.000 Mark, im November 1923 über 200 Milliarden Mark und wieder einen Monat später 400 Milliarden Mark. Als Löhne und Gehälter innerhalb weniger Stunden nahezu ihre gesamte Kaufkraft verloren, kam zum politischen Zweifel der soziale Abstieg. Nach der Stabilisierung waren im Januar 1924 für ein Kilo Brot wieder 30 Pfennige zu bezahlen.

Der „größten Enteignung aller Zeiten“ folgten zwar die Goldenen zwanziger Jahre. Leben, den Tag genießen. Eine Gesellschaft auf der Flucht vor den Widrigkeiten ihrer Gemeinschaft. Wer es sich leisten konnte, setzte auf Privat und verabschiedete sich von der Loyalität gegenüber der Allgemeinheit. Nicht weniger als 16 Reichsregierungen von 1919 bis 1933 erleichterten dem Bürger diesen Rückzug. Bevor die Weltwirtschaftskrise jedermann drastisch und schmerzlich vorführte, wie die Deutschen - und nicht nur sie - über ihre Verhältnisse zu leben beliebten, konnte immerhin kulturell durchgeatmet werden. Berlin als Zentrum, München als barocke Ausschmückung, das Rheinland als lebensbejahender Rückhalt und ein wieder belebtes Hanseatentum - nicht genug damit. Das Bauhaus in Weimar und Dessau und ein lebendiges Musik- und Theaterleben erleichterten es, Krieg und Hunger, Inflation, soziale Unzufriedenheit und kaum kalkulierbare Politik vergessen zu lassen.

Gesucht: eine beliebige Identität

Wie Deutschland Hitler-reif wurde. Was bestimmte die Befindlichkeit, bevor der Dämon die Macht errang? Was die Identität beeinflusste, war mehr als ein Element; mehr als das Gefühl, Absturzopfer der Monarchie zu sein, die diesen Teil der Welt mehr oder weniger beherrscht hatte; mehr als gedemütigte Krieger, die dran glaubten, das Schlachtfeld ungeschlagen verlassen zu haben; mehr als Anhänger von Verrat und Konspiration; mehr als Zweifler an der Funktionstüchtigkeit demokratischer Institutionen, mehr als inflationsgeschädigte, enteignete Bürger; mehr als ernüchterte Traumtänzer nach ein paar goldenen Jahren; mehr als verstockte Nationalisten, die insgeheim nur auf Rache sinnen; mehr als unentdeckte Rassisten, die allem Deutschen vertrauten und aller Internationalität abschworen; und mehr als Bildungsbürger oder ihre Epigonen, die – schön chauvinistisch – alles Deutsche für besser hielten als alle Welt ringsum. In Wirklichkeit versagten die Kontaktmechanismen, fehlten durchschlagende Konzepte, saubere Vorgaben und Erfolge im demokratischen Experiment der Weimarer Republik.

Anders als die anderen?

Um Deutschland Hitler-reif zu machen, bedurfte es schon mehr als Vorgaben der Geschichte, mehr als zeitgeistiger Strömungen, wie sie allerorten zu beobachten waren und sind, sowie mehr als typisch deutscher Symptome. Emotion, Selbsthass, Überschätzung, Arroganz und dazu die Klischees von Militarismus, Imperialismus und Nationalismus ergeben, wie man immer wieder erleben kann, jenen Stoff, aus dem Vorurteile wie Fehlentwicklungen sind. Geschichtliche Vergangenheit trifft sich mit erlebter Gegenwart und denkbaren Zukunftsprojektionen, im Fall der Deutschen wie der Franzosen, der Italiener, der Engländer oder auch der Amerikaner. Hier wie dort mischen sich unausweichlich Geographie, Geschichte mit Alltagspolitik.

Im deutschen Fall jedoch ergibt sich eine höhere Sensibilität für die Summe der Einflüsse und Vorgaben. Dies kann zu positiven wie zu negativen Verhältnissen führen. Auch lässt sich erklären, dass das Urteil über die Deutschen, ihre Selbstveranlagung wie ihre Fremdbestimmung, im Zweifel extrem ausfällt – extremer als bei anderen Völkern. Und es passt ins Bild, dass ohnedies die Bestimmung des deutschen Nationalcharakters Mühe bereitet.

Was unter „Deutschland" kulturell, geographisch und damit auch politisch eigentlich zu verstehen ist, mag für die einen eindeutig, für die anderen mehrdeutig sein. In den Grenzen von 1937? Basta? Verschwommene Grenzen – in des Wortes doppelter Bedeutung – erleichtern nicht gerade das Geschäft der Identitätssuche. Selbst ohne exakte Abgrenzung fällt es auch im Inneren

Deutschlands schwer, seine Bewohner als ein einziges Volk einzuordnen. Natürlich sprechen die Stämme ihre eigene Sprache, nicht nur im Wortgebrauch oder Dialekt, sondern auch in der Denkweise. Infolgedessen fällt es seit alters her schwer, das Koordinatenkreuz „deutsch“ festzumachen und dies allgemein anerkannt zu erhalten.

Kopf gegen Herz

Den Deutschen macht das sensible Geflecht von Tradition und Gegenwartsbewältigung in auffälliger Weise zu schaffen. Dabei steht oft Kopfentscheid gegen Herzentscheid, Vernunft gegen Gefühl, realistische Kälte gegen schonungsbedürftige Seele. Also doch typisch deutsche Nationaleigenschaften?

Die Vor-Hitler-Zeit sowie der Weg in Diktatur und Untergang liefern Anschauungsmaterial in Hülle und Fülle. Einige Eckpunkte soll diese Arbeit aufzeigen. Für eine Zwischenbilanz deutscher Identitätssuche lässt sich festhalten: Weil Deutschland geographisch, begrifflich und in seiner Bevölkerungsstruktur im ersten Drittel dieses Jahrhunderts nicht eindeutig und vor allem nicht unbestritten zu definieren war, ergeben sich bereits Ansatzpunkte für Zweifel, Kritik, Demagogie und Machtanspruch; viele Deutsche haben vor und während des Ersten Weltkrieges ihren Emotionen freieren Lauf gelassen als etwa die Briten; der Waffengang Weltkrieg I mit seinen mehr als 20 Millionen Toten hat die zivilisatorischen Maßstäbe verändert und verdorben; im ersten Volkskrieg der Geschichte waren die Zwischeneuropäer, die in der Mitte des Kontinents gelebt haben, dem Zweifrontenkrieg weder politisch und moralisch noch praktisch gewachsen: Krieg – früher eine Sache der Herrscher und nicht der Völker – konnte als Mittel politischer Auseinandersetzung und als Instrumentarium der Macht erst nach zwei Weltkriegen und nach über hundert Millionen Toten förmlich geächtet, aber bis heute nicht vermieden werden. Der hohe Zivilisationsstand der Deutschen sorgt angesichts der Millionen Opfer unter den Soldaten, der Zivilbevölkerung und der Minderheiten wie der Juden zu einer fallweise unerträglichen Spannung über Ursachen und Wirkungen.

Der Kompromiss als Lenkungsinstrument politischer Entscheidungsprozesse gerät schon organisatorisch in den Verdacht der Unzulänglichkeit, erst recht, wenn er zum Geschäftsprinzip zwischen Massenparteien und/oder Wählervereinen wird. Als Gemeinschaft in der Mitte sind die Deutschen nicht nur geographisch immer wieder gefordert, sondern auch ideologisch - Karl Marx oder Ludwig Erhard als Beispiele.

Mit ihrer Neigung zur Perfektion zeigt die deutsche Industriegesellschaft Generation für Generation einen oft beneideten Leistungsstand, den andere Völker bzw. Länder agrarischer Ausrichtung nicht oder bestenfalls zeitversetzt erreichen; die Bundesrepublik Deutschland mit ihren 60 Millionen wurde gründlich beneidet, erst recht das wieder vereinigte Deutschland mit bald 80 Millionen Einwohnern; Angst vor einem Vierten Reich begründet sich nicht nur durch die Zahl und die Tüchtigkeit der Deutschen. Eine erkleckliche Rolle spielen die europäischen und weltpolitischen Rahmenbedingungen. Diese Bedingungen sind es, die oft Deutschen selbst unheimlich erscheinen und je nach Temperament und Bildung zu Arroganz, zu Rechthaberei, zu Tüchtigkeitskomplexen oder zu kompensatorischem Selbsthass und Untertanenmentalität führen.

Die Republiken von Bonn und Berlin versprechen Verhältnisse europäischen Zuschnitts, die Selbstkritik und Fremdkritik auf Normalstand bringen. Sind die Anfälligkeiten der Weimarer Republik überwunden? Konnte aus mangelnder Erfahrung im Umgang mit dem Prinzip „Demokratie“ eine Anfälligkeit für Extremismus entstehen? Im Rückblick zeigt sich: Es bedurfte eines demagogischen Machtmenschen wie Adolf Hitler, um Deutschland für die Übernahme der Macht reif und die Dämonie zum Geschäftsprinzip eines ganzen Reiches zu machen.

Wadenstrümpfe und Hakenkreuz

800.000 stimmten zuerst für ihn. Dann 6,4 Millionen, was einem Plus von 700 Prozent entspricht, und dann noch einmal die doppelte Zahl, 13,75 Millionen. Diese Wahlergebnisse für die Nationalsozialistische Deutsche Arbeiterpartei, die NSDAP, bei den Reichstagswahlen von 1928, 1930 und 1932 macht Hitlers neuartige Formation einer aufgesetzten Volkspartei zur zweitgrößten Gruppe im Reichstag. Der „böhmische Gefreite", wie Hitler vom damaligen Reichspräsidenten Hindenburg in Kasinomanier verächtlich genannt wurde, ließ sich nach seinem ersten Triumph bei der Nutzung der parlamentarischen Demokratie mit Lederhose, Wadenstrümpfen, schwarzem Hemd und Hakenkreuzbinde ablichten. Stechender Blick in die Ferne schweifend. Drei Jahre später, nach der so genannten Machtergreifung, wurde dieses Werbefoto auf Parteibefehl eingezogen. Hitler hatte sich in die Pose des Staatsmannes verliebt.

Die NSDAP vermochte trotz der beispiellosen Zunahme ihrer Parlamentssitze bei freien Wahlen immer nur etwa ein Drittel der Wähler zu überzeugen. Was zu Lasten der zersplitterten bürgerlichen Parteien bei beständigem Wähleranteil der Linken aus Sozialisten und Kommunisten geschah, ist Legende. Hitler versuchte es mit einer Partei neuen Stils, einer Volkspartei, keiner speziellen Gruppe, Region oder Religion zuzuzählen.

Hitler, eine theatralische Zeiterscheinung?

Massenpsychologisch versuchte die Hitler-Partei jene Schocks für sich zu nützen, die den Deutschen seit Ende des Weltkrieges verpasst worden waren. Die Niederlage nach einem Waffengang ohne klares militärisches Endergebnis, Demütigungen Deutschlands als Paria der zivilisierten Welt durch den Vertrag von Versailles, Infragestellung der deutschen Tüchtigkeit durch sinkende Reparationszahlungen, revolutionäre Unwägbarkeiten eines demokratischen Staates nach dem Ende der Monarchie, Stöße von Bürgerkrieg und die Geldentwertung. Arbeitslosigkeit, Lohn- und Gehaltskürzungen, rapide Zunahme der Konkurse vor allem mittelständischer Unternehmen, Zwangsvollstreckungen und Notverkäufe besonders auch der Landwirtschaft – das und vieles an demokratischen Unzulänglichkeiten nützte die NSDAP als Unfähigkeitsbeweise.

Vordergründig verstand es die NSDAP, sich als eine Art Massenpsychologe zu empfehlen, der an die Stelle von Angst und Verzweiflung Sicherheit und Hoffnung präsentierte. Mit seiner rhetorisch-theatralischen Begabung scheute sich Hitler nicht – eine Zeiterscheinung –, in Wahlkämpfen die Baumeister der Weimarer Republik wegen des Versailler Vertrages als Novemberverbrecher abzukanzeln. Alles, was in Deutschland seit Kriegsende getan oder unternommen worden war, bezeichnete er als Verrat an den hehren Werten der deutschen Nation, ihrer Macht und ihrer Größe. Die Goldenen Zwanziger – eine linke Verschwörung von „Kulturbolschewisten“ und die parlamentarischen Gehversuche „demokratische Schweinereien“ – Originalton Hitler.

Wieso konnte Hitlers Rechnung zunächst parlamentarisch und schließlich bei der Regierungsbildung im ersten Anlauf aufgehen? Unter den vielen Antworten, die von der Wissenschaft herausgearbeitet wurden, lässt sich eine Gemeinsamkeit erkennen: Das Identitätsbewusstsein vieler Deutscher war damals unterentwickelt und offenkundig nicht mehrheitsfähig. Es fehlte an einer sauberen und wahrheitsgemäßen Aufarbeitung der Vergangenheit und überzeugenden Alternativen einer demokratischen Gesellschaft parlamentarischen Zuschnitts. Umso leichter konnte die Phraseologie einer Denkdiktatur des gewollten Rassismus und der geplanten Aggression nach innen und nach außen wirken. Im deutschen Fall begann die Saat von Militarismus, Imperialismus und Nationalismus noch vor der so genannten Machtergreifung Hitlers im Jahr 1933 aufzugehen.

Deutsche gegen Deutsche

Identitätsschwierigkeiten sind Weggenossen der deutschen Geschichte und Gegenwart. Wäre es so einfach, ließe sich die These aufstellen, das Weltgeschehen gleiche einem Kampf des Glaubens gegen den Unglauben, des Guten gegen das Böse (was immer darunter zu verstehen ist). Im deutschen Fall zeigt sich in aufsteigender Linie bis zu Hitler eine beständige Neigung zu extremen Ausschlägen emotionaler oder rationaler Art. Schon Theodor Mommsen, der eigenwillige Geschichtsforscher, der als erster Deutscher im Jahr 1902 den Nobelpreis für Literatur erhielt, gab früh Warnsignale ab. Schon immer sah er für die Mitte Europas existentielle Spannungen der Auseinandersetzung „Ich gegen Mich“. Selbst extrem, er, der nach einer anderen deutschen Identität suche, schäme sich, ein Deutscher zu sein. Eine gemeinsame Identität zu finden und durchzuhalten, fällt dem, was gemeinhin „deutsches Volk“ genannt wird und das es im engeren Sinn wegen der Vielfalt gar nicht gibt, offenkundig und ein ums andere Mal schwer.

Deutsche gegen Deutsche, das ergibt Glaubenskämpfe, die sich in verschiedenerlei ideologischer Ausrichtung über die Jahrhunderte bis in die Gegenwart abspielen. Und wenn es keine monarchischen Identitätsbestimmungen sind, die im deutschen Namen geführt wurden, so befehden sich neuerdings zweierlei deutsche Nationen anderer Art: Kleindeutsch gegen Großdeutsch (wie im 19. Jahrhundert), Arm gegen Reich, Groß gegen Klein, Nord gegen Süd, West gegen Ost. Immer wieder sind wir Zeugen einer Gemengelage aus religiösen, regionalen, wirtschaftlichen und sozialen Gegensätzen.

Nach 52 Jahren Unfreiheit

Deutsche gegen Deutsche, das macht den Deutschen so schnell keiner nach. Mit der nämlichen Euphorie, Energie und Hartnäckigkeit, mit der in den Ersten Weltkrieg gezogen wurde, und mit der nämlichen Gründlichkeit, mit der die Niederlage, der Verlust des Kaiserreiches, die inflationäre Enteignung des Mittelstandes, die Demütigungen durch die Sieger von 1918/19, Aufstieg und Fall Hitlers ertragen wurden, hält sich bis heute ein Gegensatz: Einerseits werden Unterschiede, Gegensätze und möglichst Unvereinbarkeiten (etwa der Religionen oder Parteien) mit geradezu preußischer Tüchtigkeit herausgearbeitet. Andererseits besteht ein schier unstillbares Bedürfnis nach Gemeinsamkeit, Verständnis, Toleranz und Harmonie.

Keineswegs nur auf Politik – etwa in den Gemeinden, Ländern oder neuerdings innerhalb der Europäischen Gemeinschaft – fokussiert, gelten diese scheinbaren Unverträglichkeiten erst recht für die Kultur. Deutsche Bildungsbürger und solche, die es werden wollen oder sollen, tun sich – Generation für Generation – mit der Kultur der Sinne schwer. Sie geraten allzu leicht in meist elitäre Ghetto-Zivilisationen, wo abgekapselt und nicht geöffnet und nicht miteinander gesprochen, sondern gegeneinander agiert wird.

Fallweise gelingt es so manchem Deutschen nur mühsam, den Weg der Freiheit zu finden. In der Angst vor Freiheit, wie sie in den neuen Bundesländern umgeht, macht sich bemerkbar, was an Verkrampfungen nach 12 Jahren Nationalsozialismus und 40 Jahren Kommunismus einem ganzen Volk an Unfreiheit zugemutet wurde. Ihre Mentalitätsprobleme, wie sie bei anderen Völkern und Ländern gleichermaßen zu beobachten und zu verkraften sind, lassen sich naturgegeben auch auf die Hitlerzeit zurückführen. Um so erstaunlicher ist es am Ende eines oft grausamen Jahrhunderts festzustellen, dass eine deutsche Identität heranwächst, die den Stürmen der kommenden Zeit wohl besser standhält als mancher irrlichternde Versuch, die Vergangenheit zumindest aufzuhellen.

Dreissig Prozent für Hitler oder ein Prozent?

Zweierlei Hitler-Syndrom: ein Prozent für Hitler oder mehr als dreißig Prozent? Dies ergibt eine Gegenüberstellung der Wahlergebnisse von 1932 mit einer Meinungsumfrage Mitte der neunziger Jahre. Wie erklärt sich dieser eklatante Unterschied? Das Allensbacher Institut für Demoskopie hat sechs Jahrzehnte nach Hitlers triumphalem Wahlerfolg gefragt, welcher große Deutsche am meisten für Deutschland geleistet hat. Antworten und Hintergründe sind bezeichnend. Obenan auf der Leistungsskala steht Konrad Adenauer mit 31 Prozent Anerkennung, gefolgt von Willy Brandt (17), Otto von Bismarck (8), Helmut Kohl (7) und Hans Dietrich Genscher sowie Ludwig Erhard (5). Der einprozentige Hitler lag 1950 noch bei zehn Prozent, 1962 bei fünf, 1971 bei zwei Prozent.

Zwischen der ersten und der zweiten Jahrhunderthälfte besteht auch im Erleben und Bewerten offenkundig ein gewaltiger Unterschied. Kennzeichnend für die erste Jahrhunderthälfte ist für 71 % schweres Leben, für annähernd gleich viele Leid und Nationalgefühl, gefolgt von Armut 64 %, Heimatgefühl und festen Moralvorstellungen je 60 %, Bedrohung, Tradition und Autorität über 50 %. Es überwiegen also emotionale Angaben. Ein Volk muss sich auf der Schattenseite des Lebens gefühlt haben, geplagt von den Sorgen des Alltages, als Deutsche disqualifiziert und verkannt, ohne Führung, ohne Zielvorgaben, ohne Hoffnung, ohne Freunde – von Widerwärtigkeiten und Widersachern gleichsam umstellt.

Deutlich andere Wertungen sind typisch für die zweite Hälfte dieses Jahrhunderts: Frieden finden 78 % als kennzeichnend, Wohlstand 74, Freiheit 67, Reisen 66, Freizeit und Völkerfreundschaft je 60 %, Bildung, Egoismus und Weltoffenheit je 50 %. „Wann ist es in diesem Jahrhundert nach Ihrem Gefühl Deutschland am besten gegangen – vor 1914, zwischen 1918 und 1933 oder zwischen 1933 und 1939 oder heute?“ 1959 glaubte immerhin ein Viertel der Westdeutschen, dem Land sei es vor 1914 am besten gegangen. Lediglich 43 % stimmten für die damalige Zeit. Heute sind es 86 %, die die Gegenwart mit der besten Zeit gleichsetzen.

Diese Annäherungswerte an das Seelenleben der Deutschen damals und heute schließen immerhin die Grundfrage ein, wie Hitler reüssieren, dominieren und schließlich Deutschland ins Verderben stürzen konnte. Aus der Zeiteinheit lässt sich einiges erklären, ebenso aus der belasteten Vergangenheit und dem politischen Klima. Aber auch aus Besonderheiten deutscher Mentalität, kurzatmig wie sie ist. Mit Hitlers Person sind auch seine Programme - ohnedies nur in der jeweiligen Zeit darstellbar - nicht mehr begreifbar. Als Zeiterscheinung bleibt er freilich ein Phänomen.

Grössenwahn und Verfolgungswahn

„Mit solchen Wesen rechnet man nicht, sie kommen wie das Schicksal, ohne Grund, Vernunft, Rücksicht, Vorwand sind sie da wie der Blitz da ist, zu furchtbar, zu plötzlich, zu überzeugend, zu anders, um selbst auch nur gehasst zu werden“, schreibt Friedrich Nietzsche wie in einer Vorahnung auf Adolf Hitler. Der geborene Österreicher Hitler muss in einem bestimmten Moment deutscher Geschichte den Deutschen vor allem emotional unausweichlich entgegengekommen sein. Mit rhetorischem Talent und schauspielerischer Selbstdarstellung entsprach er mit seinen Hasstiraden offenkundig einem sonst kaum artikulierten Bedürfnis der Massen nach Bestätigung oder Befriedigung. Mit seinem Wunsch nach Macht wirkte Hitlers Hass auf Demokraten, auf Internationale, auf Juden und auf Andersgläubige wie ein explosiver Antrieb aus dräuender Unterwelt. Launenhaft, jedoch mit einem Gespür für die jeweilige Bewusstseinslage, ließ er seiner (medizinisch umstrittenen) Paranoia freien Lauf. Hitler bastelte an seinem eigenen Mythos und verdichtete sich in ihm. Bei aller Popularitätshascherei war dies zugleich auch ein Abwehrmechanismus eines zutiefst misstrauischen Außenseiters. Zeitweilig - trotz oder wegen seiner Verklemmtheit - von erstaunlicher Überzeugungskraft, beutete er die Gefühle seiner Gefolgsleute rücksichtslos aus. Außenpolitisch und militärisch bestimmte ihn erwiesenermaßen paranoider Wahn nach Größe, gepaart mit Verfolgungswahn gegenüber der Welt ringsum und gegenüber seinen Paladinen, die er, der sich kaum beraten ließ, mit seiner Entschlossenheit fast bis zuletzt in die Knie zwang.

Weimarer Republik, von Hitler reif geschossen

Das eigentliche Verhängnis der Deutschen begann um die Jahreswende 1932/33 zum Desaster des Jahrhunderts zu geraten. Wie die Pfeiler des Anstands, der Zivilisation und der Rechtsstaatlichkeit umgangen, geknickt oder ideologisch gleichsam weggesprengt wurden, sucht seinesgleichen. Wohl selten in der Geschichte mischte sich blanker Wille zur Macht und ihre unwiderstehliche Organisation mit einer von vielen herbeigesehnten Aufbruchstimmung aus Stolz, Rache, Nestwärme und Perspektive, alles anders oder besser zu machen. Wer sprach schon vom Reich des Bösen? Von unumkehrbar gemachter Herrschaft der nationalsozialistischen „Bewegung“? Von der Mobilisierung einer klassenlos zusammengespannten Gesellschaft und einer Abkehr von der jungen deutschen Demokratie? Im Würgegriff des Totalitarismus wurde dem „deutschen Volk“, auf das Hitler bei jeder sich bietenden Gelegenheit Bezug nahm, von einem begabten Propagandatechniker wie Joseph Goebbels vorgegaukelt, Unzufriedenheit in einem einzigen revolutionären Akt durch ein Prinzip Hoffnung zu vertreiben.

Es entsteht ein Test auf die Widerstandskraft der jungen, ungefestigten deutschen Demokratie. Er misslang. Weil viele Deutsche, vornehmlich Bürgerliche, den ideologischen Irrweg nicht erkennen (wollen), wird für Hitler der Weg frei. Nachträglich ist unbegreiflich, wie die NSDAP das Identitätsbedürfnis eines – nahezu ganzen – Volkes für ihre chaotische Sache zu mobilisieren verstand. Erst allmählich entstand und verbreitete sich eine Bewusstseinslücke in verhängnisvollem Ausmaß.

„Wenn das der Führer wüsste“

Hitlers imperiale Hybris war – wie wohl keine andere Diktatur – auf eine Person zentriert. Wie bei der Vorbereitung und dem Vollzug des Krieges nutzte er als Führer und Reichskanzler die Durchschlagskraft seiner Person, um durch seinen diabolischen Willen die Führungscrew des Reiches im eigentlichen Machtgetriebe zu konturlosen Apparatschiks zu degradieren. Die Partei ebenso wie das Militär. „Wenn das der Führer wüsste …“, war eine häufig benützte Redewendung für Fehlleistungen, Unwägbares, Unglaubliches wie Frevelhaftes. Dieser Ausspruch bezeugt zugleich ein erstaunliches Maß an Autorität, wie sie unter heutigen Verhältnissen kaum vorstellbar ist.

An der Zahl der Mitglieder der NSDAP lässt sich ablesen, was der braune New Deal als Arbeitsbeschaffungsprogramm mit dem Ziel (zunächst verborgener) Kriegsvorbereitung bewirkt hat. Volksempfänger, Volkswagen, Autobahnen als Vorzeigeobjekte wirtschaftlicher Selbstdarstellung (und Aufmarschinstrumente) beeindruckten nicht nur viele Deutsche, sondern fast die ganze Welt (wie etwa bei der Berliner Olympiade von 1936). Dazu das Hitlersche Mythologietheater mit Ordensburgen, Sonnwendfeiern, Fahnen allerorten, Spruchbändern und Uniformen, Uniformen, Uniformen. Die braune Welle bekam dem Bedürfnis, ein bisschen stolz sein zu dürfen.

Als ob ein ganzes Volk vor so viel (Schein-)Attraktivität die Hacken zusammengeschlagen hätte, stieg die Zahl der NSDAP-Mitglieder 1936/37 auf über zwei Millionen, zu Kriegsbeginn auf über fünf Millionen und – trotz vorübergehender Aufnahmesperren als raffinierter Verknappung – auf über acht Millionen 1943/44 (zwecks Karrieresicherung oder auch Familienschutz). Rechnerisch war bei Kriegsende jeder fünfte Erwachsene Parteimitglied.

Eingespannt in einen raffinierten und kriegsbedingten Propagandaapparat („Feind hört mit“), trat in der Hitlerzeit offenkundig eine Verengung des Massenbewusstseins ein. Die meisten wussten von den Schattenseiten der Diktatur nichts oder nur vage, verklausulierte Äußerungen. Für Wissende zählte es zur Selbsterhaltung, zu schweigen und vorsichtshalber politisch-moralisch wegzuschauen. Vor allem im Krieg. Aus der ideologischen Berieselung wurde patriotische Pflicht. Keine Zweifel am deutschen Strahlemann. Vielerlei wurde – lange Zeit widerspruchslos – zur Geheimen Reichssache erklärt – wie allgemein die NS-Diktatur eine seltsame Verbindung mit der Bürokratie einging, den Untertanengeist mobilisierte und vorsätzlich auf Kadavergehorsam setzte – alles Vorgaben aus jüngerer Geschichte. Ein Teufelskreis.

Aktion Reinhard – Tod für elf Millionen Juden

Dazu zählt auch die barbarische Behandlung der Juden. Völkermord im heutigen Verständnis reicht dafür weder begrifflich noch inhaltlich. Was im Sommer 1941 experimentell in ersten Todeslagern von Auschwitz, Birkenau und Chelmno geschah – Vergasung mit Cyklon B (Cyanwasserstoff) von 850 Personen, darunter 600 sowjetische Kriegsgefangene –, wurde am 20. Januar 1942 zu einem diabolischen Programm verdichtet. Unter SS-Gruppenführer Heydrich wurde in Wannsee, einem noblen Berliner Vorort, die millionenfache Ermordung von Juden in eigenen Vernichtungslagern aktenkundig gemacht. Elf Millionen europäische Juden aus Deutschland, den besetzten Gebieten sowie der Türkei und der Schweiz sollten in Vernichtungslager verbracht und industriell getötet werden. Name der geheimen Reichssache, mit der Hitlers Judenhass ebenso unbarmherzig wie systematisch umgesetzt werden sollte, „Aktion Reinhard“.

Wie Gehorsam zu einer Mordorgie als Beispiel absoluten zivilisatorischen Tiefststandes wirkte, zeigten nicht nur die unmenschlichen Apparatschiks in den Vernichtungslagern. Als sich der Krieg bereits dem Ende zuneigte und die Diktatur erste Auflösungserscheinungen zeigte, kamen zwischen dem 15. Mai und 19. Juli 1944 noch 440.000 ungarische Juden ums Leben, teils in Vernichtungslagern, teils auf Todesmärschen. Um dem Völkermord im

Einzelnen entgegenzuwirken, bedurfte es schon der unbewussten und später bewussten Schutzstrategie, wie sie beispielsweise der deutsche Unternehmer Schindler angewandt hat. Durch Anforderungen von Juden für seine Rüstungsbetriebe rettete er – schließlich unter Einsatz seines persönlichen Vermögens – über 1.200 Juden das Leben – ein imponierendes Gegenbeispiel zum „unbedingten Vernichtungswillen der Deutschen" (Daniel Jonah Goldhagen), ebenso entlarvend wie erschütternd das realitätskonforme Sujet für den Spielberg-Film „Schindlers Liste".

Am Ende deutscher Geschichte?

Was mit einem Trugbild der Legalität begonnen und in aufsteigender Linie zum Krieg und zum Holocaust geführt hatte, bestimmte Dämon Hitler bis in seine letzte Stunde. Am 29. April 1945, als sowjetrussische Streitkräfte nur noch wenige hundert Meter vom Führerbunker in der Reichskanzlei entfernt waren, schrieb ein unbelehrbarer, gescheiterter Hitler, für den immer andere schuld waren, in seiner letzten Botschaft für die Wehrmacht: „Der Jude hat den Krieg begonnen, der Generalstab ihn verloren." Rassistisch auch sein letztes Vermächtnis im Schlussabsatz seines merkwürdigen Testaments: „Vor allem verpflichte ich die Führung der Nation und die Gefolgschaft zur peinlichen Einhaltung der Rassengesetze und zum unbarmherzigen Widerstand gegen den Weltvergifter aller Völker, das internationale Judentum."

Für Hitler war Deutschland am Ende der Geschichte angelangt. Er hatte erfahren, wie Mussolini umgekommen war. Mit seiner Lebensgefährtin Clara Petacci am Comer See von italienischen Partisanen gefasst und erschossen, wurden die Leichen in Mailand auf der Piazza Loreto aufgehängt – an den Füßen. Daraufhin Hitlers letzte Befehle: Gemeinsames Essen mit Eva Braun, mit der sich der gescheiterte Diktator wenige Stunden vorher hatte trauen lassen. Der „Führer" zog sich im Bunker unter der Reichskanzlei in seine kleinen Privaträume zurück.

Ein Schuss. Als die SS-Mannschaft und sein Kammerdiener den Raum betraten, hatte sich Hitler in die Schläfe geschossen. Seine Frau, die Gift genommen hatte, lag neben ihm. Die beiden Toten wurden nach oben geschafft, fünf Kanister Benzin, die auf Hitlers Anordnung mitten im Artilleriebeschuss herbeigeschafft worden waren, wurden über die beiden Leichen gegossen und angezündet.

Offenkundig nicht vollständig zu Asche geworden, ergeben die Recherchen des russischen Journalisten Lew Besymenski, dass der Rest der Gebeine, darunter Hitlers Kopf, von sowjetischen Fronttruppen sichergestellt wurden. Der Kopf wurde nach Moskau und die Gebeine zunächst nach Magdeburg gebracht und dort in Beton eingegossen. Makabres Ende eines dämonischen – spät erkannten – Verführers, der ein ganzes Reich dem Untergang und Millionen Deutsche in den Luftschutzkellern, an der Front, in Gefangenen- und Konzentrationslagern, mitten in Trümmern einer Apokalypse ohnegleichen der Vernichtung preisgegeben hat. Dass das Ende der deutschen Geschichte gekommen schien, sollte sich allerdings als Trugschluss erweisen.

Millionenfacher Totentanz

55,3 Millionen Tote sind weltweit zu beklagen. Über 24 Millionen Soldaten. Mit 25 Millionen toten Zivilisten übertrifft diese Zahl noch jene der Militärs. Umgekommen sind 10 Millionen Chinesen, 6 Millionen Russen, fast 4 Millionen Deutsche, 2,5 Millionen Polen, 1,5 Millionen Jugoslawen, eine viertel Million Franzosen. 5,98 Millionen Juden sind nachweisbar bestialisch ermordet worden, darunter 2,8 Millionen aus Polen, eine Million aus Rumänien, je eine viertel Million aus der Tschechoslowakei, aus Ungarn sowie 170.000 deutsche Juden.

Dazu kommen über 20 Millionen entwurzelte Europäer. Bis 1945 fliehen 1,3 Millionen aus Polen und den baltischen Staaten nach Deutschland, gleichzeitig werden 4,3 Millionen Deutsche systematisch aus den Ostgebieten vertrieben, die Tschechoslowakei verweist nach den so genannten Beneš-Dekreten 2,6 Millionen Deutschsprachige des Landes, 150.000 Deutsche müssen Rumänien verlassen, Zehntausende - oft in Viehwaggons - Österreich.

Der Zerstörungsgrad europäischer Städte und Landschaften übersteigt alle Vorstellungen. Allein in Westdeutschland sind über zwei Millionen Wohnungen zerstört, 4.752 Brücken, über 4.000 Kilometer Eisenbahnstrecken, 95 % des Handelsschiffsraumes. Dennoch beginnen unmittelbar nach Kriegsende in Berlin und Ostdeutschland Demontagen der Sowjetunion. Allein die Firma Siemens büßt 17.000 Werkzeugmaschinen ein. Was 1946/47 in den Trümmern „blüht“, ist der Schwarzmarkt. Ein Ei kostet 12 Reichsmark, eine Schachtel amerikanische Zigaretten 150 Reichsmark, ein Kilo Bohnenkaffee 1.200 Reichsmark.

Das Volk der „Dichter und Denker“ steht vor einem Trümmerhaufen, gegenständlich wie geistig. Die Hinterlassenschaft der düstersten Periode des Schicksals der Deutschen schien einen Anfang, einen Weg in die Normalität auszuschließen. Mit Hitlers Erbe wirkten die Vorgaben des Militarismus, des Imperialismus und des Rassismus wie verkohlte Symbole. Was hatte alles in die falsche Richtung gezeigt ?

Und es stellte sich die Frage, ob die, die im Hitler-Reich irgendwie überlebt, gedient und gearbeitet hatten, im Angesicht einer totalen Katastrophe einen neuen Beweis für bestimmte Anfälligkeiten ihres Volkes geliefert haben: Extremen, wie dem Nationalismus oder auch Militarismus irgendwie anheim gefallen zu sein. Geblendet, getäuscht und ausgetrickst, Gefühlen allzu lange und unkritisch freien Lauf gelassen zu haben. Auf Hoffnung gesetzt und die Doppelbödigkeit einer Ideologie und des diabolischen Mentors Hitler und seiner Gefolgsleute unterschätzt zu haben.

Wechselwirkungen von Sieg und Niederlage schienen die meisten nicht gewachsen zu sein. Die eigene Identität schien verspielt und vertan, persönlicher Einsatz, die abverlangte Loyalität verbraucht. Eherne Tatsachen wurden verdrängt und statt Stolz und Zivilisationstreue breiteten sich schließlich Selbstzweifel und Selbsthass aus.

8.

Mitten in Propagandakriegen und PR

Der Kaiser hob an. Den kommenden Geschlechtern aufzugeben und treu zu bleiben in der Hingabe an Kaiser und Reich, an Fürst und Vaterland. Festzuhalten an dem, was das Vaterland groß gemacht hat; Deutschlands Ehre und Wohlfahrt höher zu stellen als alles irdische Gut. Wilhelm II. bramarbasierend, 82 Jahre nach dem Sieg der Monarchen-Allianz über Napoleon, 15 Jahre nach einem deutschen Spezialsieg über den „Erbfeind" Frankreich. Was am 18. Juni 1896 bei der Einweihung des Kyffhäuserdenkmals im Unterharz nahe Halle verkündet wurde, war Propaganda in Reinkultur. Für 1,5 Millionen Mark - damals ein stattlicher Betrag (Zeitwert mindestens 15 Millionen D-Mark) - wurde mit gewollter Symbolik an mittelalterliche Mythen siegreichen Deutschtums angeknüpft. Sagen waren dafür gerade gut genug.

Der oft unterschätzte Wilhelm II. wollte mit angewandtem Preußentum dem, was man heute Bewusstseinsbildung nennt, publikumswirksam Selbstbewusstsein eingeben. Was bietet sich für eine gezielte Reichspropaganda besser an, als romantische Schwärmerei politisch umzusetzen und mit einer gehörigen Portion Symbolik zu würzen. Wird doch am Kyffhäuserdenkmal der Sieg über Frankreich von 1871 in bombastisch kitschiger Bildhauerarbeit verherrlichend dargestellt.

Zum Militarismus ein ungebrochenes Verhältnis aufweisend, gilt das Denkmal seitdem militärischer Traditionspflege. Vor über hundert Jahren fanden sich die Kriegerverbände im Kyffhäuserbund zusammen, den Hitler und Goebbels prompt gleichzuschalten verstanden. Fälschlicherweise als reine Nazipropaganda nach 1945 verboten, scherten sich die deutschen Soldatenverbände um diesen Teil der Hinterlassenschaft nicht. Das Kyffhäuserdenkmal dient der Bundeswehr und ihren Reservisten heute als entschlackter Traditionswert und Namensgeber.

Hitler als Markenartikel

Propaganda sieht sich kaum ein Volk derart intensiv ausgesetzt wie das deutsche – und in keiner Bevölkerung hinterlässt diese Bewusstseinsindustrie derartige Spuren wie in der deutschen Volksseele. Im Ersten Weltkrieg bleibt sich die Propaganda beider Seiten kaum etwas schuldig, was Bösartigkeit, Verdrehung, Lüge und Desinformation anbelangt. Teil der militärischen Aktion blieb Propaganda damals ideenlos im Doppelsinn des Wortes. Sie berührte das Gefühlsleben der Kriegsführenden, transportierte jedoch kaum weltanschauliche oder gar parteipolitische Ideen. Selbst die Verhandlungen über die Pariser Vororteverträge spielten sich eher im Rahmen politischer Demütigung der Besiegten und diplomatischer Selbstberauschung der Sieger ab. Die Demontage der amerikanischen Außenpolitik, vor allem durch Frankreich, blieb lange Zeit verborgen hinter den Türen von Versailles und anderen einschlägigen Schlössern.

Nach den Goldenen Zwanzigern, wo Werbung erstmals für Produkte, ihre Vertrauensfähigkeit, ihre Preiswürdigkeit usw. sorgte, bediente sich ein kleiner Mann mit großer Schnauze der Propaganda als Kommunikationsmittel der Politik: Dr. Joseph Goebbels, in typisch unbescheidener Selbstbeschreibung Chef des Reichsministeriums für Volksaufklärung und Propaganda. Er vermarktete die Idee des Nationalsozialismus, er tarnte die intellektuelle und später körperliche und gegenständliche Gleichschaltung durch innerparteilichen Terror (u. a. Röhm-Putsch), multiplizierte den Erfolg des Hitlerregimes während der Olympiade von Berlin im Jahre 1936 und benutzte den Redeschwall und die gleichgeschalteten Printmedien, um die Deutschen in Herrenmenschenlaune und die Welt in eine Mischung aus Respekt und Furcht zu versetzen.

Das Netzwerk des Joseph Goebbels

Mit erheblicher Intelligenz und oft unterschätzter Raffinesse wurde das Goebbels'sche Ministerium das Zentrum der NS-Geisterverwirrung. Neben den üblichen Propagandamitteln („gegen die Schmach von Versailles“, „für einen Kampf gegen das Weltjudentum“ und „Lebensraum im Osten“, „für Frieden und Gleichberechtigung“), verstand es die Goebbels'sche Maschine, Adolf Hitler als politischen Markenartikel einzuführen und fast bis zum bitteren Ende unter Deutschen marktfähig zu halten. In bisher nicht gekannter Perfektion verstanden es die Nationalsozialisten, biedere Methoden der Reklame hinter sich zu lassen und die Propaganda als Mittel der Beherrschung einzusetzen.

Mit Tricks wurde dabei nicht gespart. So richtete Goebbels im Krieg in seinem Ministerium ein eigenes Referat für Sprüche und Witze ein. Vermutlich wurde ministeriell die parteiamtliche Bezeichnung Hitlers als „größter Führer aller Zeiten“ abgewandelt in den Berliner Kürzeljargon Gröfaz – um festzustellen, in welcher Form, nach welcher Zeit und in welchen Kreisen diese und ähnliche Propagandaartikel umliefen und zurückkamen. Dazu zählt im Zusammenhang mit der Entlassung von Großadmiral Raeder als Oberkommandierendem der Marine in Abwandlung des auf Kriegswirtschaft abgestellten amtlichen Spruches „Räder müssen rollen für den Sieg“ die verballhornte Version „Räder muss rollen für den Sieg“ (nachdem der Admiral von Hitler entlassen worden war).

Gespart wurde in der NS-Propaganda von Beginn an nicht. Aus einer Begleiterscheinung oft dilettierender Publikumswerbung wurde ein Zentrum indoktrinierender Massenbeeinflussung. Unter der Regie von Goebbels entstand ein im wahrsten Sinn des Wortes verfängliches Netzwerk: der Volksempfänger als erste Kommunikationsstufe für den teilweise wirkungsvollen Redner Hitler; die Wochenschau als visuelle Einflussmaschine, die gleichgeschaltete Presse mit täglichen Detailanweisungen über die Platzierung politisch von Goebbels als relevant eingestufter Vorgänge samt Kommentierungstendenzen entweder durch vertrauliche Zirkel mit den Chefredakteuren oder durch die tägliche Reichspressekonferenz in Berlin.

Ufa, Spiel mit dem Ernst

Nicht nur wegen seiner stadtbekannten Neigung gegenüber Filmschauspielerinnen setzte Goebbels mit virtuoser Rücksichtslosigkeit erstmals den Film als Indoktrinationsmedium ein. Wie die Printmedien wurde die bestimmende Universum-Film-AG, die Ufa, zuerst personell gesäubert (indem Produzenten, Regisseure und Schauspieler in die Emigration gedrängt wurden wie P. Czinner, Elisabeth Bergner, Wilhelm Dieterle, Marlene Dietrich, Fritz Lang, Ernst Lubitsch, Max Ophüls, Otto Preminger, Billy Wilder, Frank Zelnik, Fred Zinnemann). Dann folgte die Gleichschaltung in Thematik, Dramatik und Propaganda, z. B. getreu der ursprünglichen England-Neigung Hitlers „Die englische Heirat“, „Mazurka“ von Willy Forst zur Einstimmung auf das Lebensraum-Begehren, „Robert Koch“ mit Emil Jannings in Sachen Herrenmenschentum, „Der Postmeister“ als Dekadenzbeweis, „Münchhausen“ als Ablenkungsmanöver, „Romanze in Moll“ zur Befriedigung des Romantikbedarfs, „U-Boote West“ mit dem PR-Ziel Militarisierung, „Heimat“ mit Zarah Leander mit dem PR-Ziel „Verteufelung der Ostvölker“, „Wunschkonzert“ als Anti-Heimweh-Droge oder „Kolberg“ als Durchhalteparole.

Von vornherein sorgte Goebbels für gezielte Auslandspropaganda durch die NS-Diplomatie, die Beeinflussung, Bezahlung oder auch Bestechung von Printmedien, während des Krieges vor allem in den besetzten Ländern. Dazu Kurzwellenradio mit neuartiger Verstärkertechnik und aufwendige Spezialprodukte wie die Farbillustrierte „Signal“ im Lifestyle (offiziell vom Oberkommando der Wehrmacht – ausschließlich für Verbreitung im Ausland – herausgegeben) oder im Krieg die als nobel aufgemachte Zeitung „Das Reich“ mit einem gewissen redaktionellen Spielraum und mit regelmäßigen Leitartikeln von Goebbels, dem letzten im April 1945.

„Wollt Ihr den totalen Krieg?"

Propagandazweck und -ziel der NS-Herrschaft war spätestens mit der Vorbereitung und Durchführung des Krieges weniger auf Ideologie im Sinne der Partei ausgerichtet als auf die Taktik, die Symbolik des Reiches mit dem Mythos von Hitlers Führerschaft zu verquicken. Geschickt wurde die Bewusstseinslage nach Hoffnung, Verbesserung und Erfolg, nach der Demütigung durch den Versailler Vertrag und der tatsächlichen oder drohenden Not der Weltwirtschaftskrise und der Arbeitslosigkeit propagandistisch umgemünzt in ein Heilsversprechen. Derart planmäßig organisiert und großzügig finanziert wurde die Hitlerpropaganda nach 1939 zu einem zentralen Teil der psychologischen Kriegsführung. „Feind hört mit" zählt noch zu den relativ harmlosen Beispielen von Public Relations. Mit der Einführung der Figur des Kohlenklau lieferte die NS-Propaganda ein weiteres Beweisstück ihrer vorübergehenden Wirksamkeit. Um Strom zu sparen und damit den heraufziehenden Versorgungslücken durch Bombenschäden und Personalmangel entgegenzuwirken, wurde an Bürgerdisziplin und Sparsamkeit beim Strom appelliert. Ein kleines, schwarzes Männchen mit einem Sack auf dem Rücken, als ob er Kohle geklaut hat, neben einem Lichtschalter ließ den Stromverbrauch privater Haushalte um mehr als 30 % sinken.

Was mit der Sehnsucht nach dem „starken Mann" begonnen hatte, mit dem Personenkult um den Parteiführer Hitler fortgesetzt wurde und schließlich in seinem Image als Staatsmann seinen Höhepunkt erreichen sollte, wirkte sogar noch nach, als sich das Kriegsglück wendete und die Katastrophe herannahte. Fast bis zum Ende blieb die Person Hitler von Krieg, Tod, Verfolgung und Not an der Heimatfront zunächst wie abgehoben. Das zeigte sich, wenn es um Unangenehmes oder Tragisches ging, bei dem zum

Schluss hintergründig benutzten Sager: „Wenn das der Führer wüsste.“

In der letzten Phase der Goebbels'schen Inszenierung „Wollt Ihr den totalen Krieg?“ als Aufputschmittel nach der Wende des Kriegsglücks im Berliner Sportpalast im Jahre 1943 wurde die Propagandatechnik noch einmal auf Heroismus und Mitleid gedreht. Im Auftrag Hitlers glaubten Goebbels und die Seinen, den Deutschen weismachen zu können, das verfallende Reich könnte mit den Westmächten gemeinsame Sache gegen den „Weltbolschewismus“ machen. Zu spät, diesem letzten Propagandatrick Goebbels glaubten nur noch wenige, bevor das Gespinst aus Angabe und Lügen endgültig zerriss.

„Hier baut der Marshallplan“

Was haben 1918, 1945 und 1989 gemeinsam? Propaganda. So unvergleichlich Ursachen und Wirkungen waren, so symptomatisch diese dreierlei Versuche am Bewusstsein herumzudoktern, den Massen zuerst etwas vorzumachen, dann zu versprechen und sich schließlich von der Wirklichkeit überholt zu sehen. Nach dem Ersten Weltkrieg ließ sich die Niederlage nicht nur als Schande darstellen, sondern als Machenschaften geheimer Kräfte. Die Wahrheit, in einen Krieg hineingetaumelt und einer 25fachen Übermacht erlegen zu sein, wurde auf Jahrzehnte vielfach durch die Selbstlüge verdrängt, ausschließlich die anderen seien schuld, der Versailler Vertrag nichts als dämonische Demütigung. Was einem Hitler Emotionen und Argumente zu liefern schien, die Schmach müsse ausgetilgt werden, umriss der erste deutsche Bundespräsident, Theodor Heuss markant: „Die Geburtsstätte der nationalsozialistischen Bewegung ist nicht München, sondern Versailles.“

1945 bot sich die Chance, den Stab über das deutsche Schicksal nicht ein zweites Mal zu brechen und aus den Fehlern falsch verstandener Siegermentalität zu lernen. Staatsform und Gesellschaftspolitik also nicht als unerwünschten Import fremdländischer Siegerjustiz, sondern als eigenständige Alternative zum missbrauchten Militarismus, angemaßten Imperialismus und überzogenen Nationalismus. Deutsche waren es, die an einer ideologischen Entnazifizierung, an der Vision eines besseren und kalkulierbaren Deutschland arbeiteten, bevor noch alliierte Erziehungsoffiziere tollpatschig oder rachsüchtig darangingen, mit dem Rasenmäher der Besatzungsmacht alle gleich zu behandeln.

Der Selbstauflösung der Monarchien und dem Verlassenheitssyndrom der ersten Katastrophe steht das Überlebensgefühl nach der zweiten Katastrophe aus mehreren, nicht zuletzt gesellschaftspolitischen Gründen gegenüber. Dumpfe Reaktion und schier unkontrollierte Ausgelassenheit und handfester Wiederaufbauwille sowohl der materiellen als auch der immateriellen Trümmer. Wurden Republik und Demokratie als Fremdkörper in des Wortes doppelter Bedeutung nach dem Ersten Weltkrieg empfunden, so bot sich nach dem Zweiten Weltkrieg mit Demokratie und Marktwirtschaft ein zwar neues, aber nicht vollständig aufoktroyiertes System an. Nach dem 31-jährigen Krieg von 1914 bis 1945 sorgte die heraufdämmernde psychologische Revolution für das Begehren nach einem wirklichen Neustart. Ein anderes System war gefragt und eine andere Generation politischer Führung gefordert.

Marktwirtschaft – Zusatz „sozial“

Ein bieder wirkender Franke wurde zum Glücksfall für einen von Anfang an unbestrittenen und Erfolg versprechenden Neubeginn: Ludwig Erhard. Mit seiner Kampfansage an den totalen Staat und seine Zentralverwaltungswirtschaft ging er weit über die Ordnungspolitik hinaus und wurde zum charismatischen Verfechter einer mehrdimensionalen Freiheit. Durch den Zusatz „sozial“ bei der Marktwirtschaft wies er den Weg zeitgemäßer Gesellschaftspolitik für die zweite Hälfte des 20. Jahrhunderts nicht nur für die Deutschen, sondern für ganz Europa. In der Kombination mit

Konrad Adenauer, dem geläuterten Traditionalisten, stellte sich den Deutschen ein Führungsduo, dessen Fernwirkung bis ins neue Jahrtausend reicht. Der Marshallplan wurde zum Hilfsaggregat, nicht jedoch zum bestimmenden Motor. Wie sollte die amerikanische Hilfe in Europa publik gemacht werden? Mit Wersprüchen, wie für Coke oder Autos? Mit alten Propagandatricks? In Siegerlaune par ordre du mufti? Mit amerikanischen oder mit europäischen Methoden? Nach Zänkereien über den Atlantik hat sich Washington der These gefügt, mit europäischen Methoden zu versuchen, an das Bewusstsein des Durchschnittsbürgers heranzukommen. Wiederaufbau besser als Schleichhandel, Anpacken besser als Abwarten, persönliche Leistung besser als Staatsvertrauen, Wettbewerb besser als Machtkartelle, freier Handel besser als Bürokratie.

„Nur die Umkehr kann uns Rettung bringen“, meinte Ludwig Erhard in einer Radioansprache im Notjahr 1945. „Und wir sollten diesen Weg gehen, nicht weil wir müssen, sondern weil wir es so wollen - weil wir aus moralischen und wirtschaftlichen Gründen zugleich alles daransetzen müssen, um uns wieder in die Gemeinschaft der Völker einzureihen.“ Nach Lebensmittellieferungen und Finanzierungshilfen für Fabriken, Wohnungen und Infrastrukturen gewöhnte sich nicht nur der durchschnittliche Westdeutsche an den Marshallplan, nachdem Stalin in seinem Herrschaftsbereich verboten hatte, die angebotene US-Hilfe anzunehmen.

Kurt Schumacher, der Parteiobmann der SPD, ging mit einem Labour-Abgeordneten, der ihn besuchte, in das Bonner Bundeshausrestaurant. Ein Hin und Her, wer bezahlt. „Seien Sie doch mein Gast“, so Schumacher gewohnt doppelsinnig, „es ist gleich, ob die Rechnung aus deutschen oder englischen Marshall-Plan-Geldern bezahlt wird.“

Ohne Blutvergießen, ohne Terror tritt vier Jahrzehnte später, 1989, erneut eine historische Zäsur ein. Das westliche System siegt über den maroden Ostblock. Der Wettkampf der Systeme ist eindeutiger entschieden, als es selbst die schlaueste Propaganda hätte ahnen lassen. Mit der Mauer fällt die Spaltung Europas. Mit dem

Ende des Kalten Krieges verblassen ideologisierte Konfrontationen – etwa mit dem so genannten Sozialismus, kleinkarierte Ursachenforschung, wie es zur Spaltung kam, wer dafür verantwortlich ist und der Versuch, aus der deutsch-deutschen Konfrontation Staatsideologie und kommunistische Volksidentitäten abzuleiten.

Was im DDR-Handbuch zu lesen steht, wirkt wie der Abgesang aus der Gruft einer gescheiterten Blockideologie: „Im Mittelpunkt des Bildes der Entwicklung in Ost- und in Westdeutschland in den Nachkriegsjahren steht die einseitige, die Alleinvertretungsanmaßung bereits von der Anlage her widerspiegelnde Darstellung desjenigen politischen Weges, der vom Nazireich unter Verhinderung eines einheitlichen demokratischen gesamtdeutschen Friedensvertrages über die restaurative Entwicklung in den Westzonen zur Spaltung Deutschlands und zur Bildung der Bundesrepublik Deutschland als westdeutschen Separatstaates geführt hatte." Man glaubt, Walter Ulbricht, den Stadthalter Stalins, mit seinem verdrechselten Funktionärsdeutsch zu vernehmen. Misczyslaw Rakowski, Chefredakteur von „Polityka" und ZF-Mitglied in Warschau, formuliert 1950, als die deutsche Spaltung festgeschrieben schien, die Parteilinie über die Endgültigkeit der Oder-Neiße-Linie immerhin journalistischer: „Die DDR war jahrelang der einzige deutsche Staat, der in Osteuropa um die Wiedergewinnung des Vertrauens zur deutschen Sprache, zur deutschen Kultur, zu all jenen nationalen Werten warb, derer sich das deutsche Volk immer rühmen konnte."

Während die Ostdeutschen schnell und nachhaltig gelernt hatten, den Wortschwall zu durchschauen, zu hinterfragen, zwischen den Zeilen zu lesen und sich einen eigenen Reim auf das kommunistische Biedermeier zu machen, konditionierte sich Westdeutschland vielfältig. Demokratie und soziale Marktwirtschaft erwiesen sich als erfolgreiches Koppelprodukt. Keine Frage zur Akzeptanz einer anderen, einer neuen Staats- und Gesellschaftsform. Was in den zwanziger Jahren als ungeliebter Ideenimport von Demokratie und Kapitalismus die Gemüter erregte und dabei auch einem Hitler – gewollt oder ungewollt – nützte, war im Wirtschaftswunderland so gut wie kein Thema mehr. Propaganda im engeren Sinn hatte das westliche Modell zwar nicht nötig, aber im Kalten Krieg, vor allem um die Behauptung von Westberlin, überschritt auch der Westen die Grenzen von Werbung zu Propaganda. Die Mauer und der Eiserne Vorhang machten es dem Westen leichter, den Osten in die Defensive zu drängen - politisch, moralisch und nicht zuletzt wirtschaftlich. Dass er dabei teilweise Gefangener der eigenen Gegenpropaganda - vor allem in Fragen der Wirtschaftskraft, der Sicherheitspolitik sowie der östlichen Militärmacht - geworden war, stellte sich erst nach der Wende heraus. Im Eifer des Kalten Krieges erkannten weder die Politiker noch die Militärs und auch nicht die Geheimdienste des Westens, wo die eigentlichen Stärken und Schwächen des Ostblocks lagen. Wie ein Eigentor lässt sich mit dieser Fehleinschätzung auch erklären, dass die DDR in Wahrheit ebenso pleite war wie der ganze Ostblock, dass das geplante Wirtschaftswunder im „real existierenden Sozialismus“ gar nicht stattgefunden hat und dass die Kampfkraft der Ostblockarmeen weit überschätzt wurde.

Geradezu Tragisches hinterlässt der deutsch-deutsche Propagandakrieg in der Bevölkerung der neuen Bundesländer. Von der eigenen Propaganda abgestumpft und vom Dauerkonsum westlichen Fernsehens korrumpiert, stolperten viele Ostdeutsche in eine Doppelfalle: Sie unterschätzten das Versagen jenes Systems, in dem sie - nolens volens - vier Jahrzehnte gelebt, gearbeitet und oft auch als abendländische Zivilisten gedarbt hatten. Und sie überschätzten die denkbare Automatik bei der Übertragung westlicher Lebensart, westlichen Konsums und westlicher Freiheitsfährnisse.

Westdeutsche, vom Krieg der Worte ebenfalls beeinflusst, glaubten, die DDR als Ganzes politisch und ökonomisch stemmen und in einer Art unbewusster Kolonisierung auf Westnorm trimmen zu können. Weil das Ausmaß des Raubbaus des Ostblocksystems zum Zeitpunkt der Wende weder in Ost noch in West richtig eingeschätzt werden konnte, fehlten im deutsch-deutschen Verhältnis vor Vollzug der Wiedervereinigung die Proportionen.

Wie tief die gegenseitige Verteufelung, Verdächtigung und auch Verunglimpfung gesickert waren, zeigt sich noch Jahre nach der Einheit. Starkes Gefälle im Bewusstsein, gepaart mit wirtschaftlichen, sozialen und auch kulturellen Unterschieden, ließ die Frage lange Zeit unbeantwortet, ob es zwischen West und Ost in Deutschland einen dritten Weg geben könnte. Bevor noch Antworten gedacht oder gar gefunden und umgesetzt werden konnten, gingen die Verhältnisse über diese Fragestellung hinweg. Restbestände der gegenseitigen Propaganda reichten gerade noch aus, um Misstrauen wach zu halten. Nur allmählich kann sich die Erkenntnis durchsetzen, dass zum säkularen Vorgang der deutschen Wiedervereinigung ein Integrationsprozess gehört, der ein halbes Jahrhundert Diktatur, Staatsallmacht und Bevormundung nicht ungeschehen machen kann (und im historischen Zusammenhang wohl auch nicht soll).

Umso höher ist die Selbstbefreiung der Deutschen in der DDR von 1989 zu bewerten. Ein spießiger Obrigkeitsstaat kollabiert vor aller Welt, weil sich ein Block überlebt, überanstrengt hat und an dem eigenen Weltmachtanspruch wegen ideologischer Fäulnis und ausgeleierter, arroganter Machtapparaturen zu Grunde gegangen ist. Was den Beitrag der Deutschen am Zusammenbruch dieses politischen Blocks anbetrifft: ein ungewöhnliches Maß an wach gewordenem Bürgersinn und die gewaltlose Verabschiedung eines verrotteten Systems. Sie handelten ohne Führer, ohne Macht, ohne Organisation, lediglich aus dem Gefühl heraus, die Zeit sei reif zur Selbstbefreiung. Dies ist in einem Schub von Zivilcourage geschehen, wie sie in der deutschen Geschichte wahrlich einmalig ist.

9.

Was im Schoße der Deutschen schlummert

Elend kriecht aus den Trümmern. Welch Zwiespalt der Gefühle – Erleichterung, dass nicht mehr geschossen, gemordet, geflüchtet und gestorben wird, und die Erkenntnis, aus dem Traum oder dem Alptraum von einem Deutschen Reich, das führt, wachgerüttelt zu sein. Als Zwischeneuropa war Deutschland 1945 ein Vakuum, menschlich, politisch, wirtschaftlich, militärisch. Damals nannten sie es „Stunde null" und meinten eine neue Zeit. Was für eine Zeit? Die alte, die belastete, die gescheiterte Ordnung weicht gespenstischer Ruhe. Die ums Überleben kämpfen – Trümmerfrauen, Soldaten in den Gefangenenlagern, Verwalter des ökonomischen Nichts, Hungerleider, Trümmerbetrachter und selbst Schwarzhändler leben bestenfalls der Gegenwart. Kollektivismus der Not. Millionen, die kein Dach über dem Kopf haben, Flüchtlinge in einer der größten Völkerwanderungen und die Hierbleiber und Habenden – sie alle igeln sich ein. Nur leben. Nur zu essen, zu tauschen haben und dabei das Allernotwendigste zu ergattern.

Ein strahlender, ein wärmender Sommer des Jahres 1945 machte es etwas leichter, dem Tag zu genügen. Nach dem ersten Eingeständnis der Katastrophe, nach den ersten – eigentlich verbotenen – Kontakten zu den Besatzungsmächten, nach den ersten Grauen erregenden Bildern von den Konzentrationslagern – ein Schock ohnegleichen – und nach den ersten Lebensmittellieferungen der UNRRA keimte gar manche bescheidene Hoffnung. Für das große, das moralische oder gar politische Aufräumen freilich reichte es unter Deutschen noch lange nicht. Mit der Souveränität, mit der Selbstverantwortung schienen gar manche die Selbstachtung an der Garderobe abgegeben zu haben. Mit dem Mythos Hitler wirkten auch Werte wie Patriotismus, Gemeinsinn und Solidarität verschlissen. Wegwerfprodukte der neuesten Geschichte, gewiss, es wurde angepackt, um die Trümmer zu beseitigen, die Wege wieder gangbar zu machen. Dies geschah gegenständlich, fürs Erste weder politisch noch gesellschaftlich. Anders als 1918 mit seinem weit verbreiteten, stets erneuerbaren Bewusstsein wirkte der Schock der Niederlage diesmal total.

Zwei Niederlagen, kein Vergleich

Dass tausend Jahre deutsche Geschichte endgültig zur Vergangenheit gemacht wurden, kam den Zeitzeugen am Ende des Ersten Weltkrieges nur allmählich zum Bewusstsein. Den Doppeluntergang der habsburgischen und der hohenzollerischen Monarchie umgab das Flair des Morbiden, für viele gar des Überflüssigen. Bis zum Neuanfang freilich reichte die Gefühlsspanne damals nicht. Allzu viele fühlten sich hereingelegt, hinterrücks zu Fall gebracht, mit einer Revolution konfrontiert, die sie entweder nicht verstanden oder einfach nicht wollten, und wenig später einem Friedensvertrag erbarmungslos ausgeliefert, den sie als Scham und Schande empfanden. Viel Hass und wenig Hoffnung wurden 1918 in die Seelen vieler Deutscher geträufelt, die sich zu Unrecht behandelt und ihrer Zukunft beraubt fühlten. Den Zusammenbruch konnte und wollte man weder verstehen und reagierte unpolitisch bis ins Mark. Weil Unglück herrschte allerorten, hielt sich Verweigerungstrotz, gepaart mit demonstrativer Verachtung der (ungerechten) Welt ringsum.

Anders und unvergleichbar zweieinhalb Jahrzehnte später. Die Dämonie Hitlers hatte sich verbraucht und wie schlagartig verflüchtigt, bevor noch dieser verklemmte Mann Hand an sich legte. Mit den letzten Schüssen war es schlagartig vorbei mit der perfektionistisch-bürokratischen Herrschaftsapparatur. Gefühle, oft missbraucht, und Stimmungen, vielfach fehlgeleitet, erstarrten wie im Schock.

Das Inferno der Niederlage hinterließ jedoch – anders als 1918

– zwischen den Trümmern eines Reiches, einer Weltanschauung, einer Gesellschaft und einer Ökonomie immer noch einigen Spielraum für den Neubeginn. Allmählich dämmerte zwar vielen, dass man sich umsonst und vergeblich für einen Führer, eine Sache, ein Reich und einen Krieg engagiert hatte. Als der Hitler-Mythos zerbrach, erhielten Frieden und Freiheit für viele Deutsche, freilich nicht alle, einen anderen, allmählich einen versöhnlicheren Klang.

Leben, nicht sühnen

Dennoch – was unter „Unconditional Surrender“ in seiner Totalität zu verstehen ist, erwies sich als Test auf die Standhaftigkeit der Deutschen. Roosevelt und Churchill hatten in Casablanca im Jahre 1943 mit der Forderung nach bedingungsloser Kapitulation des Dritten Reiches die Latte bewusst hoch gelegt. Dem Deutschen sollte der vollkommene Kollaps der braunen Diktatur vorgeführt und in seinem Gefühlsleben deponiert werden. Es bedurfte mitten im Zweiten Weltkrieg keiner psychologischen Kriegsführung, um die Dimension eines solchen Begehrens politisch und praktisch zu erfassen. Hitlers Kriegsglück begann ohnedies zu kippen. Was 1918 die Dolchstoßlegende und das angeblich unpatriotische Verhalten der „Novemberverbrecher“ (Hitler) war, sollte am Ende des Zweiten Weltkrieges in die Anonymität der Gesamtverantwortung, freilich nicht der Kollektivschuld, verwiesen werden.

2. Versuch: Bolschewisierung Deutschlands

Vor allem leben wollten die Deutschen, nicht dienen. Kaum war der heiße Krieg vorbei, zog der Kalte Krieg herauf. Verzichten, sich nicht bekreuzigen, nicht nach Schuld und Sühne fahnden, Vergangenheit „bewältigen“. Mit der Wucht eines säkularen Vorganges setzte die Teilung Europas dort an, wo es am meisten schmerzt und zugleich heilt, jedenfalls am deutlichsten darzustellen ist – in Deutschland. Als Hitlers Krieg mit der Besetzung durch die damals noch Alliierten endete, begann sich ein Jahrhundertereignis, politisch geplant und generalstabsmäßig exekutiert, einzuschleifen. Die Teilung Europas. Für die Deutschen Schmerz und Chance zugleich: Schmerzlich, besetzt und geteilt, einer gesamtdeutschen Identität beraubt zu sein; welche Möglichkeiten sich aber zugleich im Westen ergaben, mit dem prompten Wiederaufbau unter Adenauer akzeptiert zu werden.

Der Kalte Krieg zwischen den atomar aufrüstenden Supermächten USA und Sowjetunion hatte noch nicht recht begonnen, und schon war sein Keim im darniederliegenden Zwischenreich gelegt. Im Osten Deutschlands marschierten mit den T-34-Panzern willfährige Emigranten wie Walter Ulbricht ein (die nach dem Zweiten Weltkrieg in Stalins Auftrag zu vollziehen hatten, was nach dem Ersten Weltkrieg misslungen war, nämlich eine exemplarische Bolschewisierung Deutschlands als Vorzeigemodell für die so genannte Weltrevolution).

Im Westen wollte man die Boys, die untrainierten Sieger, möglichst schnell nach Hause bringen, also militärisch abrüsten und politisch aufrüsten. Dem imperialen Beherrschungsanspruch aus Moskau sollte mit Demokratie und Marktwirtschaft ein ziviles Koppelprodukt entgegengestellt werden. Die östliche Supermacht sah die Zeit gekommen, die Träume der Zaren, der Herrscher aller Reußen, Wirklichkeit werden zu lassen und die Mitte Europas zu russifizieren.

Die westliche Supermacht glaubte, sich noch leisten zu können, zwischen Isolationismus und transatlantischem Engagement zu schwanken. Wie sich die Sieger sowohl strategisch als auch taktisch unterschieden und der Westen Stalins ideologisierten Beherrschungstrieb erst allmählich durchschaute, geschah für die Deutschen auf dem European Theater Grauenhaftes: die Vertreibung. Außerdem hielten sich Reste der Anti-Hitler-Koalition, bevor – im ideologischen Gegenzug – Washington auf Antikommunismus drehte und einem Demagogen wie McCarthy eine Zeit lang die Szene überließ (bevor sich die US-Politik voll auf die NATO einpendelte).

Molotows neun Millionen Deutsche

Der sowjetrussische Außenminister Molotow wollte neun Millionen Deutsche aus den verschiedenen Regionen Osteuropas vertreiben. Stalin hatte nur Hohn und Spott übrig für den Versuch der Westmächte, die erzwungene Völkerwanderung, die größte seit langem (mit schwächlichen Demokraten etwa in Prag), zu organisieren und versuchsweise zu humanisieren. „Wer“, fragte der Herrscher aus dem Kreml auf der Potsdamer Konferenz, „serviert schon Senf nach dem Essen?“ Während sich die Großen auf Schloss Cäcilienhof, dem Potsdamer Wohnsitz des deutschen Kronprinzen, die Beute aufteilten und ihren eigenen Interessen mehr oder weniger trickreich nachjagten (womit nach dem Weltkrieg die Weichen für den Kalten Krieg bereits gestellt wurden), nahm die Tragödie der Deutschen ihren Lauf. Bei der Ostvertreibung sind – nach neuesten Berechnungen – mindestens 1,7 Millionen Deutsche umgekommen. Insgesamt spülte diese Völkerwanderung über 12 Millionen Flüchtlinge nach Westdeutschland. Bald jeder fünfte Deutsche suchte mit einer neuen Heimstatt ein anderes, ein besseres Leben. Genug mit Krieg, genug jedoch auch mit Politik, Ideologie und Beherrschung durch ein Kollektiv wie das braune. Bunt, vielfältig zu sein, wurde zum Inhalt westlicher Lebensziele.

Dach über dem Kopf und mehr

Freiheit sollte mehr sein als eine beliebige Worthülse. Vielmehr ein Prozess, bei dem das Angebot der Möglichkeiten im Mittelpunkt humanisierter Abläufe steht. Erst suchend, tastend und zögernd bildeten sich fast unversehens Ansätze einer neuen deutschen Gesellschaft heraus.

Eigenart anzustreben und zu haben, galt nicht mehr als verdächtig, sondern erstrebenswert. Widerspruch wurde allmählich eingebaut. Rückfragen waren erlaubt und Individualität erwünscht, zumindest im Prinzip. Kein elitäres Rezept, sondern eine Art mittelständisches Biedermeier. Man wollte weiterkommen, etwas erreichen und dasselbe dann auch noch vorzeigen. Was mit dem Dach über dem Kopf begann, sich in steigendem Einkommen ausdrückte, mit dem eigenen Auto und der Auslandsreise gleichsam symbolisiert wurde, veränderte die gesellschaftliche Substanz im westlichen Deutschland. Für die einen willkommen, für die anderen verdächtig, entstand ein Gemeinwesen, das schneller, nachhaltiger und bald mehr beneidet dastand als alles in der deutschen Geschichte. Der Ruhrkumpel, der akquisitionsfreudige Handelsvertreter, der lernbegeisterte Student, die tüchtige Sekretärin und der selbstbewusste Handwerker spiegelten in einem bunten Kaleidoskop eine andersartige, bis heute oft ungewohnte Klassenstruktur. Obrigkeitsstaat ade, wo einst Adel, Kirche, Justiz, Militär und Beamte den Ton angaben und Hitler diese und ähnliche Strukturen gleichzuschalten verstanden hatte, pendelten sich neue Hierarchien ein. Demokratie als akzeptierte Alternative.

Mit der Macht und ihrer politischen sowie wirtschaftlichen Verteilung entstand im Wettkampf der Systeme auf westlicher Seite so etwas wie ein Bollwerk. Deutschland geriet zum Eckpfeiler, der gepflegt und gefördert gehört. Im Inneren nicht immer uniform und unumstritten (wie etwa im Jahr 1968), wirkte das Wirtschaftswunderland als Integrationsfaktor eigener Art. Leben und gut dazu, wurde wichtiger als gehorchen. Von der klassenlosen Gesellschaft noch immer reichlich weit entfernt, fand mit allmählich gelebter Demokratisierung eine Mentalitätsläuterung statt. Schritt für Schritt entfernte sich „der" Westdeutsche von den alten Klischees des treudeutschen Michel mit der Zipfelmütze, des zackigen Gardeleutnants oder des ungehobelten Rechthabers. Was zu zählen begann, war Freunde zu haben, sich etwas Eigenes zu schaffen, mit der Familie eine ungestörte Privatsphäre zu genießen, von sich aus zu helfen, Freizeit zu konsumieren und selbst für Krankheit und Alter vorzusorgen - ein Idealbild gewiss, in Annäherungswerten jedoch bald nach 1945 vorhanden. Dass dabei Entwicklungen nicht gleichförmig, synchron und reibungslos verliefern, nahm diesen Werten in der Bundesrepublik Deutschland nichts an Zugkraft. Auch war das Koppelprodukt „Demokratie und soziale Marktwirtschaft“ von Rückschlägen nicht frei. Im Wirtschaftswunderland blickten viele lieber vorwärts als rückwärts, ließ man die Vergangenheit ganz gerne links liegen.

Selbstverwirklicher statt Kadavergehorsam

Weil der Westdeutsche vom Obrigkeitsstaat nichts (mehr) wissen wollte, entwickelte er eine Lebensart, die sich von der Rachementalität der Weimarer Republik ebenso unterschied wie von dem aufgepfropften Anspruch, mitteleuropäisches Exerzierfeld kommunistischer Weltrevolution zu sein. Wirtschaftswunderbürger statt Untertanen, aufsässige Selbstverwirklicher statt Scheinsolidarität und Kadavergehorsam. Die gesellschaftlichen Strukturen, politisch angelegt und zeitweise militärisch abgesichert, ließen die Deutschen auseinander leben - obwohl das Wort Wiedervereinigung nicht aus dem politischen Vokabular gestrichen war.

Was es für die Bevölkerung heißt, Fehler der Führung und die Niederlage eines Systems zu erkennen und den eigenen Beitrag richtig einzuordnen, sollte sich beim dritten deutschen Test dieses Jahrhunderts noch einmal erweisen, nämlich bei der Wende von 1989.

Deutsche gegen Deutsche hieß es bei der Zeitenwende nicht nur im Verhältnis zwischen Westdeutschen und Ostdeutschen. Auch innerhalb der ostdeutschen Gesellschaft stellten sich tiefe, bisher von kommunistischer Macht oder Propaganda überdeckte oder getarnte Risse heraus. Hier die Machthaber, die Bonzen, die Apparatschiks, die Profiteure des Regimes, die Privilegierten und die Raffinierten eines geschlossenen Beherrschungssystems aus Staatspartei, Militär, Geheimdienst und willfährigen Vollzugsorganen sowjetrussischer Politik. Gradlinig erleben 17 Millionen Deutsche die Verlängerung des braunen Untertanengeistes in kommunistischer Variation. Nur kleinkarierter, zeitweilig konsequenter, wenn auch weniger gewalttätig und skrupellos als die Katastrophe des Zweiten Weltkrieges und die Tragödie in und mit den Konzentrationslagern.

In ihrer Geschlossenheit und spießigen Perfektion verloren die DDR-Führer freilich die Bodenhaftung im eigenen Herrschaftsbereich und das Augenmaß für politische und gesellschaftliche Proportionen. Herr und Frau Jedermann lebten in ihrer Deutschen Demokratischen Republik – die weder demokratisch noch republikanisch wirkte – ihr Eigenleben, losgelöst von Polizeidruck, Staatssicherheit oder beruflich/persönlicher Repression.

Dies geschah mit geschickter Nutzung der kleinen Freiräume, die jenseits der eigentlichen Freiheit selbst in der kommunistischen Diktatur zu ergattern waren. Anders als Durchschnittsbürger anderer Gesellschaftsordnungen verstanden sie es, dem Besatzungsregime, als das die DDR bis an ihr ruhmloses Ende weithin empfunden wurde, gleichsam den Rücken zuzudrehen. Man wich der Repression aus und konsumierte die Nestwärme einer großen Gleichmacherei auf niedrigem Niveau. Mangel ließ gar zusammenrücken. Die Unterversorgung an Gütern und Waren des täglichen Verbrauchs. Was unter Hitler zu lernen war – zwischen den Zeilen lesen – und „Organisieren" (einschließlich der Anwesenheit am Arbeitsplatz – nicht gleichzusetzen mit produktiver Tätigkeit) –, blieb unter Ulbricht und Honecker Teil der Überlebensstrategie. Knapp begrenztes Leben à la DDR.

Ewige Wartezeiten für Autos wie den Trabi mit zehn bis zwölf Jahren Lieferzeit, Reisebeschränkungen und andere Abhängigkeiten von untergeordneten Instanzen, die ihre Macht schikanös ausspielten, gehörten dazu – Gewerkschaftler, die Jobs, Studien-, selbst Ferienplätze und andere „Privilegien" vergaben.

Jahrelang fand man sich mit der allgemeinen Beengung ab,

weil sie alle traf und eine Solidarität unter Deutschen gegenüber dem fremd gebliebenen Machtapparat und seiner Hybris entstehen ließ. Mit der totalen Bewirtschaftung des Menschen haben sich die Ostdeutschen allmählich abgefunden, zumal Eliten das kommunistische Ostdeutschland längst in Richtung Westen verlassen hatten. Eine negative Auslese. Die Begabten, die Tüchtigen, die eigenwilligen und die Initiativen hatten einem Regime den Rücken gekehrt, das auf Befehl und dessen Ausführung und nicht auf Eigenart und Kooperation abgestellt war. Oben die Kaste der Herrschenden und unten die Masse des Durchschnitts.

Man hatte sich arrangiert, man hatte resigniert, man hatte die Mauer schließlich hingenommen. Die Teilung wurde von den Ostdeutschen unter „unausweichlich“ tunlichst verdrängt. Im kleinen Kampf mit den Schikanen der Großen entwickelte sich ein Typ Überlebenskünstler. Angewandter Trotz als Beweis und als Selbstbestätigung gegenüber einem fremd gebliebenen Regime. Hoffnungen ranken sich höchstens um die Werbespots im Westfernsehen. Entintellektualisierung schien der DDR-Führungsclique sogar das Leben leichter zu machen.

Um so nachhaltiger der Schock der Wende

War das Ende des Krieges 1918 als auch 1945 jedermann als tiefer Einschnitt erkennbar und von vielen herbeigewünscht, so verhielt es sich bei Test Nummer drei auf die Belastungsfähigkeit der Deutschen – 1989 – anders und unvergleichbar. Was jahrelang unter Ostdeutschen geschlummert hat, Bürgersinn, Eigenständigkeit und Lust an der Freiheit, entlud sich mit unausweichlicher Dramatik.

Als die Mauer fiel, erwiesen sich die Ostdeutschen, die diesen Fall selbst herbeigeführt hatten, für die Freiheit wie selbstverständlich reif. Von einer Minute zur anderen vereinigte sich wieder, was jahrzehntelang zur Trennung verdonnert war: deutsche Zusammengehörigkeit als Urstrom, als Vorzeigestück der Selbstbestimmung, als Rückkehr nationaler Gesinnung und von erfrischender Transparenz, sogar Internationalität. Was mit der neuen Reisemöglichkeit für 17 Millionen Deutsche äußerlich seit 1989 markiert wird, geht einher mit einem Liberalisierungsvorgang des Denkens, wie er in der Geschichte selten zu beobachten ist. Wie die Deutschen von der wiedergewonnenen und teilweise zurückgegebenen Freiheit Gebrauch machen, zeigt zugleich einige Kontinuitäten des deutschen Nationalcharakters. Überschwang neben Selbstzweifel, Gerechtigkeitsgefühl neben Diskriminierungsgehabe, Tüchtigkeitsbeweise neben Anspruchsdenken, Gleichberechtigungsbegehren neben Arroganz. 1918 rankte sich um die Dolchstoßlegende das rasch welkende Laub der Ungerechtigkeit. 1945 erwies sich die Befreiung von der Hitlerdämonie als eine Erneuerungschance. 1989 begann mit der Wende ein Vereinigungsprozess unter den Deutschen, der aus mehreren Gründen die Bezeichnung „historisch“ verdient.

Was sich im Jahr 1989 und danach vollzog, sucht in der Geschichte seinesgleichen: Ein Volk steht auf und erreicht ohne Blutvergießen das Unvorstellbare – sie überwinden die Mauer, sie stürzen das DDR-Regime, sie nützen die Schwäche der Sowjetunion und sie nehmen den Westen beim Wort, der über 40 Jahre lang von deutscher Wiedervereinigung geredet hat. Als sich der erste Überschwang der Gefühle legt, beginnt sich nun herauszustellen, wie sich die Deutschen West und die Deutschen Ost auseinander gelebt und dabei auch von gegenseitig feindseliger Propaganda haben missbrauchen lassen. Mühselig wie die Einheit wird die Suche nach einer neuen Identität. Der Vorrat an Glück und Zufriedenheit, der sich in Westdeutschland angesammelt hat, beginnt aufgebraucht zu werden.

„Nie wieder Deutscher sein“

Vierzig relativ glückliche (für manche „goldene“) Jahre in Westdeutschland und die nämliche Zeitspanne eines unglücklichen Obrigkeitsstaates DDR hinterlassen – was nicht überrascht – ihre Spuren, nicht nur bei den Deutschen. Die, die die Deutschen von draußen betrachten, und die, die dorthin geschickt wurden, vermitteln ein Bild, das sich von der deutschen Selbsteinschätzung des Stolzes, der Zukunftsfähigkeit und des Wohlbefindens merklich unterscheidet.

Zwei Berichte, ein Zusammenhang: „Ich fragte ihn, wie er als Halbjude zum Volk seiner Mutter stehe?“ Saul K. Padover, geboren in Wien, Jude, Vernehmungsoffizier der amerikanischen Armee 1944/45, hält in dem Vernehmungsprotokoll weiter fest: „Nach einigem Zögern sagt er, daß er sich nicht als Deutscher fühle“. – „Ob er sich denn als Jude fühle?“ Er schüttelt den Kopf, „Nein, er wisse nicht mehr, was er sei. Er wisse nur, daß er nie wieder ein Deutscher sein wolle. Was ihn so fertigmache, sei nicht die Brutalität der Nazis, sondern die Hartherzigkeit der Deutschen.“

Befehlsgemäß berichtet er als Mitglied der Abteilung für psychologische Kriegsführung in das Hauptquartier des alliierten Oberkommandierenden Dwight D. Eisenhower: Bei ihm und seinem Stab beeinflussten derartige Berichte die amerikanische Besatzungspolitik in ihren Anfängen. Diese Beeinflussung hielt sich freilich nicht lange. Andere und vor allem differenziertere Urteile verdrängten die ersten Analysen solcher Vernehmungsprotokolle. Dass die Deutschen anders einzustufen sind, führte schon bald nach 1945 zum Umdenken in den Metropolen der Siegermächte.

Dazu kam das aggressive Vorgehen der Sowjetunion. Ihre Besatzungszone wurde wie eine Kolonie behandelt. Brutalität, Besitznahme, Ausnützung und lauernde Berechnung im Osten, im Westen dagegen ein sich abbauendes Besatzungsregime, Partnerschaftssuche und Überzeugungsarbeit im Kleinen und im Großen. Dazu der Kalte Krieg, die Teilung war perfekt und wurde weiter, nicht zuletzt sicherheitspolitisch, perfektioniert.

Als das Window of Opportunity im Jahr 1989 geöffnet wurde und „zusammenkam, was zusammengehörte“ (Willy Brandt), konnten viele Deutsche glauben, so gut wie alles sei vergeben und vergessen, ein neues Deutschland als allseits akzeptiertes Zwischeneuropa möglich. Weit gefehlt.

Dem herben Nachkriegsrapport über die harten Deutschen folgte ein halbes Jahrzehnt nach der Wiedervereinigung eine Wiederkehr alter Vorurteile (als ob es sich um ein teutonisches Spezifikum und nicht um einen weltweiten Übelstand handelte): „Der Antisemitismus der Deutschen war in diesem historischen Fall nicht nur ein zureichender, sondern auch ein notwendiger Grund dafür, dass sich so viele Deutsche an Verfolgung und Vernichtung der Juden beteiligt haben", schreibt der ebenso junge wie umstrittene amerikanische Historiker Daniel J. Goldhagen in „Hitlers willige Vollstrecker". Er sieht die ausreichende Voraussetzung dafür darin, „dass die Deutschen die Juden derart herzlos, hart und grausam behandelt haben". Hätten die ganz gewöhnlichen Deutschen die eliminierenden Ideale ihrer Führung nicht geteilt, dann hätten sie dem sich stetig verschärfenden Angriff auf ihre jüdischen Landsleute und Brüder mindestens ebenso viel Widerstand und Verweigerung entgegengesetzt, wie den Angriffen ihrer Regierung gegen die Kirchen oder dem so genannten Euthanasieprogramm." Ein gewagter, ein unzulänglicher Vergleich.

Was zu denken geben muss, ist nicht nur die eindimensionale Verengung der tatsächlichen Macht- und Lebensverhältnisse in einem ausgeklügelten Diktatursystem, nicht nur die Reduzierung eines verbrecherischen Vernichtungsapparates auf einen Bevölkerungsteil und nicht nur die summarische Wiederholung der fragwürdigen Kollektivschuld. Dem Historiker Goldhagen muss bei der Entwicklung und Veröffentlichung seiner Pauschaltheorie entgangen sein, welche verheerenden Wirkungen eine andere, demagogisch genutzte Theorie als Rückstoß in unerquicklicher Richtung bis zu Hitler bewirkt hat, nämlich die Kriegsschuldfrage nach Ende des Ersten Weltkrieges. Schließlich haben anerkannte Historiker, die das Hitlerregime entlarvt und mit ihm moralisch unmissverständlich abgerechnet haben, festgestellt: Die Repressions- und Geheimhaltungsmaschine des Dritten Reiches vermochte derart lückenlos zu wirken, dass die so genannte „Endlösung“ der Judenfrage weder im Ansatz noch im Vollzug von den damaligen Zeitgenossen genügend realisiert werden konnte. Außerdem waren in Auschwitz lediglich 60 Personen bei der teuflischen Bürokratie der Separierung zu den Gaskammern eingeteilt. Dieses Todeskommando war seinerseits isoliert, kaserniert und führte die Todesarbeit mit Hilfe jüdischer Konzentrationslagerinsassen aus – ein grauenhafter Kreislauf.

„Einheit“, „Viertes Reich“, „Grossdeutschland“?

Was moralisch und politisch zu denken gibt, ist nicht nur, wie sich die Berichte von 1945 und 1996 ähneln. Vielmehr stehen sie in einem direkten Zusammenhang zum Bild der Deutschen von draußen. Als ob nach Ende des Zweiten Weltkrieges nichts geschehen wäre – an Wiederaufbau, an redlicher Demokratie, an Teilung des Landes einschließlich des Mauerbaus, an Wirtschaftswunder im Westen und Selbsteinigelung im Osten –, halten sich über die Jahrzehnte Vorurteile und Klischees über „die“ Deutschen. Unter Deutschen hält sich seitdem Verwunderung über ihr angekratztes Image. Die einen verbitten sich Abqualifikationen aus dem Ausland, die anderen halten sie für bedenkenswert und viele schauen – wieder einmal – weg.

Über die Jahre freilich halten sich jene teilweise hässlichen und vorurteilsfreudigen Wertungen, die auf die Frage hinauslaufen, ob denn da – mit der Einheit des Jahres 1989 – ein Viertes Reich entstanden sei oder gar so etwas wie „Großdeutschland“. In das Bild asymmetrischer Betrachtungsweise passt, dass verschüttet geglaubte Kollektivmeinungen nicht nur wieder hochkommen, sondern teilweise genüsslich oder zielstrebig – wie von Daniel J. Goldhagen – von interessierten Medien vorsätzlich ausgestreut werden. Behält also der amerikanische Finanzminister Morgenthau Recht, der da mitten im Krieg meinte, die Deutschen, die zwei Weltbrände entfacht hätten, müssten möglichst klein, niedrig und jedenfalls kontrolliert gehalten werden?

Was im Schosse der Deutschen schlummert

Was hat es mit dem deutschen Nationalcharakter auf sich? Sind die Deutschen fleißig wie ehedem oder faul wie neuerdings? Sind sie ordentlich oder verschlampt? Effizient oder unzuverlässig? Stramm oder lässig? Obrigkeitshörig oder aufsässig? Aggressiv oder gemütlich? Spielen sie gar eine Doppelrolle - als Opfer und als Täter? Empfinden sie sich als adoptierte oder als neue Stars der Völkergemeinschaft? Geben sie sich Lebenslügen hin oder schaffen sie (sich) neue Wirklichkeiten? Verflüchtigen sie sich in Selbstmitleid oder zeigen sie geübt Arroganz? Glauben sie dem neuen Geschichtsauftrag gewachsen oder weiterhin Verdächtigungen und/oder Marginalisierung ausgesetzt zu sein? Fühlen sie sich in Lebensart und Lebensziel vorprogrammiert und alternativlos oder originell und phantasievoll? Machen sie selber Geschäfte mit der Angst oder päppeln sie ihr Selbstbewusstsein? Selbstmitleid oder Überheblichkeit? Dienen sie dem Wirtschaftschauvinismus oder ökonomischen Freiheitsidealen?

Friedrich Schorlemmer, evangelischer Geistlicher und einer der Selbstbefreier vom kommunistischen Joch, meinte nach der großen Wende: „Ich verstehe nicht nur die Angst der anderen Völker vor uns; ich teile sie. Was im Schoß der Deutschen schlummert, kann immer wieder zum Ausbruch kommen."

Dieser deutsche Querdenker, kein Einzelfall, trifft sich mit mehr oder weniger gebildeten und informierten Angstmachern aus dem Ausland. In Leitartikeln, diplomatischen Geheimberichten, Untersuchungen und Pseudoanalysen taucht seit 1989 mit auffallender Regelmäßigkeit die Frage auf, ob der Nationalcharakter der Deutschen gleichsam biogenetisch vorgegeben sei. Allen Ernstes und oft mit akademischem Anspruch wird im Bedarfsfall das Bild des ewigen Deutschen gezeichnet: Tüchtig, emotional, anlehnungsbedürftig oder selbstherrlich, wirtschaftlich fleißig, politisch unberechenbar und fallweise darauf erpicht, ein Sonderfall zu sein und als solcher akzeptiert zu werden. Eine Spezies sui generis, wie sie in gerader Linie festzustellen sei von Luther über Friedrich den Großen, Bismarck bis zu Hitler, Adenauer, Erhard und Kohl.

Den Kampf gegen Vorurteile und Feindbilder haben die Deutschen wahrlich noch nicht gewonnen. Oberflächliche Leitbilder mögen sich – etwa durch Gegenpropaganda (wie nach dem Bau der Mauer) oder durch gezielten Werbeaufwand (des Fremdenverkehrs) – beiseite räumen lassen. Selbst millionenschwere Imagepflege vermag den Realitäten nur schrittweise beizukommen – Wirklichkeiten, die sich nicht nur in Handelsstatistiken, völkerrechtlichen Verträgen oder Politikerstatements widerspiegeln, sondern in dem, was sich „Seele der Völker“ nennen lässt.

Im Psychologiegeschäft von Massengesellschaften empfiehlt es sich zwar, Stereotype gar nicht einzukaufen und nicht zu lagern. Einmal vorhanden, werden sie jedoch zu einem Versatzstück der Realität wie internationaler Austausch und seine Kodifizierung.

Viertes Reich oder europäischer Musterknabe?

Das Deutschlandbild der anderen hat sich seit der Einheit naturgegeben geweitet. Von den Gefahren eines „Vierten Reiches“ oder gar von „Großdeutschland“ zu plaudern, lässt sich bezeichnenderweise nicht nur in einem Land feststellen. Kaum verhohlen, wird – wenn auch mit unterschiedlicher Lautstärke und Gehässigkeit – gefragt, ob denn dieses vereinigte Deutschland den nationalistischen Versuchungen seiner eigenen Vergangenheit widersteht oder wie anno 1870, 1914 oder 1938 in deutschem Namen Europa erneut auf seine Weise „organisiert“.

Selbstverständlich, wie die Deutschen, nehmen die anderen jedenfalls das Selbstbestimmungsrecht nicht zum Zeitwert. Hinter amtlichen Akklamationen, wie sie sich nach 1989 im Fall der Niederlande und Großbritanniens erst nach einer historischen Schreckpause einstellten, steht immer wieder das, was hinter vorgehaltener Hand da und dort kolportiert wird – der Kraftzuwachs der deutschen Wirtschaft sei enorm, die Deutschen, vor allem nach der Wiedereinsetzung Berlins als tatsächlicher Hauptstadt, spielten zumindest europapolitisch mit der Macht, und auf diese und andere Weise seien sie – wieder einmal – nicht voll kalkulierbar.

Bedenkenträger gehen freilich überall um. In Russland beispielsweise ist das Deutschlandbild heller, humanistischer, kultureller und – was die Vergangenheit anbelangt – differenzierter. Russen, die unter sowjetischer Führung vom militärischen Übergewicht des Westens und der Deutschen gehört hatten, verbinden deutsche Tüchtigkeit mit Gleichgewichtsdenken, wie es auch die Geschichte vorgebe. Der Krieg, der deutsche Überfall, das Unternehmen Barbarossa, die düstere Besatzungszeit, die Zerstörung des Landes und über 20 Millionen Tote werden von den meisten Russen unter „Hitler" abgelegt, nicht unter „Deutsch". Vorbei also die Zeiten, wo eine sowjetische Beeinflussungsmaschinerie bemüht war, „Deutsch" automatisch mit „Feind" gleichzusetzen. Alte Neigungen spielen in die Gegenwart.

Hassliebe der Russen

Deutsche sind den Russen jedoch einmal zu effizient, ein anderes Mal (zu) verdächtig. Wie in Hassliebe spiegelt sich das Verhältnis zwischen den beiden Völkern nicht nur in Bündnissen der Potentaten, im Ex- bzw. Import von Ideologien, in Kriegen, sondern auch in Völkerwanderungen besonderer Art. Es begann 1762/63, als die russische Kaiserin Katharina die Große, eine anhaltinische Prinzessin aus der Mitte des Zwischenreiches Deutschland, deutsche Kolonisten – weil fleißig und zuverlässig – nach Russland rief. Viele kamen, schon in einer ersten Welle waren es 30.000, überwiegend Schwaben und Badenser, die an der Wolga siedelten, in einer zweiten Welle zogen sie ans Schwarze Meer und nach Wolhynien. Fast 200 Jahre Pioniertaten. Dann schlug Hitler zu und Stalin beschuldigte die Russlanddeutschen der Kollaboration mit dem Deutschen Reich. M. Kalinin als Vorsitzender des Präsidiums des Obersten Sowjets der UdSSR unterzeichnete am 28. August

1941 den Erlass, der fast eine halbe Million Deutsche zu Flüchtlingen machte: „Laut genauen Angaben, die die Militärbehörden erhalten haben, befinden sich unter der in den Wolga-Rayons wohnenden deutschen Bevölkerung Tausende und Abertausende Diversanten und Spione, die nach dem aus Deutschland gegebenen Signal Explosionen in den von den Wolgadeutschen besiedelten Rayons hervorrufen sollen.“

300.000 Deutsche zur Verfolgung freigegeben

Unter erbärmlichen Umständen mussten sie, die seit bald zwei Jahrhunderten aus der Steppe (tatsächlich) blühende Landschaften gemacht hatten, ihre Heimat verlassen. Sie sollten sie nie mehr wieder sehen. Die Russlanddeutschen leben jetzt verstreut jenseits des Ural in Kasachstan, Kirgistan und Tadschikistan wie auch jene 26.000 Russlanddeutschen, die aus Leningrad deportiert, oder die 45.000 bis 50.000, die von sowjetischen Kommissaren in den Westzonen aufgespürt und abtransportiert wurden – wie Baltendeutsche, wie Polendeutsche, wie Rumäniendeutsche.

Insgesamt sind es über 300.000, die mehrfach entwurzelt wurden. Von 850.000 Russlanddeutschen sind inzwischen die Beweglichen, die Entschlossenen, die Jungen zu Zehntausenden als Aussiedler nach Westdeutschland gekommen. Der Wunsch nach Wiedererrichtung der Wolgadeutschen Republik bleibt bis heute unerfüllt. Damit ist diese Phase der jahrhundertealten Europäisierung Russlands abgeschlossen.

Das deutsche Kulturelement, von Generationen von Russen bestaunt, bewundert, beneidet oder auch verachtet, beschränkt sich auf deutsche Lehnwörter wie „Kultura“, „Buterbrod“, „Postamt“ sowie ein halbes Hundert Worte der Alltagssprache und mindestens ebenso viele Fachausdrücke. Genug für einen Neubeginn deutsch-russischen Gleichklangs?

Wer zu spät kommt, ...

1999 „Gorbi, Gorbi"-Rufe anlässlich der Zehnjahresfeiern für den Fall der Mauer. Zeichen neudeutscher Dankbarkeit für einen Realisten, einen Westöffner, einen geläuterten Kommunisten, den kühnen Liquidator des Sowjetreiches. Gorbatschow, der überzeugte Russe, hat aus persönlichen Gründen wohl einige Zeit gebraucht, um seine Deutschenzweifel zu überwinden. Wurde er doch 1942 als Neunjähriger bei Stawropol von einem deutschen Feldwebel zu schwerer Feldarbeit gezwungen.

Der ihm zugeschriebene legendäre Ausspruch: „Wer zu spät kommt, den bestraft das Leben", mag zunächst für die deutschen Paladine des untergehenden Sowjetreiches - wie Honecker und Genossen - gegolten haben. Tatsächlich mag der Sager an die Adresse der Deutschen und damit der Europäer gerichtet sein, politisch und ideologisch zu schalten, bevor es zu spät ist.

Indem Gorbatschow als Kremlherr machtpolitisch und militärisch entscheidend dazu beigetragen hat, alle Deutschen in eine neue Einheit zu entlassen, trug er auch zur Korrektur des Deutschenbildes bei. Der Mann aus Moskau war damit schneller als die Verfechter alter Stereotypen.

Der Militarismus Friedrichs des Großen wird ebenso herangezogen wie bei Bismarck Imperialismus ausgemacht und bei Hitler Nationalismus nachgewiesen wird. Die Deutschen werden für zwei Weltkriege und ihre Folgen verantwortlich gemacht. Dem Volk in der Mitte Europas sei nicht zu trauen.

Polen: 7 Millionen Deutsche vertrieben

Polen und Deutsche haben seit der Wende politisch wahre Wechselbäder erlebt. Einst Volk ohne Land und durch die Teilungen der Großmächte Russland, Preußen und Österreich mehrfach missbraucht, versuchte das kommunistische Regime, seinen unzulänglichen Rückhalt durch dosierten Nationalismus auf eine breitere Legitimationsbasis zu stellen.

Zu alten Tragödien kamen neue. Fast sieben Millionen Deutsche wurden vertrieben. Noch heute leben etwa eine Million Deutsche in Oberschlesien, Ermland, Masuren und über ganz Polen verstreut.

Patriotismus mit Deutschfeindlichkeit gleichzusetzen ist zwar überwunden, mit der Oder-Neiße-Linie politisch ein Schlussstrich gezogen. Sympathien konnten keimen, unter Demokraten ein neues Vertrauensverhältnis gedeihen, obwohl die Nachwirkungen kommunistischer Propaganda bis heute nicht vollständig überwunden sind.

Jahrzehntelang waren die Deutschen ideologisch katalogisiert worden. Die „guten“ ins Töpfchen des „real existierenden Sozialismus“, die „schlechten“ Deutschen ins Kröpfchen des Kapitalismus. Und dies, obwohl wirtschaftlich in Westdeutschland auch für ein kommunistisches Polen mehr herauszuwirtschaften war und sich die DDR-Führung in Moskau gern als ideologischer und militärischer Musterknabe darstellte (während den Ostdeutschen durch polnischen Einkaufstourismus jahrelang knappe Güter vor der Nase weggekauft wurden).

Mix aus Vertrauen, Interesse und Zweckmässigkeit

Unterwegs zur Europäischen Gemeinschaft und Neumitglied der NATO breitet sich in Polen zwar offiziell wirtschaftlich und im Vertragsmechanismus der EU ein positiver Mix aus Vertrauen, Interesse und Zweckmäßigkeit aus. Traditionelle Vorbehalte gegenüber manchem Deutschen knüpfen nicht nur an die Vertreibung von Millionen Deutschen und an Rückgabeängste (nach EU-Freiheitsrechten für Personen und Sachen einschließlich Grund und Boden) an. In unmittelbarer Nachbarschaft zur wirtschaftlichen Großmacht Deutschland stellen sich ganz normale Befürchtungen der Überlegenheit, der Einflussnahme und der Abhängigkeit ein. National, wie Polen seit Menschengedenken zu reagieren pflegen, zeigt die junge Demokratie Polens fast zwangsläufig Randerscheinungen eines virulenten Nationalismus.

Polen, das andere Zwischeneuropa

Auch ohne die Klischees, die Deutschen seien zwar fleißig und effektiv, aber herrschsüchtig, arrogant und aggressiv, wird der alte Deutschenhass neuerdings wirtschaftlich instrumentalisiert. Das starke Deutschland könne Polen auf- und auskaufen. Politisch schließlich fühlen sich manche Polen zwischen Deutschen und Russen als ein weiteres Zwischeneuropa. Der Hitler-Stalin-Pakt mit der Aufteilung und Westverschiebung Polens sowie die Okkupation der baltischen Staaten (mit der Vertreibung von an die 70.000 Deutschen aus Lettland und Estland) ist noch nicht vergessen.

Vergangenheit zu bewältigen möchte das neue demokratische Polen nicht nur den Deutschen überlassen. Nachdenkliche Polen halten es wie ihresgleichen in Deutschland. Sie glauben nicht, dass der eine Mythos von den bösen Deutschen durch einen anderen vom guten Deutschen einfach mechanisch abzulösen oder zu ersetzen ist. Vielmehr setzen Nachdenkliche beiderseits der Oder-Neiße-Linie auf ein neues Wachstum moderner, zukunftsfähiger Interessen – keineswegs nur wirtschaftlicher oder integrationspolitischer oder neuerdings militärischer Art. Der gegenseitige Respekt vor Lebensart, Kultur und Eigenständigkeit will erst noch voll gelebt und für die Bürger in beiden Ländern verständlich und nachweisbar ausgestaltet sein. Akzeptanz braucht Zeit.

Die Deutschen als Feindbild, nicht nur der anderen, sondern der Deutschen. Nichts gerät so unerbittlich wie Selbsthass. Jedermann erkennt in Selbstprüfung seine schwachen und seine schlechten Seiten besser als jeder andere. Spiegel, die nicht verzerren, verführen dazu, die eigene Schwäche durch Hass zu kompensieren. Wer die Kraft dazu nicht aufbringt und wehleidig, empfindlich oder mit Selbsttäuschung reagiert, flieht in das Urteil der anderen.

Auch wenn es ungerecht, unzeitgemäß, unproportioniert oder gar unangebracht ist. In diesem Verdrängungsprozess klinken sich andere – bewusst oder unbewusst – ein, indem sie zum Feindbild beitragen. Sündenböcke werden gesucht. Gefunden ergeben sie im Doppelpack ein bequemes Verfahren. Selber fühlt man sich im

Selbsthass bestätigt, zum Selbstmitleid ermuntert oder zur Selbstverteidigung aufgerufen. Die anderen können ihre Voreingenommenheiten pflegen, die eigenen Schwächen steuern und den Prozess des Abgleichens benützen, um die eigene Überlegenheit gedeihen zu lassen und den „Feind" durch seine negative Einordnung in den Bereich der Untermenschen verstoßen. Das psychologische Gleichgewicht ist und bleibt gestört. Von Rückschlägen und oft nebensächlich erscheinenden Gewichtsverlagerungen bestimmt, dient es bestenfalls zum Schutz. Indem der eine gewinnt, verliert der andere. Das Ungleichgewicht legitimiert zwar, vorübergehend mit Klischees zu hantieren, durch schiefen Ansatz ergeben sich auf die Dauer Korrekturbedürfnisse. Im psychologischen Schwebezustand wird dann aus dem Vorurteil entweder Angst oder ein neues Feindbild. Unter normalen, friedlichen Bedingungen staut sich Korrekturbedarf auf. Klischees, die auf Falschurteil beruhen, haben unter zivilisatorischen Bedingungen nur ein kurzes Leben.

Mit Wahrheit gegen das Feindbildsyndrom

Als Stereotypen erst einmal erkannt, definiert und qualifiziert, entsteht eine beachtenswerte Chance der Korrektur – bei sich selbst wie bei den anderen. Dem Feindbildsyndrom ist freilich nur beizukommen, wenn der Wahrheit, der Objektivität und den damit zusammenhängenden Suchvorgängen ausreichend Raum gegeben ist. Tritt Diffuses an die Stelle wahrheitsfähiger Rahmenbedingungen und durchsichtig gemachter Ursachen und Wirkungen, so entstehen Entfaltungsmöglichkeiten für Propaganda. Anders als Werbung, Public Relations und gezielte Vermittlung von Tatsachen, setzt propagandistischer Ehrgeiz in Realitätsverweigerung auf diverse Schieflagen – moralisch, psychologisch, politisch. Subkutan setzt Propaganda auf Unterbewusstsein oder versucht jene Grauzonen zu schaffen und zu nutzen, die zwischenmenschliche Beziehungen von der Wahrheit und der Objektivität wegführen in zweckdienliche Verhaltensnormen.

10.

Parteien mit Todestrieb

„Action“, schreit einer von hinten. „Ich sehe nicht durch.“ Vorne wollen Polit-Paparazzis auf ihre Rechnung kommen. So viele Kamerateams und Fotografen hat es in dem neuen Berliner Hauptquartier der Christlich Demokratischen Union Deutschlands, der CDU, noch nie gegeben. Mehrere Sender senden life, wollen an diesem Novembertag Helmut Kohl, den CDU-Ehrenvorsitzenden, nicht versäumen.

In seiner massigen Gestalt schiebt sich der Alte ungewöhnlich unbeholfen zu den Mikrofonen. Nach 25 Jahren Vorsitz der CDU und 16 Jahren Kanzlerschaft gibt sich der sonst so selbstsichere Pfälzer ungewohnt nervös, geradezu unsicher und wortkarg. Fast unvermittelt kommt er im Stil von Dorfrichter Adam zur Sache millionenfacher Einnahmen und Ausgaben der CDU außerhalb der gesetzlich vorgeschriebenen Wege: „Eine von den üblichen Konten der Bundesschatzmeisterei praktizierte getrennte Kontenführung erschien mir vertretbar.“ Gemeint ist verharmlosend, dass Kohl und wenige Vertraute Spenden in der Größenordnung von ca. 300.000 Mark in den Jahren 1993 bis 1998 jährlich in bar entgegennahmen und hauptsächlich an CDU-Organisationen in Ostdeutschland, die knapp bei Kasse waren, verteilten.

Kohl später in einem ungewöhnlichen Selbstbekenntnis via Zweites Deutsches Fernsehen: „Das war ein Fehler, den ich bedauere.“ Er, der er nicht bestechlich und in seinen damaligen Kanzlerentscheidungen über Rüstungsexporte an Saudi-Arabien oder französische Ölinvestitionen in Leuna niemals käuflich gewesen sei, bittet bei seinen seltenen Auftritten in der Öffentlichkeit fast inständig um Verhältnismäßigkeit. Politisch habe er mit Panzerlieferungen an Saudi-Arabien verhindern wollen, dass die USA deutsche Soldaten in den Nahostkrieg gegen Saddam Hussein anfordern; im Fall des französischen Ölkonzerns Elf Aquitaine sei es darum gegangen, das Chemiedreieck in Sachsen-Anhalt zu erhalten (zumal andere westdeutsche Firmen nicht nur nicht interessiert, sondern aus Konkurrenzgründen sogar an der Schließung der ostdeutschen Kapazitäten interessiert gewesen seien).

Materiell verweist Kohl auf die Gesamteinnahmen der Partei unter seiner Ägide von durchschnittlich über 210 Millionen DM jährlich, davon fast die Hälfte Mitgliedsbeiträge, etwa ein Viertel staatliche Zuschüsse für die Erstattung von Wahlkampfkosten sowie durchschnittlich 30 Millionen Spenden und 3 Millionen sonstige Einnahmen – offenkundig teilweise Quelle außertourlicher Geldflüsse anonym bleiben wollender Spender. Untreue? Gesetzesverstoß? Korruption? Schmiergeldoperationen, wie sie bei allen deutschen Parteien gelegentlich stattfinden? Oder gar Kauf der Bonner Regierung Kohl beim Rüstungsexport oder Investitionen in den neuen Bundesländern?

Die schwarzen Kassen des schwarzen Riesen

Kohl schweigt. Woher das Geld kam und wohin es geflossen ist, will er für sich behalten, entgegen dem Wunsch der Parteigranden, entgegen dem Wissensbedürfnis eines parlamentarischen Untersuchungsausschusses, entgegen medialem Dauerbombardement, entgegen inständigem Flehen seiner Partei- und sonstigen Freunde, jedoch unter dem Applaus unerschütterlicher Kohlianer in Hamburg, Bremen oder anderswo. Ehrenwort zählt für den Langzeitboss mehr als Verfassung und Gesetz. Kohl glaubt, sich nicht beugen zu sollen. Ihn lässt der Vorwurf - scheinbar - kalt, jahrelang gegen seinen Kanzlereid verstoßen zu haben. Der Mann, der als Partei- und Regierungschef vielerlei erreicht wie ausgesessen hat, gibt sich ungerührt, wenn ihm angesichts des Flächenbrandes im Parteiengehege entgegengehalten wird, sich wie ein absolutistischer Herrscher zu Lasten der Demokratie zu verhalten. Kohl schweigt.

Was angeschwärzte Politiker normalerweise entlastet – auch anderswo werde gemauschelt –, hilft Kohl und der CDU nicht. Im Gegenteil. Der Brand greift unversehens auch auf andere Parteien über. Aus einer Parteispendenaffäre wird eine Staatskrise. Leidtragender ist die Demokratie. Wie kann es geschehen, dass ein großer Mann wie Helmut Kohl durch seinen altväterischen Ehrbegriff oder aus anderen undurchsichtigen Gründen die Grundfesten seines Landes erschüttert? Hat Kohl etwas zu verschweigen? Warum lässt er den deutschen Bürger mit quälenden Fragen allein? Diese Fragen kratzen an dem bisher kolossalen Ansehen des Langzeitpolitikers und stoßen seine Partei in einen neuen Sumpf der Parteigebarung.

Übervater Kohl, der jahrzehntelang mit einer Mischung aus Autorität und Kameraderie die CDU geführt hat und in einer ungewöhnlichen Hetz und Hatz unter den pauschalen Verdacht gestellt worden war, mit Geld Stimmen – für seine Wiederwahl sowie Zustimmungen für politische Entscheidungen wie die Wiedervereinigung oder den Euro – mit Millionenbeträgen gekauft zu haben: „Ich", so der schwarze Riese, „bedauere, wenn die Folge möglicherweise Verstöße gegen das Parteiengesetz gewesen sein sollten", um in unkohlscher Manier reumütig einzugestehen: „Das habe ich nicht gewollt." Dennoch hat sich mit diesem Versteckspiel einer der bedeutendsten deutschen Regierungschefs dieses Jahrhunderts (Kohl: „Ich fühle mich als politischer Enkel Adenauers.") zum Liquidator seiner eigenen Reputation gemacht. Niemand, am wenigsten der Altkanzler selber, hatte das tragische Ende der Ära Kohl in den Niederungen einer undurchsichtigen Affäre vorausgesehen. Der Sturz des (uneinsichtigen) Patriarchen aus dem Zenit der Zeitgeschichte konnte nicht selbstzerstörerischer ausfallen.

„Leichen im Keller?"

Jenseits guter Vorsätze von Demokratie, Anstand und Vertrauenswürdigkeit hat Kohl Zustände wie im alten Rom einreißen lassen.

Am Ende seiner Langzeitmacht muss er sich all das vorwerfen lassen, was in der Geschichte immer wieder mit Macht und ihrem Missbrauch – offenkundig unauflöslich – zusammenhängt: Übermäßiger Ehrgeiz, eigene Stärke und die Schwäche der anderen lässt nur Ja-Sagern eine Chance. Aus gekonnter Selbstdarstellung wird Selbstbehauptung bis zur Selbstvernichtung. Der Fall Kohl zeigt einen ausgeprägten Instinkt, einmal den politischen Gegnern und ein anderes Mal den eigenen Trabanten politisch den Garaus zu machen. Von Höflingen umgeben und von der Klientel weit entfernt – in Neudeutsch abgehoben –, hat sich auch ein Kohl in seinen außenpolitischen Erfolgen und seinem internationalen Ansehen gesonnt.

Ein Vierteljahrhundert hat er in seiner eigenen Partei absolutistisch geherrscht. Dank eines Elefantengedächtnisses und einer gewissen Liebe zum Detail, was Personen und Sachen anbelangt, hat er das, was unter „System Kohl“ läuft, wie in einer Privatfirma verfeinert. In der Parteifinanzierung nicht zimperlich, praktizierte Kohl den jesuitischen Vorsatz, dass der Zweck die Mittel heilige. Was aussieht, als habe er sich die eigene Partei zur Beute gemacht, war in seiner eigenen, zuletzt verschwiegenen Sicht nichts als politische Zweckmäßigkeit – etwa der Verteilung milder Gaben an untergeordnete Parteiinstanzen, vor allem in den neuen Bundesländern.

„Wer mich kennt“, so Kohl unter öffentlichem Dauerbombardement auf seinem Weg in die Isolation, solle ihm nichts Unrechtes unterstellen oder nachträglich andichten. Weit ist es gekommen mit dem einstigen Übervater, dass er davon abhängt, wie Staatsanwaltschaften vorgehen oder innehalten (und nach Indiskretionen in den Medien auf peinliche Hausdurchsuchungen verzichten). Typisch für die Zustände in der neuen Berliner Republik ist, dass im Drama der CDU der Entfremdungsprozess schier unaufhaltsam fortschreitet, jedoch der Neubeginn von der revitalisierten Führung nicht mit einer Aberkennung des Bundestagsmandates verbunden sein soll. „Zum größten Politskandal der deutschen Nachkriegsgeschichte“ („Frankfurter Allgemeine“ vom 8. 2. 2000) trägt nicht nur das beharrliche Schweigen des Altkanzlers bei. In seiner ungeschickten Selbstverteidigung beschränkt er sich darauf hinauszuposaunen, es sei „ganz unerträglich“, mit all dem Verdacht überzogen zu werden. Der Entkräftung verweigert er sich. Zum Schaden seiner Partei und der deutschen Demokratie.

Der Fall des Parteichefs Wolfgang Schäuble, der dem Krisenmanagement von Schwarzkonten, Vertuschung und Lügen nicht gewachsen war, passt zur düsteren Szene. Der Mann im Rollstuhl büßt als CDU-Parteichef für die unbegreifliche Nonchalance seines Vorgängers, der zugleich sein Mentor war. Was es menschlich und moralisch alles auf sich hat, wie eine Freundschaft vor aller Öffentlichkeit zerbricht und der Wert „Anstand“ ruiniert wird, füllt den nächsten Akt dieses Königsdramas. Die Schäubles verachten Kohl. Dieser Fluch stammt nicht von Wolfgang Schäuble, sondern von seinem Bruder, immerhin aktiver Innenminister des Bundeslandes Baden-Württemberg.

Mit den schwarzen Kassen der CDU verbinden sich ähnliche Geldskandale anderer deutscher Parteien (und das politische Beben begräbt die Hoffnungen des alten Taktikers Kohl unter sich, die anderen Parteien hätten ebenfalls „Leichen im Keller“): Ein amtierendes Staatsoberhaupt wie der SPD-Politiker Johannes Rau – Langzeit-Regierungschef in Düsseldorf wie Kohl in Bonn – kann den Verdacht des roten Filzes an Rhein und Ruhr nicht hinter sich lassen, indem er (wie der gestolperte Finanzminister Schleusser) scheibchenweise zugibt, in der Grauzone zwischen Regierungsamt, Parteiarbeit und privat Dutzende Male die spendablen Dienste der Westdeutschen Landesbank, WestLB, und ihrer Charterfluggesellschaft in millionenfachem Wert jahrelang konsumiert zu haben – die WestLB ist mit 700 Mrd. DM Bilanzsumme viertgrößte deutsche Geschäftsbank mit weit ausholender Industriepolitik, vornehmlich der „linken Reichshälfte“, verbunden und Fusionshelferin bei Krupp/Thyssen, RWE/VEW oder Preußag; der Nachfolger von Gerhard Schröder als SPD-Ministerpräsident von Niedersachsen, Globowski, lässt sich fallweise, wie bei seiner eigenen Hochzeit, aushalten und muss gehen; der Ministerpräsident von Hessen, Roland Koch, Blitzstarter und Hoffnungsträger der

Christdemokraten, unterschreibt wissentlich einen gefälschten Rechenschaftsbericht über Parteifinanzen und stellt dies als selbsternannter Großaufklärer als Ehrlichkeitsbeweis dar; der Ministerpräsident von Brandenburg, Stolpe, trotz DDR-Vergangenheit und Wendehals Hoffnungsträger der SPD, lässt sich von der nämlichen Großbank und von der Staatskanzlei in Düsseldorf – also mit Steuerzahlergeld – wahlkämpfend unter die Arme greifen.

Allerorten sind Aufklärer am Werk – berufene und selbsternannte, gut- und böswillige. Die Szene wird zum (parlamentarischen)Tribunal. Die unzureichende Berichterstattung der CDU führt dazu, dass der für derlei zuständige Präsident des Bundestages, Thierse (SPD), diese Partei, einst Rückgrat der Bundesrepublik, von Amts wegen nach dem Parteiengesetz, wie er es auslegt, bestraft wird. Fürs erste über 40 Millionen DM Rückzahlungsverpflichtung und einbehaltene Parteienfinanzierung lassen die Betroffenen in der CDU schäumen – zumal zu klären bleibt, ob diese Summen ganz oder teilweise den anderen Parteien zufließen, also deren Wahlkampfkraft stärken.

Alarm allerorten, da die Gesamtverpflichtung der CDU bis auf eine halbe Milliarde Mark hochzurechnen ist und damit diese Partei in den Ruin zu treiben droht. Ob es wohl fair ist, dass der Parlamentspräsident statt eines Unabhängigen über Leben und Tod einer Partei, zumal noch eines politischen Rivalen, selbstherrlich zu entscheiden hat; ob Gerechtigkeit obwaltet, wenn die CDU allein für Berichtsmängel bestraft wird (was juristisch umstritten ist), während der SPD früher einmal nachgesehen wurde, was es mit neun Millionen Mark unverbuchten Einnahmen auf sich hatte.

Hinter dem Hickhack, das die Berliner Republik monatelang lähmt, steht nicht nur das System Kohl. Spendierfreudigkeit, Beeinflussungsversuche, Machttrieb, Selbstherrlichkeit, mangelndes Rechtsbewusstsein ergeben jene zuletzt giftige Mischung, in der Vertrauenswürdigkeit und Glaubwürdigkeit verrauchen. Kohls freier Fall, der andere mit sich zieht, verwirrt und beschädigt die deutsche Demokratie im sechsten Jahrzehnt ihres Bestehens je länger desto mehr.

Von Demokratie-Idealismus zum Selbstbedienungsladen

Wie aus einem ehrenwerten Vorsatz eine Erbsünde werden kann, die Millenniumskrise der deutschen Parteiendemokratie zeigt es. Als ob sie den guten alten Lincoln vergessen hätten – Demokratie ist Herrschaft des Volkes, durch das Volk und für das Volk –, strapazieren die deutschen Politiker das Vertrauen in die Parteiendemokratie bis (fast) zum Null-Wert. Was zählt, sind nicht einzelne Peinlichkeiten, Versager und Beweise von Machtmissbrauch. Die Summe ist es, mit der die Glaubwürdigkeit herunterdividiert wird. National und international ist wahrlich Gefahr im Verzug. Wenn von Werten – aus Überzeugung oder Überlegenheit – mit pathetischem Unterton die Rede ist, bleibt die Frage: welchen Werten hat Deutschland seine Achtung, seinen Erfolg und seine Anerkennung zu verdanken? Der Demokratie und der Marktwirtschaft, jedenfalls im freien Teil des Landes. Über Wirtschafts- und Gesellschaftspolitik mag sich gebührend streiten lassen. Dieser Bereich verträgt flexibel, gar wechselnd, jedenfalls kritisch behandelt zu werden.

Anders die Demokratie. Ihre Grundfesten gehören außer Streit gestellt. Herrscht Streit und wird gesündigt, ist das sensible Konstrukt bedroht (wie in den zwanziger und dreißiger Jahren). Erst recht, wenn die Grundfesten der Verfassung erschüttert werden. Die Parteien wirken „bei der politischen Willensbildung des Volkes mit", was anno 1949 erstaunlich selbstverständlich als Vorsatz im Artikel 21 des Grundgesetzes geschrieben wurde, droht nach mehr als einem halben Jahrhundert ins Gegenteil verkehrt zu werden. Das Volk darf bei der Willensbildung der Parteien mitwirken. Gnadenhalber.

Wird doch die Verfassung durch die Praxis „Selbstbedienungsladen" von den Parteien auf den Kopf gestellt. Demokratie als Grundwert droht zu einem Erinnerungsposten zu verkümmern – jedenfalls gemessen an der Mentalität vieler Politiker und am Herrschaftsanspruch der Parteien, das Gemeinwohl wie Usurpatoren abzufertigen und wider die Verfassung, die Gesetze und den so oft beschworenen Geist der Demokratie zu sündigen.

1,5 Milliarden DM für die Parteien

Anmaßend, wie sich die Staatsfinanzierung der Parteien eingeschlichen und entlarvend, wie die Kontrolle der Mächtigen versagt hat: Über 1,5 Milliarden Mark jährlich berappt der deutsche Steuerzahler für die Parteien, davon eine Viertel Milliarde DM direkte Finanzierung der Parteien aus den Staatskassen, eine weitere Viertel Milliarde an die Fraktionen des Bundestages und der Landtage, und etwa eine Dreiviertel Milliarde DM für die Parteistiftungen. 1959 eingeführt, von mehreren Verfassungsurteilen und steuerlichen Begünstigungen sowie Direktzahlungen verfeinert, rechtfertigen die Parteien den Milliardenaufwand mit ihren Aufgaben. Es fing so harmlos mit dem Parteiengesetz von dazumal an (wie Organisation ihrer politischen Aufgaben, Kandidatenkür, Wahlkämpfe, demokratische Bildung) und wurde sukzessive gedehnt, gespreizt und getarnt.

Allzu gerne ließen sich die Abgeordneten in geübter Selbstbedienungsmanier von Novelle zu Novelle fragen, ob es ein bisschen mehr sein darf. Andere Länder beneideten die deutschen Volksvertreter um ihr hausgemachtes Schlaraffenland. Mit deutscher Gründlichkeit richtete sich das Bundesverfassungsgericht ein Mal mehr bei Steuervorteilen, Subventionsbedürfnissen, Umgehungen nach dem handgestrickten Aufgabenkatalog der Parteien. Es folgte brav und bieder den Wünschen nach Chancenausgleich, der Korrektur der Parteifinanzierung mit Obergrenzen, Sockelbeträgen usw. Bis heute passt es ins Bild dilettantischer Verschleierung oder gekonnter Tricks, wenn Parteimitglieder und Nahesteher in ihrer Eigenschaft als Parlamentarier mit immer neuen Paragraphen dafür sorgten, dass ihre Parteien (von deren Wohlwollen sie bei der Wiederwahl abhängen) mit dem Einkommen auskommen können.

Reform folgte Reform, zuletzt über Publizität, Durchlaufspenden und jährliche Höchstgrenzen je Spender – das meiste wurde während der Regentschaft von Helmut Kohl Gesetz. Von Gradlinigkeit und gesetzgeberischer Transparenz keine Rede. Einmal wurde die Publizitätsgrenze für Spenden mit je 40.000 Mark festgelegt (1988), um dann unter dem anspruchsvollen Motto „demokratische Rollenverteilung und Durchsichtigkeit" halbiert zu werden.

Auf dem schmalen Grat zwischen politischer Funktion, Finanzgebaren aus öffentlichen und privaten Kassen, Verfassungskonformität und Ge- oder Missbrauch wandeln die deutschen Parteien seit Jahrzehnten entlang. Die Krise der CDU mit ihren verschlungenen Pfaden hat für die anderen Parteien diverse Folgewirkungen: Moralisch besteht Infektionsgefahr, politisch wird die Verdrossenheit vervielfacht, parlamentarisch schleicht Misstrauen herum und rechtlich zeigen sich Lücken im Verfassungsauftrag, der Realverfassung, der Gesetzgebung und den Usancen. Alle Versuche sind bisher gescheitert, Licht in die Düsternis der Parteigebarung zu bringen. Wie heruntergekommen sind doch die Parteien in ihrem Image, dass „kundige Thebaner" meinen, bei so viel Filz, Skandal, Mafiosität und Lügnerei sei es wohl am besten, den Parteien den Brotkorb hoch zu hängen.

Für die Parteiapparate nur noch Mitgliedsbeiträge, sonst nichts – lautet der Zuruf der Puritaner. Sie wollen nicht gelten lassen, dass ohne Parteien im Sinne von Demokratie kein Staat zu machen ist. Voll Misstrauen und nach nicht enden wollenden Skandalen und Skandälchen misstraut der Bürger, wie Demoskopen unschwer feststellen können, den politischen Wucherungen namens Parteien. Ob gutmütig oder bösartig wird gar nicht erst gefragt, wenn es darum geht, den Parteien Steuerzahlergeld ganz oder teilweise vorzuenthalten und/oder Spenden weder zu erlauben, noch steuerlich in dem einen oder anderen Ausmaß für abzugsfähig zu erklären. Auf lange Sicht zählt es zu einem Nebenkriegsschauplatz, wie den überlieferten Parteisünden beizukommen ist, etwa anonymen Spenden, Schwarzkonten oder außerhäusigen Finanzierungen über Banken, Gewerkschaften oder Stiftungen in Liechtenstein. Eigentlich sollte es selbstverständlich sein, das Parteiengesetz mit einer vernünftigen Strafbewehrung zu versehen. An radikaleren Ideen ist kein Mangel, etwa Offenlegung der Finanzierung von Parteien ähnlich dem Kunstsponsoring; die Erlaubnis oder auch das Verbot der Parteienfinanzierung durch juristische Personen (was wohl einer Einladung gleichkäme, es mit phantasievollen Umgehungen zu treiben); und auf der Geberseite zu klären ist, ob und wie viel etwa Aktiengesellschaften für Parteien spenden dürfen und inwieweit sie zu parteipolitischer Neutralität verpflichtet sein sollen (was die Übung mancher Unternehmen querschreiben würde, demokratische Parteien finanziell gleichförmig zu behandeln); für ein künftiges Strafmaß bei Verstößen oder Vergehen gegen das Parteiengesetz reicht der Repressionskatalog von Geldleistungen, Gefängnis bis zum Verlust der Mandate. Was kollektiv bei Verfehlungen geschieht, wie es jetzt für die CDU ansteht, bleibt zu klären, ob ein Richter gnadenlos über Streichung von Staatszuschüssen, ihre Rückzahlungen und effektive Strafen bis zur Zahlungsunfähigkeit einer politischen Partei entscheidet.

Summen im Dunkeln

Die Erdbeben in der Parteienlandschaft hinterlassen demokratiepolitisch eine Trümmerlandschaft, obwohl die Rechnungshöfe, Parteifinanzierungskommissionen ein ums andere Mal versucht haben, den Wildwuchs zu lichten. Um demokratiepolitisch letztendlich Alarm zu geben, bedurfte es des Systems Kohl (mit verschwiegenen Geldgebern und -nehmern im In- und Ausland). Zur mangelnden Durchsicht, fehlender Glaubwürdigkeit und Absturzgefahr der parlamentarischen Demokratie, haben nicht nur die effektiven Summen, sondern ihre Verwendung im Dunkeln beigetragen. Im Aufgaben- und Ausgaben-Mischmasch finden sich auch nützliche, jedenfalls vertretbare Ausgabenposten wie die Finanzierung der Fraktionen und ihrer Mitarbeiter. Sie hat sich in den letzten dreißig Jahren mehr als verzehnfacht.

Abstellgleis für Alt-Politiker und Kaderschmieden

Parteinahe Stiftungen, guten Glaubens als Bildungseinrichtungen initiiert und konzipiert, sind der nötigen Transparenz bisher nicht dienlich. Steuerzahlergeld erlaubte den Stiftungen ein ganz gewisses Eigenleben, vom Bundesverfassungsgericht immerhin beseitigt. Die Friedrich Ebert Stiftung der SPD, die Konrad Adenauer Stiftung der CDU, die Friedrich Naumann Stiftung der FDP, die Hanns-Seidel-Stiftung der CSU und der Stiftungsverband Regenbogen der Grünen sowie einige regionale Institutionen bewältigen nicht nur nützliche, teilweise vernachlässigte Bildungsaktivitäten, wissenschaftliche Forschung und Begabtenförderung samt Archiven, Bildungsbibliotheken und Seminaren im Inland.

In diesem oft verschwiegenen Bereich entstanden nicht nur Abstellgleise für ausgediente Politprominenz, sondern auch Karrierechancen für Parteigetreue. Organisatorisch und wohl auch ideologisch wurde die Bildungsarbeit der Stiftungen zentral gesteuert, obwohl die Bildung nach dem Grundgesetz Ländersache ist. Außerdem hält sich der Verdacht der Kaderschmieden, gesteuerter Stipendien oder ideologisch angehauchter Entwicklungshilfen etwa in Lateinamerika (wo von deutschen Stiftungen teilweise gegeneinander gearbeitet wird).

Idealismus paart sich mit Propaganda – wenn das der Steuerzahler wüsste. Der Filz hat sich in diesem Bereich immerhin derart ausgebreitet, dass ein Helmut Kohl, der jetzt auch zu diesen Details schweigt, mit der ihm eigenen Autorität den Geldfluss nach seinen eigenen Prioritäten über Jahrzehnte zu lenken verstand.

Ähnlich geht es bei den anderen Parteistiftungen zu. Hier gerät die Parteifinanzierung zu einem offenkundig unentwirrbaren Knäuel: Finanzierung aus den staatlichen Budgets und „milde Gaben“ von privater Seite sowie Beiträge der Parteimitglieder. Dass Geld ebenso munter kassiert wie phantasievoll geparkt und mit fragwürdiger Diskretion ausgegeben wurde, wird nun zum rostigen Nagel der parlamentarischen Demokratie in Deutschland.

Wie kalkulierbar sind die Deutschen?

Was den Rahmen sprengt, ist nicht der Vergleich mit anderen Ländern, wo Verdacht, Korruption, Vetternwirtschaft und Käuflichkeit von Regierungsentscheidungen gang und gäbe sind. Jene gewisse Balkanisierung politischer Sitten und mangelndes Un-Rechtsbewusstsein schlägt teutonisch aus mehreren Gründen zu Buche: Die deutsche Demokratie galt bisher als stabil, integer und verlässlich; ihre Akzeptanz im In- und im Ausland beruht auf einer ebenso soliden wie unter Deutschen, auch ehemaligen DDR-Bürgern, bisher unbestrittenen Integrität der Entscheidungsträger.

Die Kalkulierbarkeit der deutschen Gesellschaft und ihres politischen Systems erreicht bis zur Häufung der Finanz- und Korruptionsaffären weltweit Spitzenwerte. Weil die Demokratie ebenso transparent wie belastbar und unumkehrbar als System etabliert schien, verfügt das Vertrauen in Deutschland über tiefe Wurzeln. Sie ermöglichen nicht nur eine saubere und bleibende „Vergangenheitsbewältigung“; das Demokratieverständnis der Deutschen trägt wesentlich zu ihrem wohligen Gegenwartsgefühl bei und ermöglicht zugleich – zumindest theoretisch – Zukunftsperspektiven. Wie aus heiterem Himmel erscheint die deutsche Demokratie gefährdet, angezweifelt, verdächtigt und zur Selbstreinigung nur unter erschwerten Bedingungen – wenn überhaupt – fähig. Was sich wie ein psychologischer Flächenbrand ausbreitet, schürt Misstrauen in die Verlässlichkeit des erweiterten Deutschland, in die Stabilität seines politischen Systems und in die Regenerationskraft seiner Demokratie.

11.

Unterwegs zu einer anderen Republik

Ein einsamer Herr. Rotwein, Zigarre, vor sich die Abendpresse, freier Blick auf den Pariser Platz. Am Nebentisch vier unauffällig-auffällige Herren, die wie Bodyguards aussehen und es auch sind. Ringsum so genanntes Volk, Berlinerinnen und Berliner, ungeniert, offen, heiter, selbstsicher. In-Lokal Borchardt beim dritten Seating. In der Ecke lässt Gerhard Schröder, Neu-Berliner und Bundeskanzler, seinen ersten Arbeitstag in der wieder installierten Hauptstadt ausklingen. Gedankenvoll, auf Abstand zu den innenpolitischen Turbulenzen, Parteihader und Wählerverlusten, Zweifeln und Rücktrittsdrohungen, genießt er die Ruhe nach dem Sturm. Er, Vorturner, der es – wohl zum eigenen Erstaunen – bis zum Bundeskanzler gebracht hat, er gibt sich äußerlich zufrieden. „Ich bin glücklich, in Berlin sein zu können", hatte er seinen 260 Mitarbeitern als Mutbringer eingeredet. Hier zeigt alles Bewegung, Tempo, lässt Großzügigkeit und Mut zum Wandel ahnen. Von der aufgesetzten Bescheidenheit in der alten, inzwischen verwelkenden provisorischen Hauptstadt Bonn und ihrem katholizierten Politbarock hatte der fixe Niedersachse Schröder nie viel gehalten. Berlin betrachtet er als Neubeginn.

Draußen, im nahe gelegenen Newton, In-Lokal für Singles, geht es hoch her. Drinnen, im Borchardt, Ruhe eines gediegenen Essrestaurants. Es ergibt sich, dass ein alter Bekannter des Bundeskanzlers aus Hannoveraner Tagen vorbeischaut. Begrüßung. Kurz entschlossen nimmt Schröder sein Rotweinglas und setzt sich zu der Viererrunde. Small Talk mit manchem Doppelsinn über die alte und eine neue Republik, über das verschlafene Bonn und das hellwache Berlin. Da ist beispielsweise der Geruch von Ostblock-Desinfektionsmittel im ehemaligen DDR-Staatsratsgebäude, in das Schröder mit seiner Kanzleramtsmannschaft einzieht. Warten auf das neue, gigantische Bundeskanzleramt am Spreebogen, das irgendwann im Winter 2000/01 bezugsfertig sein soll. Selbst mit seiner Zigarre, die der Genosse der Bosse neuerdings nicht mehr unbefangen raucht – es droht Imageschaden –, kommt er gegen die Sterilität in den ehemaligen Amtsräumen von Walter Ulbricht und Erich Honecker kaum an. Noch so gründlich renoviert, adaptiert und reorganisiert (Kosten 3,5 Mill. Mark), ist der stimmungstötende Sechziger-Jahre-Charme kommunistischer Scheinoffenheit und geschmackloser, neureicher Protzausstattung nicht leicht zu vertreiben.

Wenn Schwule und Lesben demonstrieren

Demokratie, wie sie leibt und lebt, hat der provisorische Hausherr in der definitiven Hauptstadt gleich am ersten Tag – very amused, wie er erzählt – erfahren. Homosexuelle Polizisten aus Brandenburg und Lesbierinnen aus Berlin waren in – natürlich genehmigter – Mini-Prozession auf amerikanischen Blechkarossen wie Hochzeitspaare vom Brandenburger Tor herübergezogen und wollten den Bundeskanzler sprechen. Sie wollten ihrem Begehren nach Anerkennung gleichgeschlechtlicher „Ehen“ Nachdruck verleihen. Von dem witzigen Einfall angetan, überlegte Schröder, ob er wie in Hannover reagieren und die schwulen Demonstranten empfangen könnte. Des Kanzlers Mitarbeiter, von dieser großstädtischen Demonstration wenig angetan und um das Image ihres Chefs besorgt, rieten ab und Schröder ließ, ganz Mann der Mitte, sichtlich auf Werbetour auch unter Spießern, davon ab.

Mangelnde Führungsqualitäten, Gewährenlassen von Flügelkämpfen innerhalb seiner eigenen Partei, der SPD, und Reformstau konnten monatelang nicht überwunden werden. Der sommerliche Umzug vom Rhein an die Spree verschaffte Schröder und seiner rot-grünen Führungsriege eine willkommene, eine herbeigesehnte Atempause. Von der Dynamik der Stadt, der hier herrschenden Direktheit und unbekümmerten Aggression ließ sich Schröder anstecken. Neuer Beginn an neuem Ort für einen, der auszog, an die Stelle von unbewältigter Vergangenheit bewältigte Normalität zu setzen. Von Historie, Tradition und diversen Rücksichtnahmen hält Schröder wenig und baut auf die respektlose, energiegeladene Offenheit von Berlin. Er, dem es mit dem Umzug aus Bonn gar nicht schnell genug gehen konnte und der in Bonn monatelang gefremdelt hatte, setzt auf Weltstadt-Image in spe. Ihn kümmert nicht, was andere besorgt, die Vergangenheit von Berlin mit Imperialismus, Militarismus, Preußen, Hitler, Krieg oder Teilung.

Berlin regiert anders als Bonn

Mit bemühter Normalität und unter Verzicht auf rote oder sonstige Teppiche großmächtiger Repräsentation exerziert die Bonner Republik mit junger Vergangenheit ihren Umzug in die Hauptstadt mit alter Vergangenheit. Acht Jahre nachdem der Deutsche Bundestag mit 337 : 320 Stimmen entschieden hat, dass Parlament und Regierung nach Berlin umziehen (und nach einem Gesamtaufwand von bald zehn Mrd. D-Mark), wird aus der Postadresse eine Politadresse. Wie Schröder bei Borchardt übersehen oder unterspielen viele der „Bonner", dass sich mit diesem Wandel der Kreis um die Wende von 1989 schließt.

Deutschland wird, was offenkundig ist, von Berlin aus anders regiert als von Bonn. Großstädtischer Blankoscheck statt provinzieller Selbstbescheidung. Dem politische Wandel, wie ihn das Volk begehrt hat, folgt zögerlich der Mentalitätswandel der Herrschenden oder jener, die es sein wollen. Klein, überschaubar und kalkulierbar, wie sich Bonn bis zuletzt verstanden hat und von seinen Partnern empfunden wurde, geht es in Berlin von Anfang an nicht mehr zu. Mit der anderen Atmosphäre zieht eine rauere Politik herauf. Prägnant, fernab jedem Pathos, skeptisch, ironisch, spöttisch, schnodderig wie die Berliner Mundart sorgt das politische Berlin, fix und keck wie seine Bewohner, schon im Ansatz für Assimilationskraft, die oft unterschätzt wurde. Skandale und Skandälchen, Korruptionen und Parteiverdrossenheit, der Verfall des Giganten Kohl oder mehr oder weniger kleinliche Fehltritte der Bonzen – hätte sich dies alles in der barockweichen Klüngelatmosphäre von Bonn ebenso abgespielt?

Schaut auf diese Stadt!

Als in Bonn für Berlin votiert und die Übersiedelung einer ganzen Hauptstadt als ebenso logische wie kostspielige Konsequenz der Einheit empfunden wurde, blieb manches draußen vor der Tür, was an Geschichte und Politik mit der Hauptstadt verbunden ist. Fast anderthalb Jahrhunderte deutsche Geschichte in allen ihren Höhen und Tiefen fordern an der Spree, einem kurvenreichen Binnengewässer, eigentlich eine andere Beachtung als am Rhein, dem Fluss, der gradlinig und langsam dahinfließt: erste Identitätsversuche, eine deutsche Einheit, nämlich kleinerer Art, ein Kaisertum, ein Probelauf in Demokratie, Berlin als das wahre großstädtische Zentrum der Welt, ein Führer, ein Krieg, die totale Vernichtung, Laboratorium der Teilung, Aufbau unter erbärmlichen Bedingungen, Blockade und viele Freunde, Leben am Tropf der Bonner Subvention, die Mauer, die Anmaßung kommunistischer Spießer, im Wartezimmer von Freiheit und Einheit.

„Schaut auf diese Stadt“, rief der Westberliner Bürgermeister Ernst Reuter 1948 am Anfang des stalinistischen Knebelversuches für über zwei Millionen Westberliner. Und alle Welt tat es. Berlin avancierte drei Jahre nach Hitlers Untergang zum Symbol von Überlebenskraft und zum Beweis, dass sich der Westen die Freiheit einiges kosten lässt. Der östliche, der sowjetische Versuch scheiterte nach elf langen Monaten, durch Sperre der Land- und Wasserverbindungen zwischen Westberlin und Westdeutschland, ganz Berlin unter kommunistische Kontrolle zu bringen und die Westmächte aus der Stadt zu vertreiben. Bewundert wurde das Durchhaltevermögen der Berliner, quittiert der Widerstandswille der Westmächte, vor allem der Amerikaner. Mit einer einmaligen logistischen Operation wurden, was Stalin wohl nicht für möglich gehalten hatte, rund zwei Millionen Berliner mit Lebensmitteln, Treibstoff und Heizmaterial vom 24. Juni 1948 bis 12. Mai 1949 aus der Luft versorgt.

Grösster Exerzierplatz der Deutschen

Nicht genug an Prüfung: Stalins deutschen Exekutoren und ihren Nachfolgern läuft das Volk, genauer seine Elite, durch Flucht, hauptsächlich nach Westberlin, davon. Die Epigonen des Diktators im Kreml denken sich eine historische Ungeheuerlichkeit aus. Mit einem „antifaschistischen Schutzwall" riegelten bewaffnete Verbände der Deutschen Demokratischen Republik Westberlin hermetisch ab. Es begann in der Nacht vom 13. auf den 14. August 1961. Am Brandenburger Tor und ringsum an der so genannten Zonengrenze wurde Stacheldraht aufgerollt. Totenstille. In einer dunklen Nacht begann die Selbstisolierung des Ostberliner Regimes. Die Mauer entstand. Immer höher, immer perfekter, immer dichter, immer menschenverachtender. 43,1 km zwischen Westberlin und Ostberlin, 111,9 km zwischen Westberlin und der umliegenden DDR mit 66 km Metallgitterzaun, 302 Beobachtungstürmen, 20 Bunkern, 259 Hunde-Laufanlagen. 5.075 Deutschen gelang die Flucht nach Deutschland, 239 starben an der Mauer, fast 1.000 Todesopfer sind an der DDR-Grenze zwischen 1948 und 1998 zu beklagen.

Berlin war und ist der große Exerzierplatz der Deutschen. Einmal etwas mehr militärisch, einmal national(-istisch?). Jetzt wird sich ein weiteres Mal herausstellen, was es mit der Berliner Luft auf sich hat (auch wenn der überbordende Verkehr und der – durch Prenzlauer Berg – Rad fahrende Umweltminister Trittin dieses Bild relativiert).

Rot-grüne Politplaner, die den provinziellen Mief von Bonn möglichst schnell vertreiben möchten, träumen davon, Berlin könnte wieder die Stadt aller Städte sein. Als ob sich das Einzigartige von damals herbeiplanen, herbeireden und herbeiregieren ließe, wird das große Vorbild des Zwanziger-Jahre-Berlin flugs aus dem Depot vergoldeter Erinnerung geholt. Übermütig, keck und zupackend soll es im Einheits-Berlin zugehen – wie in den Roaring Twenties. Mit explosiver Lebensfreude hatte damals Berlin alle anderen europäischen Metropolen, selbst New York, hinter sich gelassen. Mit geistiger Frische und künstlerischen Ambitionen ohnegleichen, gesellschaftlicher Vielfalt ohne Vorbehalte und höchster Produktivität – was sich damals lebensfreudig und attraktiv organisch einstellte, soll diesmal als Weltstadtflair Nummer zwei nachfolgen.

4,3 Millionen einfallsreiche, unternehmerische, fleißige Berliner der zwanziger Jahre konsumierten unbefangen die Strahlkraft ihrer Metropole, zum Beispiel im Kunstbetrieb. Während heute gestritten, intrigiert und politisiert wird, ob sich die neue Hauptstadt drei Opernhäuser oder drei Symphonieorchester und zwei Dutzend Museen leisten kann, war derlei nach dem Ersten Weltkrieg keine Frage: Kultur bot die Bühne. Vielfalt, wo Erstklassiges das Publikum über den Verlust des Kriegs, des Geldes hinwegtröstete. Zuletzt blieb damals nur noch die Hoffnung, es gehe mit dem einzigartigen Berliner Leben immer so weiter. Der Metropole zollten künstlerischen Tribut: Emil Jannings, Werner Kraus, Wilhelm Dieterle, Paul Hartmann, Aribert Wäscher, Hermann Thimig, Tilla Durrieux, Conrad Veith, Adele Sandrock, Else Heims, Fritzi Massary, Max Pallenberg, Eugen Klöpfer, Max Reinhardt – um nur einige zu nennen.

Gigantomanie samt Deutschland-Gefühlen

Die größte Baustelle Deutschlands hat es heutzutage in und an sich. Als ob die Vergangenheit mit Stein gewordenen Zukunftsbeweisen überwunden werden sollte, tobten sich Stadtplanung und Architektur rund um den Spreebogen aus. Ehrgeiziges Ziel: Eine

Hauptstadt funktionell aus dem Boden zu stampfen. Wie in der Gründerzeit wurden Milliarden flüssig gemacht für das reichlich ehrgeizige Projekt einer europäischen Mustermetropole. In gutem demokratischem und zugleich branchenüblichem Architekturstreit ist die Berliner Mitte zu einem gigantischen Kompromiss zwischen progressiver, heller Durchsichtigkeit und traditionalistischer Einfachheit geraten. Preußen, ade. Der alte Schinkel würde sich im Grab umdrehen. Von städtebaulichen Planungsfanatikern im roten Rathaus konnten Bauauflagen den wohl unvermeidlichen Wildwuchs nicht bewältigen. Auf der Strecke blieb jene mit einiger Sturheit vorgegebene Symbolik, von der jahrelang schwadroniert wurde. Zu viel Planung, zu wenig Intuition. Keine Entwicklungshilfe für die Politik, dafür seelenlose Modernität.

Am Potsdamer Platz, besichtigt von über 600.000 Neugierigen in einem Riesen-Baucontainer, genannt Box, wurde Investoren wie der Daimler-Benz-AG oder Sony äußerlich die Phantasie ausgetrieben, so erst recht an der vor Tradition triefenden Wilhelmstraße. Gestaltet wurde so lange nach Höhe, Außenfassade und Straßenabstand, dass Originalität und ertragreiche Nutzflächen nur durch Innenphantasie und unterirdische Perfektion zu erreichen waren.

Schon rächt sich, dass zwischen Erneuerern und Bewahrern – aller Computeranimation zum Trotz – die unpersönliche Gleichförmigkeit nicht weichen wollte. Berlin fehlt nicht nur im Regierungsviertel, was seinerzeit ein Haussmann in Paris oder ein Lafayette in Washington bedeuteten: großzügige, bleibende Raumaufteilung mit hauptstädtischen Perspektiven. Aus dem architektonischen Mischmasch erhebt sich immerhin die populär gewordene Kuppel über dem alten Reichstagsgebäude. Wenn es fürs Volk schon relativ kleinkariert und ohne Wahrzeichen zugehen soll zwischen Tiergarten und Schlossplatz, Invalidenstraße und Landwehrkanal samt Botschafterviertel, bleibt im Spreebogen gehörig Raum für architektonischen Protz. Mit dem ausladenden Bundeskanzleramt, das noch unter Helmut Kohl in Auftrag gegeben wurde, zieht Gigantomanie ein. Tunnel unten und Angabe oben, das ergibt freilich noch kein Hauptstadtgefühl.

Verwegener Menschenschlag mit Haaren auf den Zähnen

Obwohl die Chance vertan ist, zusammenwachsen zu lassen, was zusammengehört (Willy Brandt), bleibt Berlinern und Zugereisten dennoch die Möglichkeit, ein Hauptstadtgefühl zu entwickeln. Nicht wegen der Architektur, sondern der Kreativität und dem Tribut an die Vergangenheit. Wenn schon äußerlich mancherlei verbockt wurde, bleibt das, was am Beispiel Berlins unter geistiger Erneuerung läuft. Immer noch geben die Berliner den Ton an. Wie hat doch der Geheime Rat Wolfgang von Goethe, der in Weimar lieber der Erste als in Berlin der Zweite sein wollte, die Berliner apostrophiert: „Ein verwegener Menschenschlag, bei dem man mit der Delikatesse nicht weit reicht, sondern Haare auf den Zähnen haben und mitunter etwas grob sein muss, um sich über Wasser zu halten.“

Mit vergangenen Zeiten wollen sich Neu-Berliner wie Gerhard Schröder oder Joschka Fischer nicht aufhalten. Die sechs Bände Deutsche Geschichte, die im Arbeitszimmer des Bundeskanzlers stehen, finden nur selten Beachtung. Man setzt auf Zukunft und weiß oft nicht, wie, wann und wo.

Ein Hauch von New York

Aus der Gemengelage von Wiedervereinigung, Linksrutsch und internationaler Gleichberechtigung möchte dieser Kanzler eine Republik machen, die mit der Bezeichnung „Berliner“ all das verbindet, was sich Schröder vorgenommen hat: Aufbruch, Neubeginn, Ende der deutschen Bescheidenheit, die er als künstlich empfindet, und großzügiges Ausschreiten als Verbreitungselemente für Großstadtflair. Schröder und seine Strategen setzen auf „Berliner Luft“ – auch im Sinn von Gesellschaftspolitik und Lebensart.

Man findet nichts dabei, dass an die Goldenen Zwanziger angeknüpft werden soll, und betrachtet es gar als schick, der neuen

Hauptstadt New Yorkisches anzudienen. Exerzierfeld der Deutschen mit Schwung und Unkonventionellem. Berlin als Waffe gegen die Malaise im übrigen Deutschland: flottes Leben, spät schlafen gehen und dennoch früh morgens auf den Beinen sein, geschäftig und weniger sentimental unterwegs, im Bedarfsfall mit mehreren Jobs, persönlich, beruflich und auch politisch in Variationen denken, den alten Dogmatismus hinter sich lassen. Konkurrenz und Wettbewerb hemdsärmelig austragen – politisch etwa im Wahlkreis Berlin-Mitte, Prenzlauer Berg, hier, wo die Bonner zur Berliner Republik umgemodelt werden soll, erreicht die Nachfolgepartei der DDR-Kommunisten, die PDS, fast 28 Prozent der Stimmen („Wir sind die besseren Linken").

Abgesehen von dieser Nachfolgepartei der DDR-Kommunisten – populistische Nutznießer der neudeutschen Demokratie – scheren sich über drei Millionen andere Berliner und Zugereiste weniger um Stalins Erbschaft. Typisch wie in New York geht es um Überlebensstrategien im Melting Pot auf Deutsch. Was dort so alles zusammengebraut wird, fasziniert Neu-Berliner, wie es den Alt-Berlinern zu schaffen macht. An Internationalität wird in der jungen Hauptstadt einiges an alten Problemen weitergereicht. Amtlich leben (1999/2000) in Berlin 135.000 Türken, 70.000 Serben, Kroaten und Albaner, über 30.000 Polen, je 15.000 Russen, Ukrainer und Afrikaner, je 10.000 Amerikaner und Vietnamesen und je fast 7.000 Iraner und Libanesen. Über die Staatsangehörigkeit von über 12.000 besteht Unklarheit, dazu kommen mindestens 30.000 Illegale. Mit einer gehörigen Dunkelziffer für die Hauptstadt und ihr Umland reicht der Ausländeranteil bald an eine halbe Million heran. Das entspricht etwa 10 Prozent der Bevölkerung – zum Vergleich: In Wien sind es 17 Prozent.

Laboratorium Berlin

„Balina" liefern auch ohne Ausländerproblematik reichlich Beispiele für Trennung und Gemeinsamkeit. In den Köpfen der Alten halten sich deutsch-deutsche Teilungsressentiments auch nach mehr als einem Jahrzehnt Einheit. Subkutane Gefühle kommen da schon einmal hoch, wenn sich Familien oder Freunde aus West- und Ostberlin treffen, wenn es um die alte Teilung oder neue Lebensprobleme geht. Fließt erst Alkohol, so geraten Ostler und Westler schnell aneinander. Im gesellschaftspolitischen Laboratorium Berlin tun sich immer wieder Gräben auf zwischen den Hauptstadtromantikern à la DDR und den Frontstädtern aus Westberlin. Was die einen erlebt und ertragen und die anderen verdrängt oder ver- und gemieden haben, reicht schon, dass in den Köpfen weiter gemauert wird. Gelegentlich empfinden Ostler Westler als arrogant, besserwisserisch, während Westler in Ostlern häufig empfindliche, undankbare und sentimentale Mitläufer des DDR-Regimes sehen. Die einen protzen mit ihrem Lebensstandard, die anderen vermissen die Nestwärme von gestern und vorgestern.

Die Parteiskandale hinterlassen bei den Ostberlinern tiefere Spuren als anderswo. Sie sind vom System namens Demokratie enttäuscht. Lange Zeit wurde ihnen gepredigt, was sich alles im kommunistischen Staatsapparat angehäuft habe an Korruption, Vetternwirtschaft, Machtmissbrauch und Parteienherrlichkeit. Und jetzt Helmut Kohl als eidbrüchiger Altkanzler, ein Bundespräsident als Privilegienritter, Ministerpräsidenten als Schmiergeldempfänger, Parteienfilz in Rot, Schwarz oder Blau. Demokratie? „Nein, danke." Das Gift der Politiker- und Parteiverdrossenheit wirkt im Osten schneller als im Westen.

Neugierde einer ganzen Generation

Unter den besonderen Umständen eines formal wieder vereinigten Landes, von einer geschlossenen Nation noch reichlich weit entfernt, wird aus Parteikrisen – unversehens zunächst – eine Existenzfrage der Demokratie. Bürger ahnen es, wissen es und beklagen es. Vor sich sehen sie die Unfähigkeit der Parteien, sich selbst zu reinigen, ihre Vorbildfunktion wiederherzustellen, dem Bürger zu dienen statt ihn zu verhöhnen sowie den Staat und seine Finanzen nicht als Beute, sondern als Service-Organisation zu betrachten. In dem Maße, in dem Macht missbraucht und ein ganzes Land zu einer Lügendemokratie zu verkommen droht, trauern Westler ihrem demokratiepolitischen Leumund und Ostler dem Scheinmechanismus der DDR nach. Der veruntreute Gemeinsinn trennt nicht nur Ost und West, sondern Jung und Alt. Der Generationenkonflikt, wie er allerorten zu verzeichnen und irgendwie zu überwinden ist, erhält im Brennglas Berlin schärfere Konturen. Manch Zugereisten erstaunt, wie nüchtern und konsequent die Bürger von Spree-Athen die Tatsache quittieren, dass zu dem Mentalitätsgefälle zwischen West und Ost generationenbedingt eine tiefe Kluft in der Lebensart kommt.

Für die Jungen brachte die Einheit einen außerordentlichen Freiheitsgewinn. In beiden Richtungen genießen jene, die beim Mauerfall zehn, fünfzehn oder kaum mehr Jahre alt waren, Entspannungschancen aller Art. Dem Augenblick hingegeben arbeiten sie, um zu leben.

Die Neugierde einer ganzen Generation wird in Berlin, vor allem jenseits des Alexanderplatzes, belohnt. Wie auf einer riesigen Party, täglich neu wirken die Jungen wie elektrisiert, betört von den Möglichkeiten, finanziell gut genug gestellt, beginnen schon die Twens und Teens auf Wohlbefinden zu setzen. Wie aus Liberalität Libertinage wird, probiert diese Lustgeneration mit ungebändigter Freude am Wechsel. Einmal Wohngemeinschaft, einmal Single-Haushalt, einmal One-Night-Stand, einmal Dauerbeziehung und immer die Love Parade im Sinn, wo Millionen die neue Freiheit in unbändige Lautstärke umsetzen. Mit den Alten trifft man sich noch am ehesten, wenn es um die Beziehung von Mensch zu Mensch geht. In fast allen anderen Bereichen ist die Generationenkluft tief, in Berlin offenkundig tiefer als anderswo, wenn es etwa um Sexualität, Politik, Religion oder Moral geht.

Wenn Neuzugänge Tore schiessen

„Hau dir alleene ene runter, du Dussel, ick hab kene Zeit“, kann es unter den Schützlingen von Dieter Hoeness heißen, wenn der die Chancen, eine Treffer zu landen, vergibt. Fehler werden Neuzugängen, schnodderig, wie Berliner nun einmal sind, weniger vergeben als Balinern, vor allem wenn sie überdurchschnittlich hohe Kosten verursachen.

Im Falle des 25jährigen Brasilianers Alvez do Nascimento laufen die 15,2 Millionen Mark Ablöse unter den Fans von Hertha BSC unter Metropolenzuschlag. Wie in der Politik soll mit der Neuerwerbung vorne wie hinten, im Sturm wie in der Verteidigung, an die großen Zeiten angeknüpft und ein sicherer, möglichst sechster Platz in der Bundesliga (trotz anhaltender Führungsprobleme und Imagesorgen) erkämpft werden. „Lasse stürmen“, der symbolträchtige Club soll schnell, so wie es sich für ihn gehört, für Metropolen-Attraktivität sorgen. Für einen sicheren Platz in der Champions League halten die Alten wie die Jungen die Daumen und wollen von der proletarischen Vergangenheit von Hertha BSC nichts mehr wissen.

Szenetreff und Popmusik

Wie ganze Jahrgänge Freiheit ohne Rückfragen konsumieren und Demokratie den Alten überlassen, nirgendwo wird Freiheit so ideenreich umgesetzt wie in Berlin – eigener Lebensrhythmus, ausgeprägtes Begehr nach Selbstverwirklichung, lockerer Umgang mit dem Geld, Gourmet-Benehmen und superlässige Kleidung, alles im Gleichschritt oder Gleichklang mit internationaler Jugendkultur von T-Shirts bis zu Turnschuhen, Szenetreff und Popmusik. Der jugendliche Amüsierbetrieb, der ungestillte Partydrang und der stolz vorgeführte Anspruch, allen alles zu zeigen, was man nur will, unterscheidet sich von dem politisierten, organisierten Aufstand und Aufruhr der 68er-Generation.

Für Alt-68er wie Gerhard Schröder oder Joschka Fischer haben die Neu-Berliner nur ein müdes Lächeln übrig. Politik ist für die Berliner Jugendkultur unserer Tage eine lästige Begleiterscheinung, etwas für Verdrossenheitsfanatiker und Bejammerer von Staatsversagen. „Nichts für uns. Wir leben dem Heute und dem Morgen." Eine neue Kluft, nachzuprüfen in Berlin mit seinen roaring Zweitausend.

Sozialfaschismus nützlicher Idioten

Klüfte, die sich sehen lassen können, bestehen nicht nur zwischen Westlern und Ostlern, zwischen Jung und Alt. Dass die 68er-Generation von ihrer eigenen Vergangenheit eingeholt wird, personalisiert Spannungen. Kanzler Schröder und Außenminister Fischer stehen hier für eine ganze Spezialgeneration. Wie verhielt es sich doch damals mit der außerparlamentarischen Opposition? Als sich aus Langeweile, Studentenulk, Veränderungsdrang und Kritikbereitschaft gesellschaftlicher Protest formierte, Motivierte und Radikalisierte Kaufhäuser in Brand steckten und die Sympathisantenszene immer größere, schließlich terroristische Kreise zog. Sie versuchten es mit antifaschistischer Einheitsfront, mit gemeinsamem Vorgehen der SPD mit der KPD, um dem „Sozialfaschismus" den Garaus zu machen, „nützliche Idioten" zu entlarven und den langen Marsch durch die Institutionen anzutreten. „Sozialismus mit menschlichem Antlitz" glaubten sie, die ideologisch vielfach auf einem Auge blind waren, durch Befreiungsschläge durchzusetzen.

Notfalls mit Gewalt gegen den autoritären Zwangscharakter vorgehen, hieß es in Wohngemeinschaften mit freier Liebe samt Gruppensex und der Überwindung anerzogener Schamgrenzen. Was mit Verulkung und Verunsicherung begann, mit so genannter sexueller Befreiung fortgesetzt wurde und mit antiautoritärem Lebensstil komplettiert werden sollte, endete in Gewalt mit dem Stichwort „macht kaputt, was kaputtmacht". Raffiniert getriebene

Selbstentfaltung gepaart mit einem gehörigen Schuss Feminismus und dem entsprechenden Wortgeklingel von „Scheiße“ bis „vögeln“ endete schließlich in der Losung „etwas Terror muss dabei sein“.

Ideologisch durchzogen ist diese Welle, die unter dem Stichwort „Baader-Meinhof“ tragisch endete, mit verquerem Faschismusdenken. Der Einfachheit halber wurde der Wohlstand als Abfallprodukt eines unmenschlichen Kapitalismus dargestellt und der Kampf gegen die Herrschenden und ihre Ordnung zum eigentlichen Lebenselixier erhoben. Zu heimischer Ungeduld – etwa über die Verabschiedung der Notstandsgesetze – („diktatorische Vollmachten machen Machtmissbrauch möglich“) wurde die irrlichternde 68er-Jugend außerhäusig aufmunitioniert.

Das Erbe linkslinker Rabulistik

Der schwarze Bürgerrechtler und Friedensnobelpreisträger Martin Luther King wird ermordet, rebellierende Studenten in Frankreich führen zu bürgerkriegsähnlichen Zuständen und legen das Land lahm, der amerikanische Senator Bob F. Kennedy wird ermordet und der Papst verbietet Katholiken die Pille und lässt Geschlechtsverkehr nur als gottgewollte Fortpflanzung zu.

Das erste Gefecht wird verbal angelegt, getreu der überlieferten Gebrauchsanweisung für Hobbyrevolutionäre. Sterben und Tod als Ideologiekrücke. Draußen Robbensterben, zu Hause Waldsterben. So fing es an. Danach im selbstgewählten Krieg der Worte der Tod und das Sterben als Indoktrinationsmethode. Bis zum Terror. Dass linkslinke Rabulistik, von Kommunisten oder selbst ernannten Weltverbesserern erfunden oder einfach weitergereicht, nach mehr als drei Jahrzehnten noch immer als Mittel der politischen Auseinandersetzung geeignet ist, zeigt die beklemmende Aktualität der Stichworte von damals: Faschismus, Rassismus und Ausländerfeindlichkeit.

Bekannt? Begriffen? Konnten Antworten geraume Zeit der Einfachheit (und der Selbsttäuschung) halber unter abgekühlten Phantastereien einer Angstgeneration abgelegt werden und als hypochondrisch qualifiziert werden, sich und die Gesellschaft krank zu reden und um mit düsteren Prognosen in stets beleidigter Gestion damit bei den Wohlstandsbürgern hausieren zu gehen, wollen es die Alt-68er im Millennium noch einmal wissen. Groß Gewordene der damaligen Generation wie der „Turnschuh-Fischer" in seiner Nadelstreif-Ausrüstung als deutscher Außenminister geben sich in Sachen Faschismus besorgt. Mit faltenreichem Gesichtsausdruck, unübertroffen unter seinesgleichen, sieht der Berliner Außenminister Gefahren von rechts heranmarschieren.

Haider, charismatisches Urtalent

Während die Berliner Polizei zuschaut, wie Deutsche, nachweisbar rechtsradikal beheimatet, TV-intensiv durch das Brandenburger Tor marschieren, alarmieren die Berufseuropäer Rechtsgefahren anderer Art, anderen Orts und anderer Dimension. Verursacher: Jörg Haider, ein ungezügeltes, charismatisches Urtalent aus Kärnten mit linker Vergangenheit, aus einer nationalsozialistischen Familie stammend und von Sozialisten systematisch ausgegrenzt; Anlass: die Beteiligung seiner Partei an einer Bundesregierung in Wien; Vorgeschichte: Bei der Wahl für den österreichischen Nationalrat am 3. Oktober 1999, regulär ein Termin und unbestritten in seiner Durchführung, schneiden drei der vier Parlamentsparteien – nämlich die Sozialdemokratische Partei, SPÖ, die Österreichische Volkspartei, ÖVP, und Freiheitliche Partei Österreichs, FPÖ, etwa gleich stark ab. Bemühungen, die 13 Jahre alte Koalition aus SPÖ und ÖVP, aus Rot und Schwarz, nach langen Verhandlungen fortzusetzen, scheitern, obwohl sich Bundespräsident Klestil – nicht zuletzt mit Auslandshilfe (was beharrlich behauptet und ebenso dementiert wird) – dafür mit ungewöhnlicher Intensität verwendet und sich der Verdacht hält, dass die Roten, die seit drei Jahrzehnten den Regierungschef stellen, mit Unterstützung der Sozialistischen Internationale ihren Machtbesitz zu erhalten trachten.

Maßnahmen: 14 Mitgliedsregierungen der Europäischen Gemeinschaft verhängen, jeder für sich, eine Art Quarantäne über Österreich, gefolgt von „kritischer Beobachtung“ durch die USA, Kanada, Argentinien, Australien usw. (was die Ausgrenzungspolitik der SPÖ nationalisiert und internationalisiert); Begründung: Faschismus, Rassismus, Ausländerfeindlichkeit als Verdachtsmomente, jedoch keine Beweise für oder gegen Haider und die Seinen; Methode: Die österreichische Bundesregierung aus Christdemokraten (ÖVP) und Freiheitlichen (FPÖ) teils schneiden und teils ächten; Folge: Österreicher, gestandene und bisher untadelige Demokraten, fühlen sich ungerechtfertigt behandelt, vorverurteilt, wie in den dreißiger Jahren allein gelassen und viele unter ihnen persönlich beleidigt. Ein ungewöhnlicher Beweis dafür, wie 68er-Saat, seinerzeit auch in Deutschland gehegt und gepflegt, nach mehr als drei Jahrzehnten mit unabsehbaren Folgen, nicht zuletzt für Europa, aufgeht.

Ausgrenzen, aussitzen oder was sonst

Der Mann aus Klagenfurt macht Weltkarriere, jedenfalls medial. Medien rücken ihn ins rechte Eck, forschen nach seiner Ideologie, sezieren seine lockeren Sprüche über die „Beschäftigungspolitik im Dritten Reich“, symbolisieren seinen Auftritt vor SS-Veteranen und kolportieren in einer Mischung aus Abscheu und Respekt, wie er, der Bungee-Jumping-Sportler und Marathonläufer (u. a. in New York), respektlos Staats- und Regierungschefs anderer Länder abqualifiziert. Haiders verbale Aufrüstung allein kann es wohl ernsthaft nicht gewesen sein, die gestandene Regierungschefs, angeführt vom Präsidenten der Republik Jacques Chirac (Haider: „Macht alles falsch, weiß nicht, wovon er redet“), mit der Beteiligung von Haiders Partei an der österreichischen Bundesregierung faktisch ein ganzes, freilich kleines Land in Acht und Bann setzt.

Vielmehr sind es so genannte Werte, die von Helsinki bis Lissabon über Paris, Berlin und London als Interventionsmotiv herhalten müssen. „Wenn wir Europa als eine Wertegemeinschaft begreifen“, vertraut Bundeskanzler Gerhard Schröder der „Zeit“ an, „und diese Werte sogar in den Amsterdamer Vertrag hineinschreiben, wenn die Akzeptanz ebendieser Werte die Bedingung für Neuaufnahmen in die EU ist – dann müssen wir so handeln. Die Achtung der Freiheit, der Rechte von Minderheiten, der Menschenrechte beruht ja nicht auf einem einsamen Beschluss. Gemeinsam haben wir gesagt, diese Werte sind unantastbar und deshalb ist es im Fall Österreich nur angemessen zu sagen: Wehret den Anfängen.“

Deutsche gemeint, Österreicher geprügelt

Mit dem medienwirksamen und schwer berechenbaren Mann aus Klagenfurt – zur Ächtungszeit der 14 europäischen Regierungen Hauptberuf Landeshauptmann von Kärnten (400.000 Einwohner, FPÖ-Wähleranteil 37 %) – soll ein Exempel statuiert werden. Der Verdacht gegen Haider genügte, es mit der Demokratie, den Menschenrechten und der EU-Treue nicht so genau zu nehmen, um weltweit eine Isolation Österreichs zu inszenieren. Beteiligt sind nicht nur die Linkslinken von vorgestern aus der 68er-Generation oder regierende Sozialdemokraten – in acht von fünfzehn EU-Ländern –, sondern gestandene Konservative wie der französische Staatspräsident Chirac oder liberal Angehauchte wie der amerikanische Präsident Bill Clinton.

Gemeint sind die Deutschen, geprügelt werden die Österreicher. Erst allmählich bestätigt sich diese Doppelstrategie: Aus Angst vor einer bürgerlichen Rechtswendung in Deutschland wird parteipolitisch Sperrfeuer geschossen. Vor allem Franzosen aller Couleur raubt offensichtlich die Frage ihre Ruhe, was zwischen Rhein und Oder geschähe, wenn die Deutschen einen Haider hätten. Die Krise des deutschen Parteienwesens, ausgelöst durch teilweise unfassbare Spenden- und Korruptionsskandale, wächst sich also nicht nur zu einem innerhäusigen Demokratietest, sondern zu einer internationalen Bewährungsprobe aus. Der kleine Haider, der großsprecherische Rebell, der Tabubrecher in der Politikerkaste, gerät zwischen die Mühlsteine von Rechtswendung europäisierter Solidarität und Ideologiedefizit der alten Parteien.

Die Großen scheuen die inhaltliche Auseinandersetzung, die offene Konfrontation mit einer anderen Denkweise, mit einem provinziellen Alleinunterhalter, der versteht, „dem Volk aufs Maul zu schauen“. Die Berufung auf die Werte als Vorwand? Offensichtlich. Ideologisch bleibt zu fragen, wo das Koordinatenkreuz der Mitte europaweit festzumachen ist. Ob wir uns an eine Linkstrimmung – bewusst oder unbewusst – gewöhnt haben, jedoch gegen Rechtsorientierungen mehr oder weniger gedankenlos zu mobilisieren sind. Mit ihrem Schnellschuss aus der Hüfte haben die vierzehn EU-Regierungen diese und ähnliche Fragen einfach nicht bedacht.

Ein einmaliger Vorgang. Eine ordnungsgemäße Wahl und eine demokratische, weil auf eine Parlamentsmehrheit gestützte Regierungsbildung, wird wie in kolonialer Kanonenboot-Demokratie behandelt, am liebsten verboten. Ideologie, Interessen und echte Besorgnis bilden die Dramaturgie. Die Regisseure des antiösterreichischen Stücks setzen sich dem Verdacht mangelnder Vorbereitung, unzureichender Stoffbewältigung und unbedachter Dauerwirkung aus.

Oder betätigen sich Alt-68er und ihresgleichen als Strippenzieher, um rechts zu unterbinden, was links gang und gäbe ist – extremere oder auch extremistische Parteien aus der kommunistischen Ecke unter dem Dach der Demokratie zuzulassen. Rechts hingegen wird durch die unheilige Allianz aus alt gewordenen 68ern, verwirrten oder fehlgeleiteten Idealisten und bedrängten Konservativen – koste es, was es wolle – ausgegrenzt (womit auf höherer, internationaler Ebene wiederholt wird, was in Österreich vorgeblich versucht wurde). Verdächtigen, verfemen, unterstellen und verunsichern statt sich inhaltlich Punkt für Punkt wie redliche

Demokraten mit dem Mann und seinem Programm auseinander zu setzen. Entzaubern lassen sich echte oder vermeintliche Extremisten nicht mit Talkshows im Fernsehen, sondern nur mit Wahrheitsbeweisen durch stehfeste und ebenso charismatische Demokraten.

Während in Europa monatelang diskutiert wird, ob die Strafaktion gegen die bürgerliche Regierung in Wien rechtlich möglich und politisch angemessen war, stellen sich bedenkliche Folgewirkungen ein. Gutgläubige, Obrigkeitsgläubige fragen nach den Rang- und Reihenfolgen des Wertekatalogs der Vierzehn. Was zählt mehr, Demokratie, Rechtsstaat, Selbstbestimmungsrecht, Gleichberechtigung, Vertragstreue, Solidarität, Subsidiarität oder der bloße Verdacht – die „Wehret dem Anfang"-Methode?

Die Medien, von dem schlagfertigen Naturtalent aus der Nähe beeindruckt und aus der Ferne wie im Umgang mit dem Bösen schlechthin fasziniert, multiplizieren Haider hoch bis zum Weltformat. Eitel und zugleich von oft unterschätztem Bildungsniveau, ist Haider für Storys der Schlagzeilengesellschaft immer gut. Kommen ideologische Vorurteile und Parteiinteressen hinzu – wie in großen Teilen EU-Europas –, lassen sich im Refrain antiösterreichische Melodien immer wieder auflegen. Medien als Multiplikatoren: „Seine Gegner spielen ihn hoch: Haider erzielt TV-Rekorde", heißt es am Boulevard. Seriösere Blätter rätseln über die „Haider-Hysterie", das US-Spitzenmagazin „Time" fragt auf der Titelseite groß: „Should Europe fear this Man?" und berichtet daneben – klein – über den Präsidentschaftskandidaten McCain.

„Arbeit macht frei"

Auf Antworten eigener Art versteht sich das linksliberale Blatt „Le Monde". Tagelang mit Haider und dessen ideologischem Standort zwischen bürgerlich, konservativ, faschistisch, nazistisch usw. befasst, reißt der Karikaturist des französischen Blattes Schranken ein. Auf Seite 1 werden biedere Alpenländler gezeigt, die zuschauen, wie ein Zug Richtung Konzentrationslager fährt mit der deutschen Aufschrift „Arbeit macht frei“ (dem diabolischen Motto über dem Eingangstor des Konzentrationslagers Auschwitz). Auch anderswo geraten die Europäer in Aufruhr (nicht nur jene 150.000 oder mehr, die an einem regnerischen Februartag des Jahres 2000 auf dem Wiener Heldenplatz – dem Ort der „Vollzugsmeldung“ Adolf Hitlers vom März 1938 – zusammenkommen, um in gewollter Symbolik gegen die bürgerliche Regierung aus Volkspartei und Freiheitlichen zu demonstrieren.

So viele Leserbriefe und Zugriffe im Internet haben die Redaktionen und Organisatoren seit Jahrzehnten nicht mehr registriert.

Ungewöhnliche Politisierung auch in Österreich – der Straßenverkauf der Zeitungen steigt um die Hälfte. Hier wie dort breitet sich der Eindruck aus, dass es nicht nur um Haider, um Österreich oder um EU-Desinfektion gegen Rechtsextremismus geht, sondern um die Befindlichkeit in Europas Mitte, vornehmlich in Deutschland.

Quer durch die Farbenlehre der Parteien sind Haltet-den-Dieb-Methoden zu beobachten. Und der Europagedanke wird durch den Fleischwolf nationaler Vorurteile und uneinsichtiger Ideologien gedreht, sodass im Falle Österreich, dessen Wähler sich zu zwei Dritteln zur EU-Mitgliedschaft bekannten, ein nationalistischer Rückschlag erfolgt, von dem Haider und die Seinen profitieren können, ohne dass die bürgerliche Regierung beweisen konnte, guten demokratischen, europatreuen Vorsätzen verlässlich zu folgen.

Das Faschismuserbe der 68er

Tatsache ist, dass das vielfach abschreckende Beispiel, wie mit Österreich umgegangen wird, nicht zuletzt auf das Faschismuserbe der 68er-Generation zurückzuführen ist. Dazu kommt europaweit ein Vertrauensschwund in die ideologische Substanz und die politische Tatkraft der Parteien. In Deutschland gerät die Parteiendemokratie überhaupt ins Wanken. Mit dem Verdacht, ein österreichischer Provinzpolitiker betätige sich demokratiepolitisch als Ketzer – bisher seriöserweise durch nichts zu beweisen –, entsteht eine gefährliche Schräglage. Die Innenpolitik der meisten Anti-Haider-Länder ist durch verschiedene Formen der Auseinandersetzung mit Rechts gekennzeichnet. Was im eigenen Land nicht oder nur unzulänglich gelang, nämlich eine ideologisch-politische Auseinandersetzung in der Substanz, soll nun – klassisch imperialistisch – am Beispiel des kleinen Österreich durchexerziert werden: Weil die etablierten Parteien dem Populismus nicht gewachsen sind, soll gefälligst der Demokratieprozess aufgegeben werden.

Hinter Schwächezeichen in der Mitte und links des politischen Spektrums steckt eine gehöriges Maß an Demokratiedefizit. Es wird einer der oft beschworenen Werte aus Schwäche oder wegen Minderwertigkeitskomplexen beiseite geräumt. Ob das der Glaubwürdigkeit von Rechtsstaat, Menschenrechten, Demokratie und Völkerrecht entspricht?

Rückschritt im Europäertum

Politisch kurzsichtig und unzumutbar ist, dass die Dauerquarantäne Österreichs die Bewohner dieses Landes nach einem Schock in eine Art Andreas-Hofer-Stimmung versetzt: gegen Fremdbestimmung, gegen Souveränitätsverletzung, gegen Ungerechtigkeit und für ein Zusammenrücken unter rot-weiß-roter Fahne ein Rückschritt in angewandtem Europäertum, der in einem Land mit kaum überwundener Schrebergartenmentalität schwere und dauerhafte Schäden verursacht. Selbst Linke in Österreich, die sich nach dreißig Jahren Kanzlerschaft ihrer Partei mit der Wachablösung und dem Machtwechsel nicht abfinden, erleben vielfach ein „Zauberlehrling“-Syndrom. Die Geister, die sie riefen, nämlich Genossen-, Parteien- und Regierungshilfe aus dem Ausland, werden sie nun nicht mehr los.

Zur einen Fremdheit der unzumutbaren Außensteuerung kommt die andere Fremdheit der Polarisierung im eigenen, im österreichischen Land. Seitdem sich Österreicher geächtet fühlen, muss es bedächtigen und lernfähigen 68ern zu denken geben, dass ein diplomatischer Schuss aus der Hüfte verletzt hat. Die Wunde will nicht heilen, und die Berliner Republik ist einem bisher getreuen Nachbarn einiges an Fairness und demokratischer Solidarität schuldig. Makaber, dass eine deutsche Regierung vor 65 Jahren Österreich wirtschaftlich schwer geschädigt und anschlussreif gemacht hat. Heute zählt, mit anderem ideologischem Hintergrund, die deutsche Regierung zu den Fürsprechern einer Strafaktion gegen Österreich.

Gemessen am allgemeinen Wirbel überrascht es nicht, dass der Fall Haider und die Behandlung Österreichs auch in Berlin Wellen schlagen. Von der Fragestunde und der aktuellen Stunde im Bundestag halten sich giftige Restbestände. Hatte doch der bayerische Ministerpräsident Stoiber von der CSU der Bundesregierung und vor allem Bundesaußenminister Fischer vom Bündnis-90/Die Grünen vorgeworfen, durch die Behandlung Österreichs der europäischen Integration schweren Schaden zugefügt zu haben. Die Regierung Schröder, so Stoiber, „spielt sich auf wie eine moralische Großmacht“. Retourkutsche von Fischer, der bayerische Ministerpräsident habe sich bei der Entstehung der umstrittenen österreichischen Bundesregierung von ÖVP und FPÖ als Geburtshelfer betätigt. Der Außenminister verteidigte das Berliner Vorgehen: „Es darf nicht der leiseste Eindruck entstehen, dass Deutschland die Hand über Österreich hält. Dann würde sich Deutschland isolieren.“

Strategie, die Deutschland isolieren könnte

Der Streit um „einen beispielslosen Vorgang in der Geschichte der Europäischen Union“ (Stoiber) weitete sich aus. Der bayerische Ministerpräsident wirft seitdem dem Bundeskanzler und dem

Außenminister vor, nicht die Mehrheit der deutschen Bürger hinter sich zu haben. „Ich verstehe die Bayern wirklich nicht", kontert Schröder. Um Seelenverwandtschaft mit seinem Außenminister zu bekunden: „Entweder ist ihre [bayerische] Politik schlicht unüberlegt oder sie arbeiten, nur weil sie Opposition sind, bewusst an einer Strategie, die Deutschland isolieren könnte." Isolationsängste treiben den Berliner Kanzler nicht nur im Doppelfall Haider und Österreich um. Zu dem Vorwurf des Wiener Kanzlers, die Vierzehn der EU hätten sich gegen einen Großen diese Aktion nicht getraut, antwortet der Berliner Kanzler, Verfechter der Wertegemeinschaft Europa: „Nein, die neue Politik endet nicht vor EU-Staaten mit einer hohen Einwohnerzahl und einer großen Wirtschaftskraft." – „Zeit"-Frage: „Würde sich die Europäische Union heute auch in Italien einmischen?" Schröder: „Sie müsste es, säßen dort wieder Neofaschisten am Regierungstisch. Wir können und dürfen nicht hinter die von uns gesetzten Standards zurückfallen."

Aufschrei in Italien. „Ideologischer Imperialismus und brutale Einmischung unter teutonischer Besserwisserei", tönen die italienischen Medien zurück. Ministerpräsident d'Alema beschwert sich unüberhörbar und ohne diplomatische Rücksicht. Der italienische Staatspräsident Ciampi findet Worte, die der österreichische Bundespräsident im gegenständlichen Fall vermissen ließ: „Im italienischen Parlament sind nur demokratische Parteien vertreten." Im Wertekatalog Europas fehlen zumindest Vergleichszahlen. Die Rang- und Reihenfolgen der Werte sind durcheinander geraten und gebieten eine Ordnung, die von vornherein klärt, wie es um Grundrechte wie Selbstbestimmung, Rechtsstaat, Gleichberechtigung und gegenseitigen Respekt steht. Wiederholt sich Geschichte? Werden alte, verstaubte Versatzstücke auf die Bühne gezerrt, wie etwa Imperialismus? Es steht mehr auf dem Spiel als die Formulierungsfreude eines Provinzpolitikers, die Wendebereitschaft einer bürgerlichen Regierung nach Jahrzehnten erstarrter, sozialistisch durchdrungener Verhältnisse und auch als die veruntreute Fairness in der Europäischen Gemeinschaft. Es ist offenkundig geworden, dass Randerscheinungen aller Welt vorführen, wie zerbrechlich die politische, ideologische und auch nationale Ordnung Europas dasteht.

12.

27 Thesen zu Deutschland

1. Als glücklich bezeichnet sich kaum ein Drittel der Deutschen, zwei Drittel haben Angst vor einer virtuellen Welt voll von Spannungen.
2. Ein anhaltender Kulturschock ohnegleichen hat die Deutschen unvorbereitet in eine Identitätskrise gestürzt, viele merken (immer noch) nicht, dass die Einheit mehr darstellt als eine geklonte BRD.
3. Anstand, Fleiß und Demokratie werden in Frage gestellt.
4. Die Sprache der Mächtigen und der Medien geht am Bewusstsein der Bevölkerung vorbei.
5. Alle Staatsgewalt geht nicht nur vom Volk aus, sondern von abgehobenen Eliten, die Verfassung und Brauch - oft aus Angst vor dem Souverän - aushebeln.
6. Selbstheilungskräfte wirken moralisch, politisch und wirtschaftlich überfordert.
7. Veränderungen und Herausforderungen stehen viele Deutsche - wie andere Gesellschaften - hilf- und ratlos gegenüber.
8. Der anständige, kalkulierbare und fleißige Deutsche fühlt sich - overused but underinformed - vereinsamt und unterrepräsentiert.
9. Die Konsensdemokratie früherer Jahrzehnte wirkt ausgelaugt und ist den Zukunftsaufgaben nicht gewachsen.
10. Der Motor politischer Entscheidungen stottert, die Servicefunktion des Staates für den Bürger wird weithin vernachlässigt.
11. Die Erkenntnisfähigkeit der Bevölkerung ist unzulänglich, flach und nicht belastbar.
12. Bei der Übersiedelung von Bonn nach Berlin wurde die Chance eines Quantensprungs vertan.

13. Die politische Seele des vergrößerten Deutschland sucht neue Werte, schlüssige Antworten und das Gefühl, die Zukunft gleichermaßen mit Kopf- und Bauchentscheidungen zu schaffen.
14. Das Verhältnis der Deutschen zu ihren Nachbarn wirkt nicht entkrampft genug.
15. Mangels Vorgaben breitet sich ein Erbfolgekrieg moderner Art aus zwischen Generationen, sozialen Schichten, Ost und West, den Parteien und europäischen Staaten.
16. Die nächste Generation wendet sich gegen zeitgeistige Beliebigkeit, gegen allgemeines Gejammer, sie vermisst Motivationen und beklagt neuerdings unterentwickelten Leistungswillen.
17. Die politische Kultur Deutschlands entmündigt den Bürger, begünstigt zu Lasten des Common Sense Kollektive wie Parteien, Parlamente, Interessenvertretungen, Firmen und subkutane.
18. Überfällige Strukturwandlungen werden verschlafen, vertagt oder zerredet wie die Vergreisung, die Bildungsreform, die Globalisierung, die Konzentration, der Existenzkampf des Mittelstandes oder eine vernunftgesteuerte Umwelt.
19. Eine träge gewordene Gesellschaft tabuisiert Existenzfragen wie Familie, Bildungsrückstand, Forschungsversäumnisse, lebenslanges Lernen oder Lebensarbeitszeit sowie innere und äußere Sicherheit.
20. Weder von oben noch von unten besteht eine neue Wertestruktur mit aufrüttelnden Zielen und Motivationen des Wissens, der Infrastruktur, der Ressourcen und der Wettbewerbsfähigkeit im gesellschaftlichen und wirtschaftlichen Sinn.
21. Das Ende der Scheinkulturen ist gekommen mit ihrem getürkten Interesse an Staat, Wohlstand, Wirtschaftsstandort, Innovation oder Kultursubstanz.
22. Neumodischer Populismus macht das Koordinatenkreuz links der Mitte fest, Reorientierungen zur Mitte hin scheitern an der Trägheit, den Interessen oder den Egoismen der Wohlstandsgesellschaft.

23. Deutsche gegen Deutsche – eine neue Mauer in den Köpfen baut das Selbstbewusstsein ab und ruiniert die Kalkulierbarkeit.
24. Überhöhte Staatsanteile werden als sozialer Besitzstand verteidigt und verhindern eine Abkehr von Überkonsum und Unterinvestition.
25. Wirtschaftpolitisch und damit gesellschaftspolitisch herrscht jenseits von sozialer Marktwirtschaft, Planwirtschaft oder Kompromissversuchen ideologische Leere und Orientierungslosigkeit.
26. Die Glaubwürdigkeit der politischen Parteien als demokratische Entscheidungsträger leidet unter Skandalen, Korruption, Filz und Tarnungen.
27. Der Bürger steht oft abseits und flieht ins Privatleben.

Personenregister

4,-